COUVERTURES SUPERIEURE ET INFERIEURE D'IMPRIMEUR.

LE FEU FOLLET

6ᵉ SÉRIE GRAND IN-8º

8º Y²
14700

Propriété des Éditeurs.

FENIMORE COOPER

LE

FEU FOLLET

NOUVELLE ÉDITION

TRADUCTION REVUE.

LIMOGES
EUGÈNE ARDANT ET Cⁱᵉ, ÉDITEURS.

LE
FEU FOLLET

CHAPITRE PREMIER.

Les charmes de la mer Tyrrhénienne ont été célébrés dès le temps d'Homère. Tous les voyageurs conviennent avec un égal empressement que la Méditerranée, avec ses côtes irrégulières et dentelées profondément, avec la pittoresque limite des Alpes et des Apennins, constitue le pays le plus délicieux de la terre. Le climat, la conformation du sol, les productions contribuent à le rendre enchanteur. Les promontoires qui dominent les vagues d'un océan en miniature ; l'animation qui règne sur le flanc des montagnes ; les hauteurs surmontées de phares ; les plateaux de roches consacrés par des ermitages ; une mer bleue, tachetée de voiles qui semblent faites pour produire de l'effet dans un tableau : tout fait de l'Italie un monde à part et rempli d'enivrements ; ceux qui le contemplent sont fascinés, et en conservent longtemps le souvenir comme celui d'un glorieux passé.

Nous allons nous occuper de ce coin de terre privilégié, qui plaît même sous ses aspects les plus défavorables, mais dont les plus beaux côtés sont souvent défigurés par les passions humaines. Personne ne conteste combien la nature a été prodigue envers la Méditerranée et ses lacs ; mais personne ne conteste en revanche qu'ils aient été le théâtre de violences et de brutalités inconnues peut-être dans les autres parties du globe. Les races qui habitent les côtes nord et sud sont différentes d'origine, d'habitudes, de religion, de destinées ; elles sont, pour ainsi dires, aux avant-postes du christianisme et du mahométisme; et depuis l'époque d'Agamemnon jusqu'à celle de Nelson, elles ont souvent ensanglanté la nappe d'azur qui baigne leur demeure. Ces eaux limpides ont reflété plus de scènes de carnage, ont entendu plus de cris de victoire que le reste des domaines de Neptune. La nature et les passions combinées, ont établi une étrange analogie entre cette contrée et la physionomie humaine, qui cache souvent, sous des sourires et de gracieux dehors, un feu intérieur dont les ardeurs dévorantes sont contraires à notre bonheur. Pendant plusieurs siècles, les Turcs et les Maures ont disputé aux Européens la possession des côtes, et quand le pouvoir des barbares cessait temporairement, c'était pour laisser une libre carrière aux luttes acharnées de ceux qui les avaient remplacés.

Tout le monde connaît les événements qui ont signalé l'époque comprise entre les années 1790 et 1815; ils appartiennent au domaine de l'histoire. Les éléments de discorde qui ont alors agité l'Europe ont disparu aussi complètement que s'ils avaient pris naissance dans les temps les plus reculés; et les hommes d'aujourd'hui se rappellent les aventures dramatiques dont ils ont été témoins dans leur jeunesse, comme si elles dataient d'un autre âge. Chaque mois, en ces temps mémorables, amenait sa défaite ou sa victoire; on avait conquis une province ou renversé un gouvernement : il y avait pour ainsi dire une émeute universelle.

Les années 1798 et 1799 furent les plus remarquables de cette époque, où tout est digne de remarque. C'est à cette date que se passent les événements de l'histoire dont nous allons entreprendre le récit.

Vers la fin d'un beau jour du mois d'août, un léger navire, gouvernant à l'est, filait devant une douce brise, dans ce qu'on appelle le canal de Piombino.

Les bâtiments de la Méditerranée, telles que la felouque, le chebec, la polacre, la bombarde et quelquefois le lougre, ont une réputation proverbiale de pittoresque originalité. Cette dernière espèce de navire est toutefois beaucoup moins commune dans les eaux de l'Italie que dans la Manche ou le canal de Biscaye; aussi les marins qui aperçurent des rivages de l'île d'Elbe un grand lougre à trois mâts, qui déployait une large surface de toile, lui supposèrent-ils immédiatement des intentions malveillantes. Il avait une coque basse et sombre dont la couleur noire n'était égayée que par une seule ligne rouge presque imperceptible au-dessus des porte-haubans; sa coursive était si profonde qu'elle cachait entièrement l'équipage, et qu'on apercevait seulement les chapeaux des plus grands matelots. Les allures de ce navire étaient si suspectes, qu'aucun pêcheur n'aurait voulu s'en approcher à portée de canon, sans avoir pris sur lui des informations détaillées. Les corsaires rôdaient assez souvent dans ces parages, et leur présence était quelquefois dangereuse même pour les nations alliées, dans les instants où ils ne pouvaient se procurer le butin que leur assurait légalement un reste de barbarie.

Le lougre en question jaugeait environ cinquante tonneaux; mais sa coque basse et sa peinture noire le faisaient paraître beaucoup plus petit. Ses voiles étendues ressemblaient aux ailes d'une mouette; il les déployait de manière à se maintenir vent arrière, et ses mouvements excitaient avec quelque raison la défiance des spectateurs groupés sur le promontoire qui domine la ville de Porto-Ferrajo, devenue célèbre plus tard pour avoir été un moment la capitale du petit royaume de Napoléon. Les observateurs étaient postés à peu de distance de l'édifice qui fut par la suite le palais de l'Empereur déchu. C'était une maison située à l'extrémité d'une pointe de rochers qui abritait la baie du côté de l'occident. Elle était occupée par le gouverneur florentin de la partie toscane de l'île d'Elbe. La façade regardait l'entrée du canal et les montagnes de la Toscane, ou plutôt celles de la petite principauté de Piombino, car on n'avait pas encore consommé généralement l'absorption des petits États dans les grands.

Le port, caché par une barrière de rochers qui s'inclinait à l'ouest en forme de crochet, semblait se dérober aux regards des visiteurs suspects. De la pleine mer il était impossible d'en deviner l'existence. Des batteries le protégeaient suffisamment contre une invasion, et les navires y étaient aussi en sûreté que peuvent l'être des modèles sur les planches d'un cabinet. Ce petit bassin était complètement environné de constructions qui n'y laissaient de libre qu'une passe étroite. On y voyait quelques felouques, qui faisaient le commerce entre l'île et le continent, et un seul vaisseau autrichien, venu du fond de l'Adriatique sous prétexte d'acheter du fer, mais en réalité pour s'assurer de la soumission des populations italiennes.

Au moment dont nous nous occupons, il n'y avait à bord des bâtiments à l'ancre qu'une douzaine d'êtres vivants. Sitôt qu'on avait signalé au large l'apparition d'un lougre étranger, presque tous les marins avaient couru à terre, et suivis par les habitués du port, ils avaient gravi les larges degrés des rues tortueuses qui mènent aux hauteurs placées derrière la ville. La foule des curieux s'était rassemblée sur le plateau d'où l'on apercevait la mer depuis le nord-est jusqu'à l'ouest. L'approche du lougre avait produit sur les simples habitants de ce port peu fréquenté l'effet que produit l'aspect d'un faucon sur les timides volatiles de la basse-cour. Déjà, depuis plus de deux heures, quelques vieux patrons de chasse-marée qui avaient coutume de passer leurs moments de loisir sur les hauteurs avaient examiné avec attention le gréement de l'étranger, et leurs conjectures avaient éveillé la curiosité d'un grand nombre d'indigènes, qui prétendaient se connaître en navires. Quand on put distinguer du haut des rochers ce navire long et effilé, qui soutenait une imposante voilure, les commentaires se multiplièrent, les présages s'assombrirent, et les curieux s'assemblèrent par centaines auprès d'une petite batterie qui aurait aisément envoyé un boulet à deux tiers de lieue au large. C'était environ la distance qui séparait de la côte le lougre mystérieux.

Le plus sage et le plus expérimenté des marins de l'île d'Elbe était un certain Tommaso Tonti. Les marchands de vin, les épiciers, les ouvriers du fer ou les aubergistes de Porto-Ferrajo, à mesure qu'ils arrivèrent au sommet du monticule, se rassemblèrent autour du pilote à tête grise. Personne toutefois ne l'importuna de questions, et l'on eut soin de ne pas se mettre devant lui, afin de lui laisser tous ses moyens d'observation. Cinq ou six marins d'un âge mûr furent les seuls qui se permirent d'exprimer une opinion; mais Tonti se garda bien de faire connaître la sienne. Il devait en partie sa réputation à la prudence avec laquelle il rendait ses oracles, et il semblait toujours en savoir plus qu'il n'en disait. Il laissa discourir les plus pressés, et se renferma dans un mutisme qui était d'accord avec ses habitudes, et que justifiait peut-être la difficulté de donner un avis.

Il y avait quelques femmes dans la foule, et elles s'étaient rapprochées le plus possible du vieux marin, pour être les premières à recueillir et à propager sa décision. L'une d'elles, nommée Ghita, paraissait exercer sur ses compagnes une influence toute particulière, qu'elle devait moins à sa condition qu'à la supériorité de son intelligence. Porto-Ferrajo n'avait point d'aristocratie, à moins qu'on ne donnât ce nom à la réunion de quelques fonctionnaires du gouvernement, d'un avocat, d'un médecin, et de quelques ecclésiastiques. Le gouverneur de l'île, gentilhomme toscan, honorait rarement la ville de sa présence, et son suppléant était un négociant dont on connaissait trop bien la famille pour qu'il lui fût permis de se donner des airs d'importance. La société de la petite capitale ne se divisait donc qu'en deux classes, les commerçants et les ouvriers. Les jeunes filles les plus distinguées du pays, celles que le lieutenant du gouverneur daignait admettre dans son salon, ne l'emportaient sur la masse que parce qu'elles avaient appris à lire et qu'elles étaient allées de temps en temps à Livourne. Si Ghita les dominait, c'était uniquement grâce à ses qualités personnelles. On ne connaissait ni son origine ni même son nom de famille. Elle avait débarqué six semaines auparavant, et elle avait été laissée, par un homme qui passait pour son père, en pension à l'auberge de Cristoforo Dorri. Elle avait voyagé, elle montrait beaucoup de bon sens et de résolution; elle avait une conduite irréprochable, une excellente tenue, un extérieur gracieux, et une figure qui sans être belle était séduisante au plus haut degré. On n'avait pas songé à lui demander comment s'appelaient ses parents, le nom de Ghita avait suffi, tout le monde le connaissait, et, quoiqu'il fût porté par trois ou quatre autres jeunes filles de Porto-Ferrajo, la jeune étrangère avait été proclamée unanimement la Ghita une semaine après son arrivée.

Ghita avait été amenée par une felouque qui venait, disait-on, des États napolitains. C'était probablement la seule personne de son sexe, dans la ville de Porto-Ferrajo, à laquelle il eût été donné de contempler le Vésuve et d'admirer les merveilles d'une partie de l'Italie, dont la réputation rivalise avec celle des États romains. Elle était seule capable en conséquence, vu l'expérience qu'elle avait pu acquérir dans ses voyages, de donner des éclaircissements sur le lougre inconnu; et la confiance qu'on avait dans son savoir avait attiré autour d'elle une clientèle assez nombreuse. Mais tandis que les camarades du vieux Tonti se tenaient sur la réserve, les jeunes filles interrogeaient avec volubilité celle qui jouait parmi elles le rôle d'oracle; elles l'auraient écoutée volontiers; mais comme elle ne parlait pas, elles charmaient les ennuis de l'attente en prêtant l'oreille aux sons de leurs propres voix. Les questions, les interjections, les suppositions, les objections se succédaient rapidement.

— Ce bâtiment apporte des dépêches de Livourne, disait une des jeunes filles; peut-être même que Son Excellence est à bord.

— Y songez-vous, répondait une autre, Livourne est au nord-est, non pas à l'ouest!

— J'y suis, s'écria Giulia; ce lougre emporte une cargaison.

— Qui sait? dit Maria : est-ce un véritable bâtiment? il arrive souvent que les apparences nous abusent, et ce qui sort des règles ordinaires est quelquefois le produit d'une illusion.

— Allons donc! repartit Annina, dans ce cas ce serait un miracle; et pourquoi verrait-on des miracles maintenant que Pâques et la plupart des grandes fêtes sont passés? Je crois que c'est un véritable vaisseau.

Les autres jeunes filles se mirent à rire; et quand on eut suffisamment discuté sur ce sujet, il fut admis d'un commun accord que le lougre était certainement un bâtiment d'une espèce déterminée, mais peu connue dans ces parages, car il n'avait aucune analogie avec les felouques, les bombardes ou les speronares.

Pendant ce temps, Ghita demeurait pensive et silencieuse. Elle avait la même taciturnité que Tommaso Tonti, mais par des motifs différents. Malgré le bavardage de ses compagnes et les interpellations qui lui avaient été adressées, elle n'avait pas quitté des yeux le lougre, auquel on aurait dit qu'elle était attachée par une sorte de fascination. Si les assistants avaient eu toujours assez de liberté d'esprit pour étudier la physionomie de la jeune fille, on y aurait lu tour à tour des sentiments de plaisir, d'inquiétude et même d'anxiété. Les couleurs de son teint augmentaient et disparaissaient successivement, et lorsque le lougre, après avoir lofé, fit son abattée, comme un dauphin qui joue sur les flots, le rayon de plaisir dont les yeux de Ghita furent brusquement illuminés communiqua à tous ses traits une beauté parfaite et extraordinaire; mais ces impressions passagères n'étaient point remarquées par l'essaim de jeunes femmes qui se pressaient autour d'elle. Quoiqu'elle se fût isolée de la foule, elle était cependant à peu de distance du groupe qui attendait respectueusement la sentence du vieux pilote; mais celui-ci ne se montra disposé à s'expliquer que lorsqu'il eut été questionné par le signor Vito-Viti, podestat de Porto-Ferrajo.

Ce vénérable magistrat gravit rapidement la côte, et s'arrêta sur le plateau en respirant avec peine, comme une baleine qui s'élève à la surface des flots pour prendre un peu d'air. Il examina pendant quelque temps le bâtiment étranger, et croyant que ses fonctions lui donnaient le droit de choisir son interlocuteur, il apostropha le vieux pilote.

— Eh bien! lui dit-il, mon bon Tommaso, que penses-tu de cet inconnu?

— Signor, c'est un lougre, répondit le marin avec assurance.

— Sans doute, reprit le podestat; mais il y a des lougres qui sont en même temps des felouques, des polacres ou des bombardes; dans quelle catégorie ranges-tu le navire que nous avons vu?

— Signor podestat, les distinctions que vous établissez ne sont pas admises dans le port : une bombarde est une bombarde, une polacre est une polacre, un lougre est un lougre. En conséquence, je déclare que le navire en question appartient exclusivement à l'espèce des lougres.

Tonti s'exprimait d'un ton d'autorité, car il était sûr de ce qu'il avançait, et il était charmé de trouver l'occasion de prouver publiquement qu'il s'y connaissait mieux qu'un magistrat; le podestat tenait à démontrer qu'il était expert en toutes matières, et que sa nomenclature maritime était irréprochable.

— Allons, répliqua-t-il d'un ton protecteur et avec un sourire affable, il ne s'agit point d'une affaire qui puisse être portée devant les hautes cours de Florence; je ne veux donc point te chicaner sur tes expressions, et j'admets volontiers avec toi qu'un lougre est un lougre.

— En cela, signor, vous rendez hommage à la vérité.

— Tu soutiens donc que ce bâtiment étranger est un lougre, et tu es prêt à l'affirmer par serment?

— Oui, répondit Tonti après un moment de réflexion.

— Peux-tu dire d'où il vient? Est-il algérien, turc ou français?

— Je ne saurais le dire, répondit le vieux pilote, et je vous prie de m'accorder un moment de loisir pour me mettre à même de vous donner une opinion consciencieuse.

Aucune objection ne s'éleva contre une proposition aussi raisonnable, et le podestat laissant au pilote le temps de se décider, se tourna du côté de Ghita, qu'il avait vue parfois chez sa nièce, et de l'intelligence de laquelle il avait une opinion favorable.

— L'honnête Tommaso est passablement embarrassé, dit-il avec un air de commisération; il voudrait nous persuader que le bâtiment étranger est un lougre, et il ne peut deviner à quelle nation ce lougre appartient.

— Quant à sa nature, il ne s'est pas trompé, signor, répondit la jeune fille en respirant avec effort, comme si le son de sa propre voix lui eût procuré une espèce de soulagement.

— Quoi! s'écria le podestat, as-tu la prétention de te connaître assez en vaisseaux pour en distinguer l'espèce à la distance d'une lieue?

— Je ne crois pas qu'il y ait une lieue, signor, et quoique la brise soit faible, la distance diminue rapidement; il serait aussi difficile d'ailleurs de confondre un lougre avec une felouque, qu'une maison avec une église, ou un révérend père avec un matelot.

— C'est ce que j'aurais dit moi-même au vieux Tonti, s'il avait été disposé à m'écouter. Rien de plus aisé que de s'apercevoir que l'étranger est un lougre; mais je suis encore indécis sur sa nationalité.

— Vous ne la connaîtrez, signor, que lorsque le navire hissera son pavillon.

— Tu as raison, mon enfant, et il est convenable qu'il nous montre ses couleurs. Personne n'a le droit d'approcher aussi près du port de Son Altesse Impériale et Royale, sans prouver, en arborant son drapeau, qu'il appartient à un peuple allié et qu'il a des intentions honnêtes. Mes amis, les canons de la batterie sont-ils chargés comme de coutume?

La réponse fut affirmative; les notabilités éparses dans les groupes se réunirent pour tenir conseil : le podestat se dirigea d'un air d'importance vers l'hôtel du gouverneur, et cinq minutes après, on vit des soldats pointer une pièce de douze dans la direction de l'étranger.

La plupart des femmes s'éloignèrent en se bouchant les oreilles; mais Ghita ne manifesta aucune crainte. Quoique son visage fût pâle, ses regards étaient assurés, et elle observait tout ce qui se faisait. Quand il lui fut démontré que les artilleurs allaient mettre le feu au canon, elle s'écria avec inquiétude :

— Est-ce qu'ils vont tirer sur le lougre, signor podestat? il n'est nullement nécessaire de recourir à cette extrémité pour le forcer à hisser son pavillon; ce n'est pas ainsi qu'on agit dans le sud de l'Italie.

— Vous ne connaissez pas nos bombardiers toscans, signorina, reprit le magistrat en faisant un geste de triomphe; l'Europe doit s'estimer heureuse que notre duché ait peu d'étendue, car nos soldats pourraient causer plus de ravages que les Français eux-mêmes.

Ghita n'eut pas l'air de faire attention à cet élan d'amour-propre indigène; elle appuya ses mains sur son cœur, et demeura immobile comme une statue, pendant que les artilleurs remplissaient leur devoir. La mèche fut appliquée à la lumière, le coup partit, et les femmes épouvantées firent retentir les airs d'exclamations diverses; quelques-unes même se couchèrent la face contre terre; mais Ghita, la plus délicate de toutes en apparence, et celle dont la figure exprimait le plus de sensibilité réelle, se tint debout sans sourciller. L'éclat et le bruit de l'explosion ne produisirent aucune impression sur elle; aucun des artilleurs ne fut plus impassible que cette frêle jeune fille; elle imita même leur mouvement, tournant la tête pour suivre des yeux le boulet : alors seulement elle parut trembler, et joignit les mains avec angoisse; mais son trouble se dissipa, quand elle vit le projectile frapper l'eau à un quart de mille en arrière du lougre, ricocher sur la mer paisible et disparaître au sein des flots.

— Ces artilleurs toscans ne sont pas dangereux, murmura la jeune fille, et sa physionomie fut illuminée d'un sourire de joie et d'ironie.

— Les gaillards ont montré de l'adresse, belle Ghita, s'écria le podestat en ôtant ses deux mains de ses oreilles, ils ont visé avec une admirable précision! un second coup à distance égale en avant, un troisième coup entre les deux, et l'étranger aurait appris à respecter les droits de la Toscane. Que dis-tu maintenant, honnête Tommaso? ce lougre nous dévoilera-t-il son pays, ou bravera-t-il plus longtemps notre pouvoir?

— S'il est sage, il ne manquera pas d'arborer son enseigne, et pourtant je ne vois pas qu'il ait envie de s'y préparer.

En effet, le navire étranger, quoiqu'il fût à portée de boulet des hauteurs, ne se montrait nullement disposé à satisfaire la curiosité ou à calmer les appréhensions des habitants de Porto-Ferrajo. Les matelots qu'on apercevait dans le gréement semblaient ne pas se préoccuper du salut qui les avait accueillis, et ils n'avaient mis aucune précipitation dans leurs manœuvres. Au bout de quelques minutes, le lougre changea sa grande voile et orienta au plus près, comme pour gouverner vers la baie en doublant le promontoire. Il s'avança à un mille des falaises, d'où il s'écarta ensuite nonchalamment pour reprendre la direction de l'entrée du canal. Les artilleurs lui envoyèrent alors un second boulet qui justifia les éloges du magistrat, car il tomba aussi loin en avant du bâtiment suspect que l'autre boulet était tombé en arrière.

— Regardez, signor, s'écria Ghita avec empressement, les nouveaux arrivants sont sur le point de hisser pavillon, car ils ont enfin compris vos intentions; j'espère que vos artilleurs vont cesser le feu.

— On dirait qu'ils vous obéissent, signorina; les voilà qui mettent bas leurs écouvillons. Cospetto! c'est dommage. S'ils avaient tiré le troisième coup, ils auraient atteint le lougre, et vous n'avez pu les juger que sur des préparatifs.

— Je m'en tiens pour satisfaite, seigneur podestat, répondit Ghita en souriant, car elle était heureuse de voir les artilleurs renoncer à leur entreprise : la réputation de vos canonniers est bien établie, et ce que j'ai vu me prouve ce qu'ils peuvent faire à l'occasion. Voyez, signor, le lougre se soumet à vos désirs!

Ce navire semblait en réalité se décider à suivre les usages des nations civilisées. Nous croyons avoir déjà dit qu'il venait vent arrière. Ses voiles s'allongeaient de chaque côté de son corps, ce qui le plaçait dans la plus gracieuse et la plus pittoresque de ses attitudes.

Au lieu d'employer comme les Américains des voiles à pointes étroites, les marins de la Méditerranée placent à l'extrémité des mâts de longues vergues, et réduisent dans la partie inférieure la dimension de leur voilure. Cette voilure semble avoir été disposée pour imiter les ailes d'une mouette, et on dirait en effet qu'elle se balance dans les airs comme l'envergure de cet oiseau. Elle conserve moins dans les lougres que dans les felouques les formes classiques du gréement latin; mais elle a plus d'efficacité, et elle résiste mieux aux efforts de la tempête. Le lougre qui longeait les côtes de l'île d'Elbe avait trois mâts, dont l'un était planté sur le couronnement de la poupe. Ce fut à la vergue de ce dernier que se déploya un pavillon blanc traversé à angle droit par une croix rouge.

— C'est un anglais! s'écria Tommaso Tonti; je l'avais présumé du premier coup, mais comme les navires de cette nation n'ont pas habituellement cette forme, je n'avais pas osé me prononcer.

— Vraiment, honnête Tommaso, c'est un bonheur en ces temps de trouble d'avoir à ses côtés un marin aussi habile que toi, je ne sais comment nous aurions pu arriver à constater la nationalité de ce bâtiment. C'est donc un anglais! qui croirait qu'une nation aussi maritime et aussi éloignée de nous se donne la peine d'envoyer dans ces parages un navire si peu important? Savez-vous, Ghita, qu'il y a une longue traversée d'ici à Livourne; et pourtant, l'Angleterre doit être encore beaucoup plus loin.

— Signor, je ne suis pas instruite de ce qui concerne l'Angleterre, mais j'ai entendu dire qu'elle était dans une autre mer. En tout cas, c'est bien le pavillon britannique que j'ai eu occasion de contempler souvent sur les côtes qui sont situées plus au sud.

— Oui, je sais que la marine de l'Angleterre est en réputation, et j'estime ce pays, quoiqu'il ne produise ni vin ni huile. Il est allié de l'empereur d'Autriche et ennemi des Français, qui ont commis tant de dévastations dans la haute Italie. Le pavillon britannique a des droits incontestables à être honoré par les Italiens, et je serais désolé maintenant que ce lougre n'entrât pas dans notre port.

— Il a l'air de s'en éloigner, dit Ghita avec un soupir : il est peut-être à la poursuite des Français qu'on a vus l'année dernière se diriger vers l'Orient.

— Je m'en souviens bien, reprit le magistrat en gesticulant; le général Bonaparte, après avoir bouleversé le Milanais et les États du pape, est parti avec je ne sais combien de vaisseaux pour aller je ne sais où. Les uns prétendent qu'il se propose de détruire le Saint-Sépulcre, d'autres qu'il veut détrôner le Grand-Turc, ou s'emparer des îles de l'Archipel. Nous avons appris, par un marin récemment débarqué, qu'il s'était emparé de Malte, et dans ce cas, nous aurions à craindre pour l'île d'Elbe.

— Ces détails m'ont été donnés déjà par mon oncle, signor.

— A propos, reprit le magistrat avec curiosité, quoiqu'il affectât l'indifférence, que devient votre oncle, n'est-il pas sur le continent?

— Je le crois, signor, mais je m'occupe peu de ses affaires; au reste, j'attends son retour d'un moment à l'autre... Voyez! si le lougre n'entre pas dans notre baie, du moins on dirait qu'il veut s'en rapprocher. Vos vœux sont satisfaits, Excellence!

Ce titre ne manquait jamais de charmer le magistrat, et en se l'entendant appliquer, il cessait de songer aux autres pour ne s'occuper que de lui. Il ne chercha plus à interroger Ghita, et suivit des yeux les mouvements du lougre, qui avait mudé sa grande voile, et avait lofé vers la baie. En voyant ce changement de route, la foule qui couronnait les hauteurs se hâta de descendre dans les rues, guidée par le pilote et le podestat. Les jeunes filles suivirent, et de nouveaux groupes se formèrent sur les quais, dans les rues, sur les ponts des felouques, pour voir arriver le bâtiment dont la vue avait excité tant d'émotion.

CHAPITRE II.

Il était presque nuit, et la foule ayant satisfait sa vaine curiosité, commença à se disperser. Le signor Viti resta le dernier, se croyant obligé d'être sur le qui-vive dans ces temps de perturbation; mais en dépit de sa vigilance il ne remarqua point que l'étranger avait eu soin de gouverner de manière à pouvoir balayer le port en cas d'hostilité, sans s'exposer au feu des batteries.

De tous les curieux soupçonneux ou craintifs qui avaient fait partie du rassemblement, le vieux Tommaso et Ghita demeurèrent seuls sur le quai. Quand le bâtiment eut jeté l'ancre, les commis chargés

de l'exécution des lois de quarantaine adressèrent leur question ordinaire :
— D'où venez-vous?
On leur répondit en italien :
— D'Angleterre, après avoir touché à Lisbonne et à Gibraltar
Ces pays n'inspiraient aucune crainte de la peste, et le lougre passa sans obstacle : mais son nom était fait pour embarrasser tous ceux qui connaissaient l'anglais à Porto-Ferrajo. A la requête des employés du lazaret, il fut distinctement répété trois fois de suite par un des matelots.
— *Come chiamate il vostro bastimento?* demandèrent les employés.
— *Le Wing-and-Wing.*
— *Come?*
— *Le Wing-and-Wing.*
Il y eut un long silence pendant lequel les employés se rapprochèrent les uns des autres. Ils conférèrent ensemble sur les sons qui venaient de frapper leurs oreilles, et en demandèrent le sens à un homme qui se vantait de savoir parfaitement l'anglais.
— *Ving-y-Ving!* murmura ce fonctionnaire ; quel singulier nom! faites-le répéter.
— *Come si chiama la vostra barca, signor Inglese?* demanda celui qui hélait.
Un des marins du lougre ajouta immédiatement en français :
— *Wing-and-Wing*, ce qui se traduit en italien par *Ala-e-Ala.*
Ce nom bizarre, répété par les préposés à la quarantaine, circula bientôt dans la petite ville émerveillée. Comme pour le justifier, le lougre hissa à l'extrémité de sa grande vergue un petit pavillon carré, sur lequel étaient peintes ou brodées deux grandes ailes, telles qu'on en trouve parfois dans les blasons, ayant entre elles la proue aiguë d'une galère, et cet emblème expliqua suffisamment la signification des mots *Ala-e-Ala* : les deux ailes.
Au bout d'une demi-heure un canot se détacha du lougre, et atterrit au débarcadère, où il fut reçu par les officiers de la douane, qui à la lueur de leur lanterne examinèrent attentivement les papiers qu'on leur présenta. Comme toutes les pièces étaient en règle, l'étranger qui en était porteur obtint la permission de continuer sa route. Pendant ce colloque, Ghita s'approcha doucement, enveloppée d'un manteau qui cachait presque complétement ses traits. Elle jeta sur l'inconnu un coup d'œil investigateur, et, satisfaite de son examen, elle s'éloigna immédiatement. Le vieux Tonti, qui s'était posté en observation sur une felouque à laquelle il appartenait, se hâta d'en sortir pour rejoindre l'étranger sur les marches du débarcadère.
— Signor, dit le pilote, Son Excellence le podestat m'a ordonné de vous dire qu'il espérait que vous lui feriez l'honneur de lui rendre

visite. Sa maison est près d'ici, dans la grande rue, et c'est un plaisir que d'y aller. Il serait cruellement désappointé s'il n'avait pas le bonheur de vous voir.

— Dieu me garde de faire attendre Son Excellence! répondit l'étranger en italien : il saura dans cinq minutes que j'ai hâte de lui présenter mes hommages. Ami, ajouta-t-il en s'adressant au matelot qui l'avait amené, retournez à bord, et faites bien attention au signal qui vous rappellera quand j'aurai besoin de vos services.

Le canot partit comme un trait, et le vieux pilote conduisit l'inconnu chez le podestat, afin d'éclaircir certains doutes qui le tourmentaient.

— Signor capitano, dit-il, depuis quand vous autres Anglais vous êtes-vous mis à naviguer sur des lougres? vous n'en aviez pas l'habitude autrefois.

L'étranger répliqua en riant : Pourriez-vous me dire, mon ami, depuis quand on passe en fraude l'eau-de-vie et les dentelles de France en Angleterre? Il faut que vous n'ayez jamais navigué dans la Manche ou dans le golfe de Gascogne : autrement vous sauriez que le gréement des lougres est préféré à tout autre par les marins de Guernesey.

— Guernesey est un pays dont je n'ai jamais entendu parler, répondit naïvement le pilote.

— C'est une île qui a jadis appartenu à la France, et dont les habitants ont encore gardé des usages français; mais les Anglais la possèdent depuis plusieurs siècles. On y préfère les lougres aux cutters, parce que ceux-ci ont une tournure britannique qui ne convient pas à une population restée fidèle à ses anciennes mœurs.

Cette réponse dissipa les soupçons de Tonti, qui s'était d'abord imaginé que le bâtiment étranger était français. L'explication du capitaine suffisait, en admettant qu'elle fût fondée, pour rendre compte de certaines particularités que des yeux exercés remarquaient aisément. N'était-il pas naturel qu'un navire armé dans une île d'origine française se ressentît du goût de ceux qui l'avaient construit?

Le podestat était chez lui, et Tommaso, avant d'introduire le capitaine, se rendit auprès du magistrat pour lui communiquer les idées qui lui étaient venues, et les éclaircissements qu'on lui avait donnés. Vito-Viti lui mit un paul dans la main, et se rendit auprès de son hôte. On n'avait pas encore allumé les bougies, et l'obscurité était si profonde que les deux interlocuteurs ne pouvaient se voir.

— Seigneur capitaine, dit le magistrat, le vice-gouverneur demeure sur la hauteur, et il attend de moi que je vous conduise auprès de lui, afin qu'il vous fasse les honneurs du port.

Cette proposition, faite avec civilité, était si raisonnable et si conforme à l'usage, que le capitaine s'y rendit sans objection. Il sortit avec le signor Viti pour se rendre à l'habitation qu'a depuis occupée Napoléon détrôné. Le podestat, qui était un petit homme poussif, gravit péniblement les rues taillées en degrés; mais son compagnon monta de terrasse en terrasse avec une agilité qui attestait son jeune âge.

Andréa Barrofaldi, le vice-gouverneur, différait essentiellement de son ami le podestat. Il n'avait guère plus de connaissance du monde; mais il avait beaucoup lu, et il avait mérité sa place en écrivant plusieurs ouvrages qui attestaient, sinon du génie, du moins de l'instruction. Il remplissait ses fonctions depuis dix ans avec zèle et fidélité, mais sans renoncer à ses livres bien-aimés, et il venait de terminer un traité complet de géographie, science qui n'était pas inutile dans l'entretien qu'il allait avoir.

On laissa l'étranger dans l'antichambre, et Vito-Viti se rendit auprès de son ami le vice-gouverneur, avec lequel il tint conseil pendant quelques instants. Il vint ensuite prendre l'étranger, et dès que les traits de celui-ci furent exposés à la clarté d'une lampe, les deux fonctionnaires publics les contemplèrent avec curiosité. C'était un homme de vingt-six ans, d'une taille élevée, et dont la musculature annonçait autant de vigueur que d'activité. Il portait d'un air dégagé la petite tenue d'officier de marine. Mais un homme qui n'aurait pas dû, comme Andréa, son expérience aux livres plutôt qu'à la vie réelle, se serait aperçu au premier coup d'œil que ce costume n'avait rien de la mâle simplicité de l'uniforme anglais. Ses traits n'avaient non plus rien de commun avec ceux des insulaires de la Grande-Bretagne. Le nez, la bouche et le menton étaient d'une pureté classique; des favoris, aussi noirs que l'aile du corbeau, couvraient ses joues décolorées, et son teint était basané. Cette belle figure semblait reproduire le type d'une médaille antique, mais elle empruntait une grâce exquise et séduisante au sourire qui l'animait par intervalles. Il n'y avait d'ailleurs rien d'efféminé dans l'extérieur du jeune étranger, dont les yeux noirs, la voix mâle et les membres nerveux annonçaient du courage et de la résolution.

Les deux fonctionnaires furent frappés des avantages physiques du capitaine, et ils le regardèrent pendant une demi-minute en silence après avoir échangé les compliments d'usage.

— Signor capitano, dit le vice-gouverneur lorsque tous trois eurent pris des sièges, j'ai appris que nous avions l'honneur de recevoir dans notre port un bâtiment d'Angleterre.

— Signor vice-gouverneur, répondit le marin, c'est sous son pavillon que j'ai l'honneur de servir.

— Vous êtes Anglais, je le présume, signor capitaine? reprit Andréa Barrofaldi en étudiant l'étranger, à l'aide de ses lunettes, d'un air qui n'était pas exempt de méfiance.

— Oui, signor vice-gouverneur.

— Et vous vous appelez?... Quel nom dois-je inscrire sur mes registres?

— Jack Smith, répondit l'autre avec un accent qu'un habitant de Londres aurait certainement désavoué.

— Jack Smith, répéta Andréa; en italien, c'est Giacomo.

— Non, non, interrompit le capitaine Smith, c'est Giovanni.

— Fort bien, fort bien. Et votre bâtiment s'appelle?...

— Le *Wing-and-Wing*, répondit le capitaine en prononçant ce mot d'une manière bien différente de celle du matelot qui avait répondu aux employés du lazaret.

— Le *Wing-and-Wing*, répéta le signor Barrofaldi; c'est une dénomination poétique, signor capitano. Oserai-je vous demander ce qu'elle veut dire?

— *Ala-e-Ala*, en italien, signor vice-gouverneur. Lorsqu'un lougre tel que le mien étend ses voiles des deux côtés, comme un oiseau qui plane, on dit en anglais qu'il marche sur ses deux ailes; *Wing-and-Wing*.

Andréa Barrofaldi rêva en silence pendant une minute. Il songea qu'un véritable Anglais pouvait seul avoir l'idée de caractériser un bâtiment par une locution aussi particulière à la langue anglaise, et il s'abusait par excès de susceptibilité critique, ce qui arrive aux novices dans toutes les branches des connaissances humaines. Il fit à demi-voix part de sa conjecture au signor Vito-Viti, afin de lui prouver la promptitude de sa conception. Le podestat ne fut point frappé de l'observation de son supérieur, mais il ne hasarda aucune objection.

— Signor capitano, reprit Andéa Barrofaldi, depuis quand vos navires sont-ils gréés en lougres? C'est bien extraordinaire de la part d'un peuple aussi puissant sur les mers.

— Je vois ce que c'est, signor vice-gouverneur; vous me soupçonnez d'être Français ou Espagnol; vous révoquez en doute la sincérité de ma déclaration. Rassurez-vous; je suis bien le capitaine Jack Smith, commandant du *Wing-and-Wing*, au service du roi d'Angleterre.

— Vous appartenez donc à la marine royale? J'aurais cru plutôt que vous aviez des lettres de marque.

— Ai-je l'air d'un corsaire, signor? demanda le capitaine d'un air offensé. Je me sens blessé avec juste raison d'une aussi indigne accusation.

— Excusez-moi, signor capitano Smith; mais nous avons des devoirs bien délicats à remplir, dans cette île sans protection, exposée à tant de dangers. Le pilote le plus expérimenté de notre port m'a fait prévenir que votre lougre n'avait pas les dehors d'un bâtiment anglais, et ressemblait sous beaucoup de rapports à un corsaire français. La prudence m'impose l'obligation de constater dûment votre nationalité; une fois que j'en serai certain, les Elbains se feront un vrai plaisir de vous prouver combien ils estiment et honorent leurs illustres alliés.

— Rien de plus raisonnable, dit le capitaine en tendant les deux mains avec la plus engageante cordialité. Votre conduite est celle que je tiens moi-même à l'égard des étrangers que je rencontre en mer; des coquins seuls sont capables de la trouver mauvaise. Poursuivez donc, signor vice-governatore, et levez comme vous l'entendrez tous vos scrupules. Quelles sont vos intentions? Voulez-vous aller en personne à bord du *Wing-and-Wing*, ou y envoyer cet honorable magistrat? Faut-il vous montrer ma commission? J'en ai deux à votre service; l'une me vient du roi d'Angleterre, l'autre de Son Altesse Impériale le grand-duc.

— Je ne connais l'Angleterre que par les livres, signor capitano; mais je me flatte de l'avoir assez étudiée pour être capable, après quelques minutes d'entretien, de démasquer un imposteur. Je ne suppose pas d'ailleurs que vous méritiez cette flétrissante qualification. Nous autres rats de bibliothèque, voyez-vous, nous procédons d'une manière toute particulière, et si vous consentez à vous entretenir un moment avec moi des lois et des mœurs de l'Angleterre, je saurai bien vite à quoi m'en tenir.

Le vice-gouverneur, en prononçant ces mots, lança un regard de triomphe à son ami, qui osait contester parfois les avantages pratiques de l'instruction, et qu'il espérait confondre par une démonstration éclatante.

— Je suis à vos ordres, signor, reprit le capitaine, et rien ne me sera plus agréable que de causer de mon île natale.

— Eh bien! donc, signor capitano, reprit Andréa, qui s'assura par un coup d'œil que le podestat prêtait l'oreille, voulez-vous avoir la bonté de m'expliquer quelle espèce de gouvernement possède l'Angleterre? Est-ce une monarchie, une aristocratie ou une démocratie?

— Peste! il n'est pas facile de répondre à cette question. Il y a un roi, mais la puissance des lords est bien grande, et la démocratie se montre parfois inquiétante pour l'autorité! Votre question, signor, est faite pour embarrasser un philosophe.

— C'est assez vrai, voisin Vito-Viti, car la constitution d'Angleterre est un instrument à plusieurs cordes. Votre réponse, capitaine, me fait voir que vous avez réfléchi sur la nature de votre gouvernement, et j'aime les hommes qui réfléchissent... Quelle est la religion de votre patrie?

— Cette seconde question est plus difficile encore à résoudre que la première. Nous avons en Angleterre autant de sectes que d'individus. A la vérité, les lois posent certains principes religieux; mais les hommes, les femmes, les enfants eux-mêmes en adoptent d'autres. Je me suis souvent occupé de ce grand problème de la religion.

— Ah! vous autres marins, vous ne vous tourmentez guère de pareilles idées, s'il faut dire la vérité; aussi, je n'insisterai pas là-dessus. Il est probable, d'ailleurs, que votre équipage et vous professez la religion luthérienne?

— Classez-nous comme vous l'entendrez, repartit le capitaine avec un sourire ironique. Nos pères, en tout cas, étaient bons catholiques.

— Maintenant, seigneur capitaine, disons un mot de votre langue que vous devez naturellement bien parler.

— Of! répondit le capitaine en quittant l'italien pour l'anglais avec une rapidité qui attestait qu'il se sentait inattaquable sur ce point; comment ne parlerait-on pas bien sa langue maternelle?

Ces mots n'étaient pas très-correctement prononcés, mais ils en imposèrent au vice-gouverneur, qui ne se sentant pas de force à soutenir la conversation, reprit en italien :

— Votre langue a sans doute des beautés; il n'en saurait être autrement, puisqu'elle a servi à Milton et à Shakespeare. Mais vous conviendrez avec moi que la prononciation de certains mots est un obstacle qui rebute souvent les étrangers.

— D'accord, repartit le capitaine; et le maître qui m'a appris l'anglais...

— Comment! demanda le vice-gouverneur, dont les soupçons se réveillèrent tout à coup; est-ce que vous n'avez pas appris votre langue par la pratique, quand vous étiez enfant?

— Si fait, si fait. Mais il a fallu nécessairement qu'un maître me donnât des leçons de lecture et perfectionât ma prononciation.

— Il y avait donc des mots que vous prononciez mal avant d'être capable de les lire?

Le capitaine, un peu déconcerté, cherchait dans sa tête une réponse satisfaisante, quand il fut tiré d'embarras par l'opportune intervention de Vito-Viti.

— Signor Barrofaldi, dit celui-ci, revenons au lougre, si bon vous semble, et tâchons d'éclaircir les soupçons que nous ont inspirés les observations de Tommaso Tonti. Si le gréement du navire nous est expliqué, que nous importent les difficultés de la langue anglaise?

Le vice-gouverneur n'était pas fâché de sortir avec honneur d'une discussion philologique qu'il n'aurait pu prolonger sans peine; aussi fit-il à son ami un signe d'assentiment.

— Mon voisin Vito-Viti a raison, reprit-il, et nous allons revenir au lougre. Tommasso Tonti est le doyen des pilotes de l'île d'Elbe; il prétend que les lougres sont employés dans la marine française, et que les Anglais ne s'en servent point.

— En cela, Tommaso Tonti ne se montre pas marin. Les Anglais ont beaucoup de lougres, je n'en disconviens pas; mais les Français en arment bien davantage. J'ai déjà expliqué au signor Viti que mon île natale de Guernesey avait jadis appartenu à la France, et qu'un lougre de ces parages avait nécessairement une tournure à moitié française.

— En effet, reprit le vice-gouverneur, ce que le capitaine dit de son île est exact, voisin Viti ; en passant sous la domination britannique elle a conservé une partie de ses habitudes originelles. Éclaircissons maintenant ce qui regarde les noms, et nous n'aurons plus d'objections à faire. Les noms de Jack Smith et de *Wing-and-Wing* appartiennent-ils à Guernesey?

— Pas précisément, répondit le marin, qui réprima avec peine l'envie qu'il avait de rire au nez du vice-gouverneur. Smith est un nom très-répandu en Angleterre, et le prénom de Jack n'y est pas moins commun ; mais l'île de Guernesey a été conquise par une armée dont mes ancêtres faisaient partie, et ils ont naturellement importé leur nom dans le pays qu'ils soumettaient.

— Rien n'est plus raisonnable, voisin Vito-Viti. Pourvu que le capitaine ait sur lui sa commission, nous pourrons nous coucher en paix et dormir la grasse matinée.

— Voici de quoi vous endormir, reprit le capitaine en riant : cette pièce signée par l'amiral contient mes instructions, sur lesquelles vous pouvez jeter les yeux, attendu qu'elles ne sont pas secrètes. Quant à ma commission, la voici revêtue de la signature du ministre de la marine; elle donne ordre au lieutenant Jack Smith de prendre le commandement du *Wing-and-Wing*.

Ces documents étaient écrits lisiblement en bon anglais, et l'unique circonstance qui eût pu en démontrer la fausseté, c'était ce nom de Jack, qui n'est jamais employé à la place de John que dans la la conversasion familière. Mais le vice-gouverneur n'avait pas assez approfondi la langue anglaise pour découvrir la fraude, et il avait oublié les observations du pilote, quand il restitua les papiers à leur propriétaire.

— Je le disais bien, reprit Andréa satisfait de sa perspicacité, un ennemi ou un corsaire n'aurait pas osé s'aventurer dans notre port, car nous avons la réputation d'être sur nos gardes et de connaître notre affaire aussi bien que les autorités de Livourne, de Gênes ou de Naples.

— Et puis, dit le capitaine avec un gracieux sourire, on n'aurait à gagner chez vous que des coups et la prison.

Le vice-gouverneur fut si charmé de cette repartie, qu'il invita l'étranger à souper. Le couvert était mis dans la chambre voisine, et au bout de quelques minutes les trois convives furent installés autour de la table. Dès ce moment, si la défiance existait encore dans le cœur des deux fonctionnaires de Porto-Ferrajo, elle y fut assez cuchée pour qu'il leur fût impossible de s'en rendre compte. Les mets légers de la cuisine italienne et les vins légers de Toscane contribuèrent à les rassurer, et à les mettre en belle humeur. A cette époque, les habitants de l'Europe méridionale ne connaissaient le thé que comme médicament, on ne le trouvait que dans les officines des apothicaires. Le capitaine et les magistrats prirent à la place diverses liqueurs fabriquées sur la côte voisine et qui n'étaient pas moins excitantes; toutefois l'étranger fit preuve de sobriété, il feignit de prendre cordialement part au repas et à la conversation; mais en réalité, il éprouvait un vif désir d'être rendu à ses affaires.

Andréa Barrofaldi ne laissa pas échapper une aussi belle occasion d'étaler ses connaissances aux yeux du podestat. Il parla beaucoup de l'Angleterre, de l'histoire, de la religion, du gouvernement, des lois, du climat et de l'industrie de ce pays, en invoquant à plusieurs reprises le témoignage du capitaine. Celui-ci semblait décidé à tout approuver, mais sa complaisance avait parfois des inconvénients, car le vice-gouverneur posait parfois ses questions de telle sorte qu'on n'eût pas été de son avis en répondant affirmativement. Néanmoins, le prétendu Anglais se tira passablement de ces petites difficultés, et sut flatter l'amour-propre d'Andréa par des expressions d'admiration réitérées.

— C'est étonnant, disait-il, vous êtes étranger, et pourtant mon pays vous est connu aussi bien et même sous certain rapports mieux qu'à moi! mœurs, institutions, géographie, rien ne vous échappe!

— L'instruction de cet homme est prodigieuse, murmura de son côté le premier fonctionnaire en prenant à part son subordonné; je ne serais pas surpris de découvrir prochainement que c'est un agent secret du gouvernement anglais, et qu'il est chargé d'une enquête sur les resources de l'Italie, dans le but d'étendre les relations commerciales qui existent entre les deux nations.

Il y eut pourtant un moment où le capitaine faillit réveiller par une imprudence les soupçons de son hôte. Ce dernier l'interrogea sur la noblesse de la Grande-Bretagne, et ajouta :

— Vous êtes sans doute, signor, dévoué à l'aristocratie, et si la vérité était connue, on apprendrait que vous descendez d'une illustre famille.

— Moi! s'écria le capitaine avec une chaleur dont il se repentit presque aussitôt, je déteste les aristocrates!

— C'est bien extraordinaire dans un Anglais! Oh! je devine, vous êtes de l'opposition, et vous vous croyez obligé de tenir un pareil langage. Vous saurez, mon cher Vito-Viti, que les Anglais sont divisés en deux castes politiques qui se contredisent perpétuellement; si l'une soutient qu'une chose est blanche, l'autre affirme qu'elle est noire, et *vice versâ*. Les deux partis se disent animés de l'amour du pays; mais celui qui n'est pas au pouvoir déblatère contre ce pouvoir même jusqu'à ce qu'il y soit parvenu; n'est-ce pas, capitaine?

— Vous appréciez merveilleusement nos dissensions politiques, seigneur vice-gouverneur, dit le capitaine en se levant; mais je vous demanderai la permission de faire un tour dans votre ville et de retourner à mon bord. La nuit avance, et il faut bien observer la discipline.

Andréa, qui avait épuisé sa provision de science, ne chercha point à retenir le capitaine, et Jack Smith prit congé des deux fonctionnaires, qu'il laissa occupés à disserter sur ses qualités physiques et morales, en achevant un flacon de marasquin.

CHAPITRE III.

Le capitaine Smith ne fut nullement fâché de sortir de l'hôtel du gouverneur ou du palais, pour employer l'expression des bonnes gens de l'île d'Elbe. Il avait été fatigué à l'excès de l'importune érudition du vice-gouverneur; il était suffisamment pourvu d'anecdotes nautiques, et connaissait plusieurs ports qu'il avait successivement visités; mais jamais il ne s'était préparé à soutenir une conversation d'une haute portée sur les institutions et les lois de son pays d'emprunt. Le digne Andréa aurait été cruellement froissé s'il avait entendu les malédictions sans nombre dont l'étranger l'accabla tout bas en quittant la maison.

La nuit était close, mais c'était une soirée calme, étoilée, comme on n'en voit que sur les côtes de la Méditerranée; il y avait à peine un souffle de vent; mais l'air frais, qui semblait provenir d'une douce respiration de la mer, retenait encore au dehors quelques promeneurs clair-semés. Ne sachant quel parti prendre pour le moment, le jeune marin se rendit sur le plateau où ils étaient réunis. Il s'y trouvait depuis quelques minutes, quand une femme, enveloppée avec soin d'une mantille, le frôla tout à coup en passant. Quoiqu'elle le regardât fixement, elle s'éloigna si vite qu'il n'eut pas le temps de lui adresser un coup d'œil en échange. Il la suivit au delà du lieu fréquenté par les promeneurs; et lorsqu'elle s'arrêta, il reconnut sans peine un visage et une désinvolture qu'elle ne cherchait plus à dissimuler.

— Ghita! s'écria-t-il avec transport, vous m'épargnez bien des recherches, et je vous remercie mille fois de votre bienveillance. Sans elle, que d'embarras j'aurais pu attirer sur vous et sur moi en essayant de découvrir votre demeure!

— C'est pour cette raison, Raoul, que je me suis permis une démarche aussi contraire aux convenances. Porto-Ferrajo est une petite ville de commérages, et dans ce moment même tous les yeux sont fixés sur votre lougre ; le capitaine serait aussi l'objet de l'attention publique si l'on se doutait qu'il est à terre. Vous ignorez sans doute ce qu'on vous soupçonne d'être, vous et vos gens?

— J'espère qu'on ne nous impute rien de déshonorant.

— On pense et l'on dit que vous êtes Français, et que le pavillon anglais n'est qu'une mascarade.

— S'il ne s'agit que de cela, répondit Raoul Yvard en riant, nous ne chercherons pas à récriminer. On nous prend pour ce que nous sommes tous, à l'exception d'un Américain qui nous aide à baragouiner l'anglais au besoin; je n'ai donc pas lieu de m'offenser des suppositions des Elbains.

— Oui, mais vous avez lieu d'en être inquiet, repartit Ghita. Si le gouverneur est édifié sur votre compte, il donnera des ordres à ses artilleurs, et vous anéantira.

— Il en est incapable, Ghita ; il a trop d'affection pour le capitaine Smith, qu'il se ferait un scrupule de malmener. D'ailleurs, il faudrait qu'il changeât de place tous ses canons avant d'atteindre *le Feu Follet*. Je ne laisse jamais mon cher petit lougre à la portée d'une main étrangère. Regardez-le là-bas entre ces maisons, formant une tache noire sur les flots de la baie; étudiez bien la place où il est mouillé, et vous verrez que les batteries de Porto-Ferrajo ne sont pas redoutables pour lui.

— Je sais la position, Raoul, et j'ai compris pourquoi vous aviez jeté l'ancre dans cet endroit. Dès qu'on vous eut signalé au large, il m'a semblé vous reconnaître, et je vous ai suivi des yeux avec un plaisir que je n'essayerai pas de vous cacher. J'ai cru que vous passiez aussi près de l'île d'Elbe dans l'intention de prouver à vos amis que vous ne les aviez pas oubliés; mais en vous voyant entrer dans la baie, je me suis dit que vous étiez fou.

— Je le serais devenu, ma chère Ghita, si j'avais vécu plus longtemps sans vous voir. Qu'ai-je à redouter de ces misérables Elbains? ils n'ont rien dans leur port que de mauvaises felouques, qui ne valent pas la peine d'être brûlées. Qu'ils osent bouger, et j'emmène à la remorque leur polacre autrichienne pour y mettre le feu sous leurs yeux. *Le Feu Follet* mérite ce nom ; il est ici, là, partout enfin, avant que ses ennemis l'aient aperçu.

— Mais ses ennemis sont aux aguets; et vous ne sauriez déployer trop de prudence. Mon cœur a battu avec violence au bruit de l'artillerie qu'on dirigeait sur vous.

— Quel mal a-t-elle fait au lougre? le grand-duc de Toscane a perdu inutilement deux gargousses et deux boulets, voilà tout; vous avez trop souvent assisté à de pareilles scènes, Ghita, pour vous alarmer de la fumée et des détonations.

— J'ai vu assez souvent de pareilles scènes, Raoul, pour savoir qu'un boulet tiré des hauteurs aurait pu traverser votre *Feu Follet*, qui aurait sombré immédiatement au fond de la Méditerranée.

— Alors nous aurions eu pour ressources nos embarcations, répondit Raoul avec une indifférence qui n'avait rien d'affecté, car la témérité était chez lui un vice plutôt qu'une vertu. Au reste, il faut pêcher le poisson avant de le mettre dans la poêle, et le boulet n'est dangereux que lorsqu'il a touché son but. N'en parlons plus, Ghita; je suis assez occupé habituellement de boulets, de marine et de naufrages; puisque j'ai le bonheur de vous retrouver, je dois profiter autrement de l'occasion.

— Je ne pense qu'au péril que vous courez! s'écria la jeune fille; je ne puis donc parler d'autre chose. Si le vice-gouverneur s'avisait d'envoyer un détachement d'infanterie pour s'emparer de votre lougre, que deviendriez-vous?

— Qu'il y vienne! je le ferai prendre dans son palais par une douzaine de chaloupiers, et je le mènerai en croisière contre ses chers Anglais et ses charmants Autrichiens!... Bah! l'idée que vous lui supposez n'entrera pas dans son cerveau constitutionnel! Demain, je lui enverrai mon premier ministre, mon Barras, mon Carnot, mon Cambacérès, enfin mon Ithuel Bolt, pour causer avec lui de politique et de religion.

— De religion! répéta la jeune fille d'un air attristé : moins vous parlerez de ce respectable sujet, Raoul, et mieux cela vaudra pour vous. Votre pays a assassiné les prêtres; si vous manquez de foi, c'est la faute de vos compatriotes, et non la vôtre; mais votre incrédulité n'en est pas moins déplorable.

Raoul Yvard comprit qu'il s'était hasardé sur un terrain glissant.

— Alors, dit-il, cessons de nous en occuper, et admettons qu'on nous fasse prisonniers; quel mal peut-il en résulter? nous sommes d'honnêtes corsaires; nous avons des lettres de marque en règle, nous naviguons sous la protection de la République française, une et indivisible. Tout ce que nous avons à craindre, c'est d'être considérés comme prisonniers de guerre, et c'est ce qui m'est arrivé déjà, sans autre conséquence fâcheuse que de me fournir le nom du capitaine Smith, et la facilité de mystifier le vice-gouverneur.

Ghita se mit à rire en dépit de ses craintes; elle avait son ent ainsi éprouvé l'influence du jeune marin, qui savait faire partager aux autres, même malgré eux, sa gaieté communicative, et qui usait avec succès de ce moyen d'action, quand il voulait les convertir à ses opinions. Ghita savait que Raoul avait été déjà prisonnier en Angleterre pendant deux ans; qu'il avait eu le temps d'apprendre la langue du pays, et qu'il s'était évadé avec l'aide de l'Américain nommé Ithuel Bolt, condamné par la presse des matelots à servir à bord d'un bâtiment anglais. Ithuel avait adopté avec enthousiasme les plans du captif entreprenant, et s'était associé à l'exécution de projets de vengeance qui avaient son entière approbation.

Les États, de même que les individus puissants, se sentent ordinairement trop forts pour hésiter à violer le droit des gens quand leur intérêt l'exige. Ils ne reculent pas devant la perspective des malheurs qu'ils causeront. Il est pourtant démontré que les plus humbles peuvent devenir dangereux, et menacer sérieusement ceux qui occupent les positions les plus élevées. Les grandes communautés elles-mêmes finissent par trouver le châtiment de leur injustice. En vertu d'une loi générale, il est impossible à l'homme d'échapper même dans cette vie aux conséquences de ses mauvaises actions; Dieu a décrété depuis le commencement du monde la prédominance universelle de la vérité, et l'infaillible confusion du mensonge; enfin le triomphe de l'iniquité est toujours éphémère, tandis que celui du droit est éternel. Pour appliquer ces considérations consolantes aux faits dont nous nous occupons, nous dirons que la presse des matelots, en excitant l'indignation des marins de l'Europe entière, y compris la Grande-Bretagne elle-même, a probablement contribué à détruire le prestige de la suprématie de cette nation sur les mers. Elle a ébranlé plus que toute autre cause un préjugé soutenu par une force réelle et incontestable. Pour bien comprendre les suites fatales qu'entraîna cet abus despotique, il fallait voir la haine et le ressentiment dont ses victimes étaient remplies, surtout quand elles s'étaient vainement flattées d'être protégées par leur nationalité. Ithuel Bolt, le marin dont nous avons parlé, avait déclaré à l'Angleterre une guerre implacable et il prouvait dans son étroite sphère jusqu'à quel point un homme insignifiant est à craindre lorsque toutes les facultés de son esprit n'ont qu'un seul but, la vengeance. Ghita le connaissait à merveille; il ne lui plaisait ni au physique ni au moral; cependant elle avait maintes fois souri malgré elle au récit des ruses qu'il avait employées contre les Anglais et des nombreuses inventions qu'il avait combinées pour leur nuire. Elle devina sans peine que c'était à lui qu'était due la présente supercherie.

— Raoul, reprit-elle après un moment de silence, vous n'appelez pas ouvertement votre lougre *le Feu Follet?* C'est un nom dangereux à prononcer, même à Porto-Ferrajo. Il n'y a pas une semaine que j'ai entendu un marin disserter sur les méfaits de ce navire, et sur les motifs que tous les bons Italiens avaient de le détester. Il est heureux que l'homme en question soit parti, car il n'aurait pas manqué de vous reconnaître.

— Ah! ah! Ghita, je n'en suis pas sûr; notre lougre change souvent de peinture; il modifie au besoin son gréement, et maintenant il vient de se mettre au service de l'Angleterre sous le pseudonyme de *Wing-and-Wing*.

— C'est un nom étrange, repartit la jeune fille, et j'aime mieux *le Feu Follet*.

— Je voudrais réussir à vous faire aimer le nom d'Yvard, reprit le jeune homme d'un ton de reproche tempéré par la tendresse. Vous m'accusez de manquer d'égards pour les prêtres; mais que l'un d'eux m'admette avec vous à l'autel, et je m'agenouillerai devant lui comme un fils devant son père, le jour où je recevrai cette bénédiction nuptiale que j'ai tant de fois sollicitée, et que vous m'avez refusée avec tant de persistance et de cruauté.

La jeune fille sourit, mais elle sentit au fond de son cœur une douleur amère qu'elle eut beaucoup de peine à dissimuler.

— Si je vous écoutais, dit-elle, on m'appellerait Ghita la folle : ne parlons pas de cela pour le moment, Raoul : on peut nous voir, nous épier; il faut que nous nous séparions.

Ghita laissa Raoul sur la colline; elle voulut rentrer seule, alléguant qu'elle connaissait assez la ville pour s'aventurer sans crainte à toute heure dans ses rues étroites et escarpées. Il faut le dire à l'honneur de l'administration d'Andrea Barrofaldi, il avait affermi la sécurité publique, et les plus faibles pouvaient errer dans l'île, le jour et la nuit, sans avoir à redouter aucune violence. La paix et la tranquillité du pays n'avaient pas eu depuis longtemps de plus grand ennemi que celui qui venait de se glisser chez ces inoffensifs insulaires.

CHAPITRE III.

Un profond silence régnait dans les rues de Porto-Ferrajo, mais il cachait une agitation que l'on n'aurait guère supposée. Tommaso Tonti avait sur son entourage une influence égale à celle du vice-gouverneur; et après avoir quitté le podestat, il avait rejoint la petite clientèle de patrons et de pilotes, qui avaient coutume d'accueillir ses paroles comme des oracles. Leur rendez-vous ordinaire était une maison tenue par la veuve Benedetta Galopo, et dont la destination était clairement indiquée par une touffe de feuillage attachée au bout d'une perche au-dessus de la porte. Benedetta connaissait sans doute le proverbe : A bon vin point d'enseigne; mais elle n'avait pas assez de confiance dans la qualité de ses liquides pour croire qu'ils pouvaient s'en passer : elle renouvelait son bouquet toutes les fois qu'il était fané. Elle tolérait le vieux pilote Tonti pour plusieurs raisons : s'il était dépourvu de grâces personnelles, il comptait parmi ses amis les plus beaux marins du port; il buvait sec et payait régulièrement; aussi était-il toujours le bienvenu au cabaret de Santa-Maria degli Venti. C'était le nom de l'établissement, qui n'avait cependant d'autre enseigne que la touffe de verdure si souvent renouvelée.

Au moment où Raoul et Ghita se séparèrent, Tommaso était assis à sa place habituelle, dans la chambre haute du cabaret. Les fenêtres donnaient sur le port, et malgré les ténèbres on distinguait encore le lougre mouillé à une encâblure de distance. Tommaso n'avait que trois compagnons, car il n'avait voulu admettre à son conseil que les plus disposés à reconnaître son expérience. La société était en séance depuis un quart d'heure, et elle avait déjà eu le temps de faire baisser la marée dans un pot qui contenait presque un gallon de vin.

— J'ai présenté mes observations au podestat, dit Tommaso d'un air d'importance : il a dû les communiquer au vice-gouverneur, qui est maintenant aussi éclairé qu'aucun de nous. Cospetto, est-il possible que pareille chose arrive à Porto-Ferrajo! Si ce lougre avait jeté l'ancre de l'autre côté de l'île, à Porto-Longone, ce serait moins surprenant, car les habitants ne sont pas sur leurs gardes ; mais ici, dans la capitale même de l'île d'Elbe! j'en suis tout aussi surpris que s'il était entré dans le port de Livourne.

— Pourtant, dit un certain Daniel Bruno d'un air d'incrédulité, j'ai souvent vu le pavillon anglais, et celui du lougre est bien le même.

— Qu'est-ce que cela signifie, Daniel! Il est aussi facile à un Français qu'au roi d'Angleterre lui-même de hisser le pavillon britannique. Si ce lougre n'a pas été construit par des Français, vous n'êtes pas nés de parents italiens. La coque du navire ne prouve rien, puisqu'elle a pu être capturée par les Anglais ; mais regardez le gréement et les voiles! Je vois d'ici la boutique du voilier marseillais qui a fait cette misaine! Il se nomme Pierre Benoît, et c'est un excellent ouvrier, de l'avis de tous ceux qui l'ont employé.

Cette assertion donna beaucoup de force à l'opinion de Tommaso Tonti, car les esprits vulgaires se laissent volontiers abuser, quand certaines circonstances ont l'air de corroborer des faits antérieurs imaginaires. Le vieux pilote avait deviné de quelle nation était l'étranger, mais il se trompait grossièrement quant à la voilure. *Le Feu Follet* ayant été construit, équipé et frété à Nantes, Pierre Benoît n'en avait jamais manié la misaine. Peu importait d'ailleurs à l'argumentateur que le voilier fût d'un port ou d'un autre ; l'essentiel était qu'il fût français..

— Avez-vous parlé de ça au podestat? demanda la maîtresse du logis, qui s'était arrêtée pour écouter la conversation avant de remporter un flacon vide : l'histoire de cette voile lui aurait ouvert les yeux.

— Je n'ai pas songé à lui en parler, mais je lui ai raconté tant de choses plus essentielles, qu'il croira à celle-ci sans la moindre difficulté. Le signor Viti m'a promis de me rejoindre ici après sa conférence avec son supérieur, et je m'attends à le voir d'un moment à l'autre.

— Le podestat sera bien reçu, dit Benedetta en préparant une table avec empressement; il est possible qu'il fréquente des maisons mieux montées que la mienne, mais il n'y trouve certainement pas de meilleur vin.

— *Poverina!* reprit le pilote avec un sourire de commisération, croyez-vous que le podestat vienne ici dans l'intention de se rafraîchir? Son unique but est de me voir. Il prend trop souvent sa ration de vin sur les hauteurs, pour avoir envie d'en chercher un verre aussi bas. Mes amis, il y a au palais un vin des plus exquis. Lorsqu'on en a retiré l'huile dont on remplit le goulot pour intercepter l'air, le vin qui reste coule dans le gosier comme si c'était encore de l'huile. J'en viderais un flacon tout entier sans reprendre haleine.

— Que dites-vous là? interrompit Benedetta avec emportement, si le vin coule avec tant de facilité, c'est qu'on y mêle l'eau d'une bonne source qui avoisine le pressoir. Je l'ai vu parfois si léger, que l'huile n'y surnageait pas.

Cette affirmation était la contre-partie de celle qui concernait la voile; mais Benedetta connaissait trop, par expérience, l'inconstance naturelle des hommes pour ne pas savoir que si les trois ou quatre habitués présents croyaient un vin quelconque supérieur au sien, l'importance de son cabaret diminuerait singulièrement à leurs yeux. En femme qui avait à lutter seule contre le monde, elle pensa qu'il fallait arrêter la calomnie au début de sa carrière, et elle articula nettement sa réplique. Il s'en serait suivi probablement une discussion animée, si des pas ne s'étaient fait entendre sur l'escalier. La porte s'ouvrit; Vito-Viti parut, et à la stupéfaction générale, on vit entrer en même temps le vice-gouverneur!

Cette visite est facile à expliquer. Après le départ du capitaine, Vito-Viti était revenu sur les suggestions de Tommaso; il avait insisté sur diverses particularités qu'il venait de remarquer dans les allures du jeune marin; et il avait fini par produire sur lui-même une impression qu'avait partagée le gouverneur. Tous deux avaient été saisis d'une vague inquiétude, et en entendant parler du rendez-vous de Vito-Viti avec le pilote, Andréa avait pris le parti d'accompagner son subordonné, afin d'examiner en personne le navire étranger. Les deux fonctionnaires avaient pris les manteaux qui servaient à les déguiser dans les circonstances graves, et que la fraîcheur de la brise ne rendait pas inutiles même en été.

— Le vice-gouverneur! s'écria Benedetta tout interdite en époussetant machinalement une chaise; Votre Excellence ne daigne pas souvent m'honorer de sa présence, mais elle n'en sera pas moins bien reçue. Que puis-je vous offrir?

— Un flacon de vin, ma bonne Benedetta.

L'hôtesse exprima sa gratitude par une profonde révérence, et regarda fièrement ceux qui avaient osé dénigrer sa marchandise. Puisque le vice-gouverneur s'en contentait, un marin pouvait-il avoir désormais la pensée de le trouver mauvais? Elle alla chercher dans le bon coin une bouteille d'excellent vin de Toscane, qu'elle réservait pour les grandes occasions; et ses mains enlevèrent avec précaution l'huile et le tampon de coton qui bouchait l'orifice.

— Excellence, dit-elle, je ne saurais vous exprimer combien je suis heureuse de vous voir; et vous aussi, signor podestat, qui n'avez mis le pied chez moi qu'une seule fois.

Andréa Barrofaldi, après s'être assuré qu'on pouvait boire le vin impunément, observait les marins assis en silence à la table voisine; il voulait s'assurer qu'il ne s'était pas compromis en se montrant dans une taverne où sa présence pouvait fournir le prétexte de commérages malveillants. Il connaissait Tommaso et Daniel Bruno; mais les autres marins lui étaient étrangers.

— Demandez si nous sommes ici avec des amis et de fidèles sujets du grand-duc de Toscane, murmura-t-il à l'oreille du podestat.

— Tu l'entends, Tommaso, dit le signor Viti; peux-tu répondre de tes compagnons?

— Sans contredit, signor; voici Daniel Bruno, dont le père a été tué dans un combat contre les Algériens, et dont la mère était fille d'un marin bien connu à Porto-Ferrajo, comme un...

— N'entre pas dans ces détails, dit le vice-gouverneur; il suffit que tu connaisses tes compagnons pour d'honnêtes gens et de zélés serviteurs du souverain. Vous savez sans doute quels motifs nous ont amenés ici, le podestat et moi?

Les assistants se regardèrent avec l'incertitude naturelle à des hommes sans instruction qui sont brusquement sommés de répondre à une question importante. On aurait dit qu'ils cherchaient à faciliter par l'exercice de leur sens le travail de leur intelligence. Enfin Daniel Bruno se chargea du rôle d'orateur.

— Excellence, répondit-il, nous croyons savoir les motifs de votre présence. Notre ami Tommaso nous a donné à entendre que l'Anglais qui a jeté l'ancre dans la baie n'était pas Anglais. Que Notre-Dame nous protége! mais s'il faut en croire notre vieux camarade, ce serait un Français ou un pirate, et dans ces temps de trouble, c'est bien à peu près la même chose.

— Je ne partage pas votre opinion, ami, répondit le vice-gouverneur, qui avait des sentiments de justice et d'impartialité; un pirate est repoussé par tous les peuples, un Français au contraire jouit de la protection accordée aux citoyens des nations civilisées. Il y a quelques années, Sa Majesté l'empereur d'Autriche et son auguste père le grand-duc de Toscane, refusaient de reconnaître le gouvernement de la France républicaine : la fortune de la guerre dissipa leurs scrupules, et un traité de paix fut conclu. Maintenant qu'il n'existe plus, il est de notre devoir de traiter les Français en ennemis; mais il ne s'ensuit pas que nous devions les traiter comme des pirates.

— Cependant, dit Daniel, ils s'emparent de tous nos bâtiments et en maltraitent les équipages. On m'a de plus assuré qu'ils n'étaient pas chrétiens, pas même hérétiques.

Le vice-gouverneur affectionnait tellement les entretiens historiques, qu'il aurait volontiers discuté sur la religion ou les mœurs avec un mendiant en lui faisant l'aumône.

— Il est vrai, répondit-il, que la foi n'est pas florissante en France; mais elle y a fait des progrès depuis quelque temps, et nous avons lieu d'espérer qu'elle prendra bientôt de nouveaux développements.

— Mais, interrompit Tommaso, ils se sont conduits envers le Saint-Père comme on n'agirait pas à l'égard d'un Turc.

— Ah! c'est bien vrai, dit à son tour Benedetta; on ne peut plus aller à la messe sans être poursuivi par l'idée des persécutions dirigées contre le chef de l'Eglise. Si elles provenaient de luthériens, on pourrait à la rigueur les supporter; mais on assure que ces Français ont été autrefois bons catholiques.

— Les luthériens l'ont été aussi, Benedetta, y compris leur chef schismatique, le moine augustin d'Erfurt.

Ces mots causèrent une surprise générale, et le podestat lui-même jeta sur son chef un regard interrogateur. Personne ne pouvait se figurer qu'un protestant n'eût pas toujours été protestant, ou plutôt qu'un luthérien n'eût pas toujours été luthérien, car la qualification de protestant est trop significative pour être admise par ceux qui nient qu'on ait eu jamais aucun motif raisonnable de protestation. Vito-Viti lui-même apprit avec étonnement que Luther avait d'abord appartenu à l'Eglise catholique, apostolique et romaine, et il apostropha le vice-gouverneur en ces termes :

— Excellence, vous ne voudriez pas tromper des honnêtes gens sur un sujet aussi grave.

— Je ne dis que la vérité, voisin Viti, et je vous raconterai un de ces jours toute l'histoire du moine de Wittemberg. Elle a de l'intérêt pour tous les hommes, et peut contribuer à l'édification de tous les chrétiens. Mais qui donc avez-vous en bas, Benedetta? j'entends des pas sur l'escalier, et je ne voudrais pas être vu.

La veuve s'élançait au-devant des nouveaux venus pour leur indiquer une autre salle non privilégiée, quand un homme se présenta sur le seuil.

Il était trop tard pour lui barrer le passage; son apparition imprévue produisit une stupeur qui se manifesta par un profond silence.

L'individu qui, guidé par le bruit de la conversation, avait pénétré dans le sanctuaire, n'était autre qu'Ithuel Bolt, l'Américain déjà mentionné dans le chapitre précédent. Il était accompagné d'un Génois qui lui servait d'interprète et de compère.

Pour que nos lecteurs comprennent bien le caractère de cet homme, il est essentiel de raconter en peu de mots son histoire, et de donner une description de sa personne.

Ithuel Bolt était né dans cette partie de la confédération américaine qu'on appelle l'État de Granit. Il n'était assurément pas de pierre, mais tout son corps décelait une insensibilité pour ainsi dire marmoréenne. Il annonçait au premier aspect une constitution robuste, dont il était cependant dépourvu. Sa charpente osseuse se faisait remarquer tout d'abord; il avait les nerfs en saillie et les muscles assez développés; mais, de quelque côté qu'on regardât ces derniers, ils ne présentaient que des angles. Ses doigts eux-mêmes étaient plutôt carrés que ronds; son cou, autour duquel un mouchoir de soie noire jeté négligemment, formait pour ainsi dire un pentagone, qui excluait toute idée de grâce et de symétrie. Il avait juste cinq pieds dix pouces quand il se tenait droit; mais il avait l'habitude invétérée de marcher en voûte, et ce n'était qu'à de rares intervalles qu'il se redressait, comme pour essayer de guérir l'incurable courbure de ses épaules. Il avait les cheveux noirs, le teint naturellement clair, mais couvert par le hâle de plusieurs couches de couleur brune; les traits réguliers, le front large et bombé, la bouche d'une beauté incontestable. Cette singulière physionomie était animée par deux yeux perçants, inquiets, étincelants, qui ressemblaient, non pas à des taches sur le soleil, mais à des soleils sur une tache.

Ithuel avait atteint sa trentième année avant d'avoir l'idée de naviguer. Le hasard lui offrit l'occasion de s'embarquer avec avantage, et il s'engagea comme second à bord d'un petit chasse-marée. Il avait tant d'aplomb, tant de confiance en lui-même, qu'on ne s'aperçut pas de son ignorance. On sortit du port, on gagna le large, et le voyage s'annonçait sous d'heureux auspices, quand le patron tomba de la grande vergue et se noya. Dans cette occurrence, la plupart des matelots seraient volontiers revenus sur leurs pas; mais Ithuel Bolt n'était pas homme à reculer. D'ailleurs, il eût été aussi embarrassé pour rentrer au port que pour continuer sa route. Il regretta un moment d'avoir entrepris une tâche au-dessus de ses forces, mais il fut soutenu par la pensée qu'il était toujours venu à bout d'une manière ou d'une autre de tout ce qu'il avait entrepris. Heureusement on était au cœur de l'été; l'équipage, favorisé par un bon vent, n'avait pas besoin de direction; la marche était réglée d'avance; aussi le navire arriva-t-il sain et sauf à sa destination, à la satisfaction des matelots. Tous étaient prêts à jurer que leur nouveau capitaine l'emportait en bienveillance et en habileté sur tous les officiers qu'ils avaient connus; pour justifier cette réputation, Ithuel avait eu soin de ne donner aucun ordre sans l'avoir entendu formuler par un marin, et de le répéter mot à mot.

Le succès d'Ithuel en cette occasion lui procura des amis, et on lui confia le commandement du schooner à bord duquel il avait obtenu un avancement si rapide. Dans ce second voyage, il s'en rapporta complètement à son lieutenant; mais, grâce à son intelligence facile, il acquit au bout de six mois des notions suffisantes de sa profession. Toutefois, tant va la cruche à l'eau qu'à la fin elle se brise, et faute d'avoir approfondi les lois de la navigation, Ithuel finit par faire naufrage. Ce sinistre le détermina à entreprendre un voyage de long cours dans une situation plus humble; et chemin faisant il fut pressé par le capitaine d'une frégate anglaise dont la fièvre jaune avait décimé l'équipage, et qui s'emparait de tous les matelots qu'il pouvait rencontrer.

CHAPITRE V.

Un seul regard suffit à Ithuel pour se rendre compte de la position; il devina tout de suite que deux membres de la société étaient d'un rang supérieur, et que les autres appartenaient à la classe des marins de la Méditerranée. Quant à Benedetta, à l'air qu'elle avait au premier étage comme au rez-de-chaussée, il la reconnut immédiatement pour la maîtresse du logis.

— *Vino, vino, signora*, lui dit-il.

C'étaient à peu près les seuls mots italiens qu'il possédât, et il les débita en gesticulant.

— *Si, si, signor*, répondit Benedetta en riant, je vais servir Votre Excellence; mais désirez-vous du vin à un paul ou à un demi-paul?

— Que dit cette femme? demanda Ithuel à son interprète, Génois qui, ayant servi plusieurs années dans la marine anglaise, parlait anglais avec assez de facilité; vous savez ce que nous désirons, transmettez-lui mes ordres.

Pendant que le Génois entrait en pourparlers avec l'hôtesse, l'Américain s'assit devant une table, allongea les jambes, et étendit les bras de chaque côté sur le dossier de deux chaises, de manière à ressembler à ce qu'on appelle en style héraldique un aigle écartelé. Le vice-gouverneur le regarda faire avec surprise; il ne s'attendait pas à trouver dans le cabaret de Benedetta des hommes d'une rare distinction; mais il n'était pas accoutumé à la nonchalance et au sans-façon de l'étranger, dont l'attitude contrastait avec le maintien respectueux des quatre marins italiens. Néanmoins Andréa Barrofaldi ne laissa échapper aucun signe de surprise, et il se tint silencieusement en observation, attribuant sans doute les manières bizarres de l'inconnu à des mœurs nationales qui valaient la peine d'être étudiées.

Benedetta apporta aux étrangers un flacon du vin qu'elle avait servi au vice-gouverneur; Ithuel porta le goulot à sa bouche en homme habitué à boire à même les bouteilles, et absorba le liquide pendant si longtemps que son compagnon craignit un moment qu'il ne lui en restât pas une seule goutte.

— Qu'est-ce que ce vin? s'écria Ithuel en s'arrêtant pour reprendre haleine; j'en boirais un tonneau sans inconvénient : il a moitié moins de force que notre cidre!

Malgré cette déclaration, la physionomie du buveur exprima une satisfaction réelle en tendant le flacon à son camarade; il se promit de faire plus ample connaissance avec ce vin, dont la saveur délicate lui dissimulait la force.

Cependant Andréa se demandait à quel pays pouvait appartenir l'étranger; il le prenait naturellement pour un Anglais, et en concluait que le pavillon du lougre en indiquait bien réellement la nationalité. Ainsi que la plupart des Italiens de cette époque, il regardait tous les peuples septentrionaux comme des barbares, et les manières d'Ithuel n'étaient pas propres à le faire changer d'avis. Sans avoir la grossièreté bruyante des Italiens d'une classe inférieure avec lesquels le vice-gouverneur s'était parfois trouvé en contact, l'Américain prouvait par toutes ses allures qu'il était peu civilisé et qu'il ne sortait pas d'une famille distinguée.

— Vous êtes Italien? dit brusquement Andréa au Génois du ton impérieux d'un homme qui a le droit d'interroger.

— Oui, signor; je me nomme Filippo, et me voici aux ordres de Votre Excellence, quoique étant actuellement au service d'un prince étranger.

— De quel prince, mon ami? je suis la principale autorité de l'île d'Elbe, j'accomplis mon devoir en vous questionnant.

— Excellence, il suffit de vous voir pour croire ce que vous dites, repartit Filippo en s'inclinant avec respect. Je suis actuellement au service du roi d'Angleterre.

Filippo prononça ces mots avec fermeté, mais le regard pénétrant du vice-gouverneur lui fit baisser les yeux malgré lui.

— Vous êtes heureux, reprit Andréa, de servir un maître aussi honorable, d'autant plus que votre État de Gênes vient de retomber entre les mains des Français... Mais votre compagnon ne parle-t-il pas italien? est-il Anglais?

— Non, signor, c'est un Américain, une espèce d'Anglais, qui en définitive ne l'est pas du tout. Il aime très-peu la Grande-Bretagne, si j'en puis juger par les propos qu'il tient.

— Un Américain! répéta Andréa Barrofaldi.

— Un Américain! s'écria Vito-Viti.

— Un Américain! dirent successivement les quatre marins; et tous les yeux se portèrent avec empressement sur Ithuel Bolt, qui soutint l'examen avec une imposante dignité.

Nos lecteurs ne doivent pas s'étonner qu'en l'année 1799 un Américain fût, dans un pays comme l'Italie, un objet de curiosité. Deux ans plus tard, lorsqu'un vaisseau américain vint mouiller devant Constantinople, la Sublime-Porte ignorait encore l'existence des Etats-Unis. A la vérité, le port de Livourne était déjà fréquenté par des navires de commerce américains; mais les Italiens, malgré le témoignage de leurs yeux, s'imaginaient que ces navires étaient frétés par des peuplades de nègres, pour le compte desquelles agissaient des espèces d'Anglais. Bref, deux siècles et demi d'existence coloniale et plusieurs années d'indépendance n'avaient pas suffi pour faire connaître à tous les habitants de l'ancien monde la plus grande des républiques modernes.

— Oui, signor, dit Ithuel comprenant qu'il était question de sa nationalité; oui, je suis Américain, et je ne rougis point de ma patrie. Si vous tenez à avoir des détails, apprenez que j'ai vu le jour dans le New-Hampshire, vulgairement appelé l'Etat de Granit. Dites-leur ça, Filippo, et faites-moi savoir ce qu'ils me répondront.

Filippo traduisit de son mieux ce discours ainsi que la réplique; il est bon de dire une fois pour toutes que dans la conversation qui suivit, l'intervention de l'interprète fut indispensable.

— *Uno Stato di Granito?* répéta le vice-gouverneur interrogeant des yeux le magistrat subalterne : les habitants de ce pays doivent avoir bien de la peine à trouver leur subsistance. Demande à ton camarade, mon brave Filippo, si l'on a du vin dans cette partie du monde.

— Du vin! s'écria Ithuel, dites à ce fonctionnaire que nous avons mieux que du vin, que le rhum des Etats-Unis râpe le gosier et brûle l'estomac comme si c'était une lave du Vésuve. Il serait à désirer que le vice-gouverneur en goûtât, pour savoir jusqu'à quel point cette liqueur est supérieure à celles que produisent les coteaux de la Méditerranée. Je méprise l'homme qui vante une chose uniquement parce qu'elle lui appartient; mais enfin on a du goût ou on n'en a pas.

— Le signor Américain, reprit gravement le vice-gouverneur, daignera peut-être nous donner un aperçu de la religion de son pays, à moins que ses compatriotes ne soient idolâtres. Je ne me rappelle pas, mon cher Vito-Viti, avoir jamais rien lu dans mes auteurs sur la religion de cette partie du monde.

— La religion! s'écria Ithuel, pardonnez-moi de vous dire que vous n'y entendez rien, signor, avec vos images, vos aumônes, vos sonneries de cloches, vos génuflexions et toutes vos cérémonies.

Le signor Barrofaldi répondit avec la sincérité d'un bon catholique, mais en même temps avec la modération d'un homme bien né.

Convaincu qu'il perdait son temps, il renonça à disserter le sujet sur le culte, les mœurs et les lois, pour aborder le sujet sur lequel il venait chercher des renseignements dans le cabaret de *Santa Maria degli Venti*.

— L'Américain, dit-il, est, à ce qu'il paraît, au nombre des serviteurs du roi d'Angleterre. Je me rappelle avoir entendu dire qu'il y avait eu une guerre entre sa patrie et la Grande-Bretagne, et que les Français avaient aidé les Américains à conquérir une sorte d'indépendance nationale; j'ignore en quoi consiste cette indépendance; mais je vois qu'elle n'empêche pas les habitants du nouveau monde d'être obligés de fournir des hommes à la marine de leurs anciens maîtres.

Quand ces paroles eurent été transmises à Ithuel, les muscles de son visage se contractèrent, et sa physionomie prit une expression d'ironie amère.

— Vous ne vous trompez guère, signor, répondit-il avec un sourire sarcastique : les Anglais prennent nos matelots comme s'ils en avaient le droit. On peut donc soutenir que nous servons encore nos maîtres, que nous nous vantons à tort de notre indépendance, et que nos prétentions ne valent pas la fumée d'une amorce. Cependant quelques-uns d'entre nous trouveront le moyen de se venger, Dieu merci! et si, pour ma part, je n'arrive pas à jouer à John Bull un tour de mon métier, je consens à ne jamais revoir l'Amérique!

Ce discours fut traduit librement par Filippo, mais avec assez d'exactitude pour piquer la curiosité du vice-gouverneur, qui trouva singulier qu'on eût tant d'antipathie pour les Anglais quand on était à leur service. Ithuel s'était compromis; il avait oublié sa prudence ordinaire; mais c'était la faute d'un vin perfidement doucereux; ensuite l'Américain songeait rarement aux abus de la presse sans perdre plus ou moins de son sang-froid.

— Demandez à l'Américain, reprit Andréa, depuis quand il est entré au service du roi d'Angleterre, et pourquoi il y reste, puisqu'il le trouve si désagréable. Il aurait mainte occasion de le quitter.

— Je n'y suis jamais entré, répond Ithuel d'un ton bourru; on m'a pressé, comme un chien dont on aurait eu besoin pour tourner la broche, et l'on m'a condamné pendant sept longues années à prendre part à une foule de maudites batailles. L'an dernier j'étais à l'embouchure du Nil, où l'affaire fut si chaude; j'ai assisté au combat du cap Saint-Vincent, et à une douzaine d'autres, toujours malgré moi. C'était bien dur; mais il y a quelque chose de plus dur encore, dont je ne sais si je dois parler.

— Tout ce que l'Américain jugera convenable de dire sera écouté avec plaisir, reprit poliment le vice-gouverneur.

Ithuel était indécis; mais après avoir fait une nouvelle saignée au flacon, il laissa éclater sa colère.

— Eh bien! s'écria-t-il, ce qu'il y a de plus dur, c'est d'ajouter l'insulte aux mauvais traitements. Il faudrait qu'un homme n'eût en lui rien d'inflammable, pour ne pas faire explosion quand on l'outrage après l'avoir malmené. A chaque instant, les Anglais tournaient en ridicule mes manières, mon langage, ma prononciation, qui vaut mieux que la leur.

— Je ne suis pas compétent dans la question, signor Bolto; cependant vous me permettrez de croire que les Anglais doivent s'exprimer en leur langue plus correctement que d'autres.

— C'est ce que je nie; et si je voulais citer la kyrielle de noms qu'ils prononcent de travers, j'en aurais jusqu'à demain matin. Oh! je m'y connais, signor, car il faut que vous sachiez que j'ai tenu une école dans ma jeunesse.

— Pas possible! s'écria le vice-gouverneur, auquel sa surprise fit oublier les convenances : vous voulez dire sans doute, *signor Americano*, que vous avez donné des leçons de l'art de gréer et de diriger des lougres.

— Vous êtes dans l'erreur, signor. J'ai enseigné la grammaire, le calcul, etc.; et si mes élèves avaient écorché certains mots comme les Anglais, ils auraient été un peu rudement tancés... Ah! les Anglais! comme je les méprise!

Ithuel se servait d'une expression impropre; ce qu'il qualifiait de mépris était en réalité de la haine, et il confondait mal à propos deux sentiments qui s'excluent l'un l'autre, car il n'est pas facile d'élever ceux qu'on méprise au niveau nécessaire pour les haïr. La déclaration d'Ithuel fut prise à la lettre par Andréa Barrofaldi, qui n'avait pas le temps d'établir ces subtiles distinctions.

— Les Anglais, dit-il, ne sont pourtant pas un peuple méprisable; pour des gens du Nord, ils ont accompli dernièrement des prodiges, surtout sur l'Océan.

C'était plus qu'Ithuel n'en pouvait supporter. Tous ses griefs personnels se réveillèrent fortifiés par son antipathie nationale, et il débita contre la Grande-Bretagne une tirade si incohérente qu'il fut impossible à Filippo de l'interpréter. L'Américain avait tant bu que son extrême violence l'empêcha seule de se trahir complètement. Le vice-gouverneur l'écouta avec attention, dans l'espoir de saisir une idée quelconque au passage; mais ses oreilles ne furent frappées que d'un chaos de récriminations d'où l'on ne pouvait rien tirer. Il crut devoir y mettre un terme, et profita d'un moment d'arrêt pour glisser son mot.

— Vous pouvez avoir raison, signor Americano; mais vos paroles sont aussi extraordinaires qu'inattendues dans la bouche d'un marin qui sert les Anglais. Votre langage est d'autant plus déplacé que vous vous adressez à un fonctionnaire de leur auguste allié, le grand-duc de Toscane ; laissons cela : le lougre à bord duquel vous êtes est positivement anglais, malgré ce que vous dites du pays ?

— Oui, il est anglais, repartit Ithuel ; ce n'est pas sa faute, et l'on doit souffrir ce qu'on ne peut empêcher. C'est un navire de Guernesey, qui marche crânement quand il se met en train, et qu'il a chaussé ses bottes de voyage.

— Comme ces marins ont des métaphores originales ! dit le vice-gouverneur à Vito-Viti : l'association de l'idée de bottes avec celle de navire nous semble ridicule à vous et à moi ; et pourtant elle n'a rien de choquant pour des matelots ; je me plais à les entendre causer et j'ai formé souvent le projet de composer un recueil des images qui leur sont familières ; mais ce n'est pas de cela qu'il faut nous occuper actuellement.

Là-dessus, Andréa Barrofaldi prit à part le podestat et tint conseil avec lui dans un coin de la salle. Pendant ce temps, l'Américain put se recueillir et se rappeler les conjonctures où ses camarades et lui se trouvaient. Il n'y avait personne de plus rusé et de plus ingénieux que lui quand il était sur ses gardes ; mais la haine inextinguible qu'il avait vouée aux Anglais avait failli lui faire divulguer un secret dont la conservation était si importante. Il résolut d'être plus circonspect, et il était prêt à soutenir l'attaque, lorsque le vice-gouverneur, après avoir demandé à Benedetta une chambre particulière, le pria de l'y suivre avec son interprète Filippo.

Le podestat les accompagna.

Dès que la porte fut fermée, Andréa étala des pièces d'or sur la table en disant à Ithuel :

— Signor Americano, il n'est pas nécessaire de parler beaucoup pour s'entendre. La langue à laquelle j'ai recours est universellement comprise, et je m'en sers de manière à ne pas vous induire en erreur.

— C'est clair assurément, s'écria Ithuel : deux, quatre, six, huit pièces d'or, du genre de celles que vous appelez sequins. Qu'ai-je fait, signor, ou que dois-je faire pour gagner cette somme ? Faites vos conditions ; je n'aime pas à marcher dans les ténèbres.

— Il faut dire la vérité ; nous soupçonnons le lougre d'être français ; si vous nous en fournissez la preuve, vous acquerrez des droits à notre bienveillance.

Andréa Barrofaldi connaissait peu l'Amérique et les Américains ; mais il partageait une idée généralement répandue en Europe, à savoir que l'argent était la grande divinité adorée dans le nouveau monde. Aussi se figurait-il qu'il suffirait d'une bagatelle pour acheter un homme du genre d'Ithuel. Moyennant dix sequins, la plupart des marins de l'île d'Elbe auraient adhéré à tout ce qu'on aurait voulu, pourvu qu'on leur garantît l'impunité ; le vice-gouverneur ne pouvait donc supposer qu'un barbare de l'Occident refuserait de l'argent plutôt que de vendre ses camarades. L'Italien ne comprenait guère l'Américain. Il n'était pas facile de trouver un coquin plus déterminé qu'Ithuel sous plusieurs rapports; mais la tentative faite pour le corrompre blessait sa dignité personnelle et ses vertus républicaines. Sans les dangers qui menaçaient le lougre, il aurait brusqué le dénouement en jetant les pièces d'or au nez du vice-gouverneur, ce qui ne l'aurait pas empêché dans une autre occasion de chercher à les soustraire frauduleusement à leur propriétaire. Il aurait inventé mille artifices, mille mensonges, pour faire passer même du cuivre de la poche de son voisin dans la sienne; mais il aurait considéré comme un déshonneur et une trahison l'acceptation de l'argent que lui offrait un corrupteur. Après avoir regardé les sequins avec une appétence bien naturelle, il répondit sans affectation :

— Non, non, signor magistrat; d'abord je n'ai pas de secret à vous livrer, car le lougre a été entièrement construit à Guernesey et est porteur d'une commission régulière du roi Georges. Ce serait vous jouer un mauvais tour que de prendre votre argent sans rien vous donner en échange. Dans notre hémisphère, nous n'acceptons de prix qu'en rendant à la place une chose d'égale valeur. Nous regardons la mendicité comme avilissante; mais si je puis vous être utile loyalement, je ne demande pas mieux que de gagner votre argent, aussi bien que celui d'un autre.

En disant ces mots, l'Américain fit mine de rendre les sequins. Sa pantomime, plus que ses paroles, fit deviner au vice-gouverneur qu'il refusait de vendre son secret.

— Vous pouvez garder cet or, mon ami, dit Andréa; quand nous donnons en Italie, ce n'est pas notre habitude de reprendre. Demain peut-être vous vous rappellerez quelque détail qu'il me sera utile de connaître.

— Je n'ai rien fait pour mériter ce présent, et ce n'est pas dans l'usage de mon pays d'accepter des dons, répondit Ithuel avec un peu d'aigreur. Quiconque veut abuser de son influence pour séduire un pauvre homme, ne vaut guère mieux à mes yeux qu'un aristocrate anglais. Offrez-nous des sequins pour une affaire commerciale, offrez-nous-en tant que vous voudrez, et vous trouverez dans le lougre des gens disposés à vous écouter... Filippo, ajouta-t-il à voix basse, parlez à ce fonctionnaire des trois barils de tabac que nous avons pris à ce bâtiment virginien, sur la côte nord de la Corse; peut-être pourrait-il s'en arranger. Faites-lui la proposition en douceur, de peur d'être entendu de l'hôtesse et des hommes qui boivent dans l'autre salle.

— Signor Ithuel, répondit le Génois en anglais, il n'est pas à propos de parler de cela à deux dignitaires. Ils nous feraient saisir contrebande, ce qui n'est pas plus avantageux que d'être fait prisonnier de guerre.

— Pourtant, Filippo, je regrette de lâcher ces sequins, et le seul moyen de les garder serait de vendre ces trois barils de tabac.

— Pourquoi ne pas empocher l'argent tout simplement, en disant au vice-gouverneur que vous êtes à sa disposition?

— Ce serait indigne d'un citoyen des États-Unis, et tout au plus convenable pour un Italien. Ce qu'il y a de plus vil au monde, c'est d'abord un Anglais, ensuite un mendiant, puis un homme qui accepte volontiers de petits cadeaux. Que ce fonctionnaire fasse du commerce avec moi, et je suis prêt à céder à ses vœux. Je défierais l'univers en fait de commerce.

Filippo secoua la tête, et refusa formellement de parler d'un article de contrebande à des hommes dont le devoir était de punir les fraudeurs. Pendant ce temps Andréa Barrofaldi tenait toujours les sequins à la main, et semblait chercher à comprendre le caractère de l'être étrange que le hasard avait placé sur son passage. Il remit enfin l'argent dans sa poche; mais sa défiance et son incertitude n'étaient nullement dissipées.

— Répondez à ma question, signor Bolto, dit le vice-gouverneur après une minute de réflexion : si vous haïssez tant les Anglais, pourquoi servez-vous à bord de leurs bâtiments? pourquoi ne pas les quitter à la première occasion? la terre est aussi grande que la mer, et vous devez souvent débarquer?

— D'après vos paroles, signor, je dois croire que vous n'étudiez pas souvent les cartes. Il y a deux fois plus d'eau que de terre ferme ici-bas, par une raison toute simple, c'est qu'un acre de bon terrain rapporte plus que cinq ou six acres d'océan. Vous vous étonnez que je serve le roi d'Angleterre? je le sers pour qu'il soit mon débiteur. Quand on veut avoir l'avantage sur quelqu'un, il faut d'abord lui faire contracter des obligations, et il est plus tard à votre discrétion.

Ce langage était inintelligible pour le vice-gouverneur, qui après quelques autres questions inutiles, prit congé de l'Américain et de son interprète. Cette disparition n'inquiéta pas Ithuel; mais comprenant qu'il aurait tort de boire davantage, il paya sa consommation, et descendit dans la rue.

Une heure après, les trois barils de tabac étaient en la possession d'un épicier de la localité. Ce court espace de temps avait suffi à l'adroit contrebandier pour conclure la négociation qui était le but de sa descente à terre.

On doit dire à la louange de Raoul Yvard, qu'il ignorait le trafic interlope de son second, et qu'il l'aurait profondément dédaigné. Il y avait dans son caractère une teinte d'honneur chevaleresque, et des qualités élevées qui semblaient en contradiction avec quelques-unes de ses habitudes.

CHAPITRE VI.

Quel qu'ait été le résultat de l'enquête continuée ce soir par Andréa Barrofaldi, elle demeura enveloppée de mystère, et après avoir passé une heure à rôder sur les quais et dans la basse ville, le vice-gouverneur et le podestat rentrèrent chez eux, laissant le lougre mouillé tranquillement à l'endroit où nous l'avons vu.

Une matinée d'été sur la Méditerranée est une de ces époques du jour calmes et embaumées, qui exercent une salutaire influence sur l'esprit aussi bien que sur le corps. On voit partout les lueurs graduées qui précèdent l'apparition du soleil, les teintes changeantes du firmament, les douces nuances de perle qui semblent combinées de manière à faire aimer les œuvres divines ; puis enfin les éblouissantes clartés du jour. Mais nulle part ces phénomènes grandioses ne se passent au-dessus d'une mer dont l'azur rivalise avec les profondeurs de l'espace, dans un climat aussi enchanteur que les rives qu'il embellit, au milieu de montagnes dont les flancs réfléchissent avec une fidélité poétique toutes les variations de l'ombre et de la lumière.

Ce fut une matinée semblable qui suivit la nuit où notre action s'engage, et qui ramena dans le port et dans la capitale de l'île d'Elbe l'animation compatible avec les habitudes locales. En tout temps l'Italie est remarquable par un air de repos et de quiétude qui contraste avec le brouhaha commercial des États-Unis. Ses mœurs, son genre de vie, ses occupations mêmes, ont un cachet de noblesse déchue qui manque aux ports, aux magasins et aux marchés des nations plus vulgaires. On dirait qu'après avoir été si longtemps le foyer de la civilisation humaine, elle tient à conserver dans sa décadence quelque traces de sa puissance, quelque reflet de son passé ; et puis l'homme et le climat semblent à l'unisson. Le premier oppose aux soucis de l'existence une nonchalance, un *farniente*, qui sont singulièrement d'accord avec l'atmosphère suave et pleine de rêves qu'il respire.

Au point du jour, la chute d'un morceau de bois sur le pont du *Feu Follet* fut le premier bruit qu'on entendit en rade. Si l'on avait établi le quart pendant la nuit à bord de ce navire, comme c'était indubitable, il avait été réglé avec assez de calme pour mettre en défaut les yeux jaloux qui restèrent en observation sur la côte longtemps même après minuit. Mais l'heure de l'activité était venue, et cinq minutes après la chute de la bûche qui était tombée des mains du coq au moment où il allait allumer le feu de sa cambuse, on aperçut au-dessus des parapets les coiffures d'une soixantaine de matelots qui marchaient en sens divers. Quelques minutes plus tard, deux hommes parurent près des bittons; ils avaient tous deux les bras croisés, et jetèrent d'abord un coup d'œil sur la situation des câbles au sortir des écubiers; puis ils examinèrent le port et le rivage.

Les deux individus qui se montraient ainsi étaient Raoul Yvard et Ithuel Bolt. Ils entamèrent une conversation en français, langue que ce dernier prononçait d'une manière abominable; mais il est indispensable de rapporter leur entretien, abstraction faite des fautes de grammaire.

— Je ne vois que l'autrichien qui vaille la peine d'un mouvement, dit tranquillement Raoul; encore faudrait-il le conduire à Toulon, ce qui augmenterait les frais. Ces felouques nous embarrasseraient sans nous indemniser; en outre, leur perte causerait la ruine de pauvres armateurs, dont les familles seraient réduites à la détresse.

— Voilà une idée neuve pour un corsaire! répliqua Ithuel d'un ton railleur; est-ce qu'on ne doit pas profiter des chances de la guerre?

— L'autrichien pourra nous convenir, reprit Raoul, qui faisait peu d'attention aux observations de son camarade; et pourtant, Ithuel, je n'aime pas ces captures qui ne sont pas rehaussées par l'éclat de l'attaque et de la défense.

— Eh bien! à mon idée, les batailles les plus agréables et les plus avantageuses sont les plus courtes, et les meilleures victoires sont celles qui donnent une meilleure part de prise. Quoi qu'il en soit, comme ce brick est autrichien, peu m'importe ce que vous déciderez à son égard. S'il était anglais, je commanderais moi-même une embarcation pour aller le prendre à la remorque, et pour avoir la satisfaction de le brûler. Les navires anglais font des feux superbes!

— Ce serait gaspiller inutilement une propriété, et verser peut-être le sang mal à propos.

— Mais ça nuirait aux Anglais, et c'est tout pour moi. Nelson n'avait pas tant de scrupule quand il brûlait vos vaisseaux dans le Nil, monsieur Raoul...

— Pourquoi me parler toujours de ce malheureux Nil? N'est-ce pas assez que nous ayons été battus, déshonorés, anéantis? Faut-il qu'un ami me le rappelle si souvent?

— Vous oubliez, monsieur Raoul, que j'étais alors un ennemi, repartit Ithuel avec un sourire qui contracta tous ses traits. Si vous vouliez vous donner la peine d'examiner mon dos, vous y verriez la marque des coups de corde que me fit appliquer mon capitaine.

il me rappela à mon devoir d'une rude façon, et s'il faut l'avouer, je me rendis. Je me battis comme un tigre, de peur d'être fouetté une seconde fois. Ah! quel terrible argument que les verges!

— L'heure de la vengeance est venue, mon pauvre Ithuel! Vous êtes maintenant du bon côté, et vous pouvez combattre à votre aise ceux que vous détestez si cordialement.

Ces mots furent suivis d'un long et sombre silence, pendant lequel Raoul, la face tournée vers l'arrière, suivit des yeux le travail des hommes qui lavaient le pont.

Ithuel, assis sur un bitton, le menton dans la main, et pareil au Satan de Milton, se mit à rêver aux injustices dont il avait été victime. Il aurait donné sa vie pour s'en venger, et souvent captif à bord d'un de ces vaisseaux anglais où il avait gémi si longtemps, il avait eu la pensée de mettre le feu à la soute aux poudres. S'il en avait eu la possibilité, il eût été capable d'accomplir ce sinistre projet pour exterminer ses bourreaux. Ce souvenir ne se représentait jamais à son esprit sans changer le cours de ses idées, et sans donner à tous ses sentiments une teinte de pénible amertume. Après avoir quelque temps médité sur ses souffrances, il se leva en poussant un gros soupir, et comme pour dérober à Raoul l'impression de sa physionomie, il se tourna du côté de l'embouchure de la baie. Presque aussitôt il tressaillit, et fit entendre une exclamation qui attira l'attention du capitaine. Le jour qui grandissait permit à tous deux de remarquer un objet lointain qui n'était pas dépourvu d'intérêt pour eux.

La baie profonde dont la ville de Porto-Ferrajo occupe un des côtés, s'ouvre au nord dans la direction du cap de Piombino. A la droite de cette baie, le rivage escarpé s'étend à plusieurs milles avant de former ce qu'on appelle le canal; à la gauche, il se termine brusquement par le promontoire sur lequel s'élève l'habitation alors occupée par Andréa Barrofaldi, et qui devint plus tard célèbre par le séjour d'un homme bien supérieur au digne vice-gouverneur. Le port, dominé par ces hauteurs, était à gauche de la baie, auprès de la ville; et du lougre qui se trouvait à l'ancre du même côté, la vue s'étendait au nord à une distance considérable, dans la direction du continent.

La largeur du canal ou du passage entre l'île d'Elbe et la pointe de Piombino est d'environ six ou sept milles. Un mille avant d'arriver au port, on rencontrait un îlot rocailleux sur lequel Napoléon établit dans la suite un poste, pour en prendre possession. Raoul et Ithuel l'avaient remarqué la veille en passant; ignorant qu'il n'était pas visible de la place où ils avaient jeté l'ancre, ils avaient cru le retrouver aux premières clartés du matin; mais quand le soleil fut levé, ils reconnurent que ce qu'ils avaient pris pour l'îlot n'était autre chose qu'un vaisseau!

L'étranger avait le cap au nord : poussé par une légère brise du sud, il ne filait pas plus d'un nœud à l'heure. Il n'avait dehors que son foc et ses trois huniers, et ses basses voiles étaient dans les cargues. Peu à peu les détails de sa coque noire se dessinèrent ; le long de la bordure jaune-clair qui égayait ses flancs se détachèrent treize sabords, à chacun desquels s'avançait la gueule d'un canon menaçant. Les hamacs n'étaient pas encore arrimés ; les filets de bastingage présentaient cet aspect de désordre et de vacuité si fréquent à bord d'un vaisseau de guerre pendant la nuit. Le bâtiment avait un premier pont, un gaillard, et des batteries de gaillard d'avant ; en d'autres termes, c'était une frégate. A l'extrémité de sa corne d'artimon pendait un pavillon dont l'air ne développait pas assez les plis pour qu'il fût possible de constater l'origine de l'étranger.

— Peste! s'écria Raoul Yvard, nous voici dans un beau *cul-de-sac*, si par hasard cet inconnu est un anglais. Qu'en dites-vous, Ithuel, pouvez-vous déchiffrer cette enseigne, vous dont la vue est la meilleure du bord?

— Elle est trop loin ; mais attendez un instant.

L'Américain alla chercher deux lunettes, et en remit une à son commandant. Tous les deux braquèrent leurs télescopes sur l'étranger, qu'ils observèrent pendant quelque temps en silence.

— Tiens! s'écria Raoul, ce pavillon est tricolore, ou j'ai la berlue. Quel est donc le vaisseau de quarante-deux que la République a dans ces parages?

— Je l'ignore, monsieur Yvard, répondit Ithuel d'une voix altérée ; mais ce que je sais bien, c'est que ce vaisseau n'est pas français ; il n'est pas facile à un oiseau d'oublier la cage où il a été enfermé pendant deux ans ; et je consens à être pendu, si ce n'est pas la maudite *Proserpine!*

— *La Proserpine!* répéta Raoul, qui connaissait les aventures de son compagnon et n'avait pas besoin d'explication ; si vous ne vous trompez pas, Ithuel, il faut que *le Feu Follet* mette sa lumière dans l'ombre ; ce n'est qu'un vaisseau de quarante canons, à en juger par ses sabords.

— Peu m'importent ses sabords ou ses canons, si c'est *la Proserpine ;* le seul mal que je lui souhaiterais, ce serait de la voir au fond de l'Océan. *La Proserpine*, vaisseau de 36, capitaine Cuffe, ne m'est que trop connue.

— Bah! ce n'est pas elle, ce vaisseau a quarante-quatre canons ; depuis le nouveau mouvement qu'il a fait, j'en vois vingt-deux de chaque côté.

— Ça fait juste le compte, il a trente-six canons sur les cadres et quarante-quatre en réalité ; vingt-six pièces de 18 en bas ; douze pièces de 32 sur le gaillard d'arrière ; quatre caronades et deux couleuvrines à l'avant, voilà de quoi éteindre votre *Feu Follet* en une seule bordée, monsieur Raoul! Que peuvent en effet dix caronades de 12 et soixante-dix hommes contre une pareille frégate?

— Je ne suis pas assez fou, Ithuel, pour songer à combattre une frégate, ou même un sloop de guerre de cette force; mais il y a trop longtemps que je navigue pour m'alarmer avant d'être certain du danger. Ce vaisseau ne serait-il pas *la Railleuse?*

— Réfléchissez, monsieur Raoul, répondit Ithuel : *la Railleuse*, ou toute autre frégate française, n'arborerait pas ses couleurs dans un port ennemi, ce serait se faire remarquer mal à propos; un vaisseau anglais peut au contraire montrer le pavillon français, qu'il conserve toujours la faculté de changer, et dont l'emploi est souvent une ruse profitable. S'il y a quelque ressemblance entre *la Railleuse* et *la Proserpine*, c'est que l'une et l'autre sont de construction française : néanmoins les voiles, les sabords, les haubans du vaisseau que je vois là-bas sont tracés sur mes épaules en caractères qu'aucune éponge ne saurait effacer.

— Si cette frégate est anglaise, il peut lui prendre fantaisie de venir ici et de mouiller peut-être à une encâblure de notre lougre! Qu'en pensez-vous, *mon brave Américain?*

— Cela pourrait bien arriver; pourtant je ne vois pas ce qui amènerait un croiseur à Porto-Ferrajo : tout le monde n'est pas aussi curieux que *le Feu Follet*.

— *Que diable allait-il faire dans cette galère?* Allons, prenons le temps comme il vient, accueillons la tempête comme le calme; et puisque cette frégate nous montre loyalement ses couleurs, rendons-lui sa politesse. Hisse pavillon, là-bas!

— Lequel, Monsieur? demanda un vieux quartier-maître à l'air maussade, et qu'on n'avait jamais vu rire : le capitaine se souviendra que nous sommes entrés au port sous le pavillon de John Bull.

— Eh bien! hisse le pavillon de John Bull, gardons le masque que nous avons pris et payons d'audace! Monsieur le lieutenant, garnissez le câble au guindant, virez à pic, amenez l'avant du lougre sur son ancre, et soyez paré à déployer nos mouchoirs de poche. Qui sait? *le Feu Follet* peut avoir besoin de s'essuyer la face... Ah! nous pouvons maintenant distinguer en plein la bordée de la frégate; la voilà qui met le cap à l'ouest.

Les deux marins recommencèrent leur examen. Ithuel avait dans le caractère une particularité qu'on retrouve assez généralement chez les Américains de sa classe; il était causeur d'ordinaire, mais toutes les fois qu'il fallait agir et prendre un parti décisif, il devenait pensif, silencieux; il y avait même une certaine dignité dans son attitude.

Ce fut dans cet état d'esprit exceptionnel qu'il se prépara à conférer avec son chef. Celui-ci se tint également sur la réserve, et quittant le haut des apôtres, il alla se renfermer dans sa cabine pour éviter les éclaboussures de l'eau qu'on jetait sur le pont.

CHAPITRE VII.

Deux heures s'écoulèrent : elles augmentèrent le mouvement dans le port, mais elles n'apportèrent point de changement notable dans l'état de choses que nous avons décrit.

L'équipage du *Feu Follet* déjeuna, mit tout en ordre à bord, et attendit sans bruit, l'œil au guet. Entre autres recommandations faites par Ithuel à ses camarades, était celle de modérer l'intempérance de leur langue, s'ils voulaient passer pour Anglais. Certes, les matelots de ce petit lougre, abandonnés à leurs dispositions naturelles, auraient prononcé plus de paroles en une heure que ceux d'un vaisseau anglais de haut bord en une demi-journée; mais ils avaient compris qu'il y avait du danger à parler français, ils s'étaient attachés à imiter la taciturne britannique, et parodiaient tant bien que mal *ce grand talent pour le silence* qui distinguait suivant eux leurs ennemis. Ithuel, qui n'était pas insensible aux impressions plaisantes, sourit en voyant ses gens, toutes les fois qu'une embarcation venait les accoster du rivage, croiser les bras, prendre un air morne et bourru, et arpenter le pont chacun de son côté, comme si, par misanthropie, ils eussent dédaigné de s'entretenir. Plusieurs visiteurs se présentèrent pendant les deux heures dont nous avons parlé; mais la sentinelle placée au passavant repoussa tous ceux qui voulurent venir à bord, et feignit de ne pas comprendre le français, quand on lui demanda en cette langue la permission d'entrer.

L'embarcation de Raoul était montée par quatre chaloupiers qui avaient appris comme lui l'anglais à bord d'un ponton. Ce fut avec eux qu'il se disposa à débarquer; car il avait à peine ébauché l'affaire pour laquelle il s'était exposé, et il n'était pas homme à y renoncer légèrement. Menacé d'une redoutable attaque, il résolut de tirer parti, s'il était possible, de sa position critique. En conséquence, après avoir pris son café et donné ses ordres, il manda l'équipage de son canot, et quitta le lougre. Tout cela se fit tranquillement, comme si l'apparition de l'étranger qui croisait au large n'eût causé aucune inquiétude au *Feu Follet*.

Le canot entra hardiment dans le port; l'officier mit pied à terre au débarcadère public; les matelots le suivirent, et restèrent à l'attendre sur le quai. Ils marchandèrent des fruits, bavardèrent avec les femmes en mauvais italien, et feignirent d'entendre difficilement le français des vieux marins qui s'approchèrent d'eux, et qui parlaient tous plus ou moins cette langue universelle. Le capitaine avait averti ses quatre compagnons qu'ils étaient suspects, et ils jouèrent adroitement un rôle qu'ils avaient eu plusieurs fois l'occasion de répéter. Ils passèrent le temps, durant l'absence de Raoul, à copier les Anglais, et à repousser les tentatives qu'on faisait pour les forcer à se trahir. Ils prirent des physionomies refrognées, se promenèrent sans mot dire.

Quelques jeunes filles de Porto-Ferrajo s'efforcèrent de capter la confiance des étrangers en leur offrant des fleurs et des fruits. Une d'elles, Annunziata, qui avait reçu des instructions spéciales du podestat, s'approcha de Jacques, patron du canot, et lui présenta des pastèques.

— Ami, lui dit-il, voici des pastèques du continent, choisissez-en quelques-unes, et quand vous retournerez en Angleterre, vous pourrez conter à vos compatriotes comment nous vivons, nous autres pauvres Elbains.

— Ce sont de mauvaises pastèques, balbutia Jacques en anglais incorrect : on en a de meilleures chez nous; on en ramasse de meilleures dans les rues de Portsmouth.

— Ne craignez rien, signor, elles ne vous piqueront pas. Goûtez-en, et soyez sûr qu'elles vous sembleront préférables aux melons de Naples.

— Il n'y a de bons melons que ceux de la Grande-Bretagne, où ils sont aussi abondants que les pommes de terre.

— Oui, signor, elles sont délicieuses, reprit Annunziata, qui ne comprenait pas une syllabe des maussades réponses qu'elle recevait : le signor Vito-Viti, notre podestat, m'a ordonné d'offrir ces pastèques aux étrangers qui sont dans la baie.

— Assez! répondit Jacques; et cette exclamation prononcée d'un ton brusque, le délivra momentanément de l'importune.

Laissons l'équipage du canot, et suivons notre héros dans les rues. Agissant par instinct, ou rêvant au but qu'il poursuivait, il gravit rapidement le promontoire qui dominait la ville. Tous les regards se portèrent sur lui quand il passa, car la défiance était devenue générale. La présence inattendue d'une frégate sous pavillon français excitait des appréhensions bien plus sérieuses que l'entrée au port d'un lougre sans conséquence. Vito-Viti était monté depuis longtemps à la maison du gouverneur, et huit ou dix notables, parmi lesquels on comptait les deux chefs militaires de l'île d'Elbe, avaient été réunis en conseil.

Les hauteurs étaient de nouveau couvertes de spectateurs des deux sexes, de tous les âges et de toutes les classes. La mantille et les robes flottantes étaient en majorité comme de coutume; car les incidents faits pour exciter la curiosité attirent inévitablement les femmes, dont l'imagination est toujours plus active que le jugement. Sur une terrasse en face du palais, nom que l'on donnait d'ordinaire à l'habitation du gouverneur, se tenait le groupe des notables. Ils épiaient avec anxiété les moindres mouvements de la frégate, et leur attention était tellement absorbée, que Raoul, la casquette à la main, saluait Andréa Barrofaldi avant d'avoir été aperçu. Cette arrivée subite excita de la surprise et même un peu d'embarras. Deux ou trois notables détournèrent la tête pour cacher la rougeur qui leur montait au visage; ce n'était pas sans trouble qu'ils se trouvaient inopinément devant celui qu'ils venaient d'accuser.

— *Buon giorno, signor vice-governatore*, dit Raoul, dont l'air de gaieté, d'aisance et de courtoisie n'annonçait aucunement un coupable intimidé : nous jouissons d'une belle matinée à terre, et nous avons au large, si j'en crois les apparences, une belle frégate de la République française.

— Nous parlions tout justement de ce vaisseau, signor Smith, répondit Andréa : quel motif, selon vous, peut engager un Français à se présenter devant notre ville d'une manière si menaçante?

— *Cospetto!* cette action n'est pas plus explicable que les milliers d'autres incartades des républicains : pourquoi ont-ils décapité Louis XVI? pourquoi ont-ils bouleversé l'Italie, conquis l'Égypte et refoulé les Autrichiens jusqu'au Danube?

— Et pourquoi se sont-ils laissé battre par Nelson à Aboukir? ajouta Vito-Viti.

— Vous me rappelez là un fait glorieux, reprit Raoul sans se déconcerter : je m'abstenais de le mentionner, ne croyant pas convenable de vanter les hauts faits de l'Angleterre. Plusieurs hommes de mon équipage ont pris part à ce brillant fait d'armes, entre autres mon lieutenant, Ithuel Bolt, qui était à bord du vaisseau de Nelson.

— J'ai vu ce signor, dit sèchement Andréa Barrofaldi : c'est un Américain?

— Un Américain! s'écria Raoul, tressaillant en dépit de son indifférence affectée : en effet, je crois que Bolt est né en Amérique, mais dans l'Amérique anglaise; c'est absolument la même chose que s'il était né en Angleterre. Nous regardons les Américains comme nos compatriotes, et nous les enrôlons volontiers à notre service.

— C'est ce que le signor Ithuel nous a donné lieu de croire; il paraît avoir beaucoup de sympathie pour la nation anglaise.

Raoul fut interdit; il ignorait ce qui s'était passé au cabaret, et croyait remarquer une secrète ironie dans le ton du vice-gouverneur. Toutefois il répondit avec assurance :

— Bien certainement, signor, les Américains adorent l'Angleterre, et ils ont raison, s'ils songent à tout ce que cette grande nation a fait pour eux; mais brisons là. Je venais, signor Andréa, mettre mon lougre à votre disposition, dans le cas où cette frégate française aurait de mauvaises intentions. Notre navire n'est pas grand; nous n'avons que des pièces de faible calibre; mais nous pouvons casser les vitres des cabines de la frégate, pendant que vous la maltraiterez plus solidement du haut du promontoire. J'espère que vous voudrez bien assigner au *Wing-and-Wing* un poste honorable, si l'on en vient aux mains avec les républicains.

— Quel emploi vous serait plus particulièrement agréable, signor? demanda le vice-gouverneur avec une politesse étudiée; nous ne sommes pas marins, et nous vous laissons le choix. Le colonel que voici s'attend à une escarmouche, et il a déjà placé ses artilleurs à leurs pièces.

— Les préparatifs de défense de Porto-Ferrajo sont célèbres parmi les marins de la Méditerranée, et si la frégate française s'aventure à portée de canon, elle sera désemparée plus vite qu'en carène. Quant au petit *Wing-and-Wing*, voici ce qu'il peut faire : longer la côte à l'est de la baie pendant que les batteries occuperont les agresseurs, gagner au large sur eux, et les prendre entre deux feux. Ce fut la manœuvre de Nelson à cette bataille d'Aboukir que vous admirez tant, signor podestat.

— Elle serait applicable maintenant, signor, fit observer le colonel, si vos canons étaient de plus gros calibre. Avec de courtes pièces de douze, n'auriez-vous pas trop de désavantage à vous aventurer à portée de longues pièces de dix-huit?

— Que sait-on? à la bataille d'Aboukir, un de nos vaisseaux de cinquante canons aborda *l'Orient*, vaisseau de ligne, par le travers des écubiers, et finit par le faire sauter. Les batailles navales, signor colonel, se décident d'après des principes tout différents de ceux des combats sur terre.

— Cela doit être, répondit l'officier; mais que signifie ce nouveau mouvement? Vous qui êtes marin, vous pouvez sans doute nous le dire.

Ces mots attirèrent de nouveau tous les yeux, qui se retournèrent vers la frégate, dont les manœuvres annonçaient un changement important. Comme il se rapporte aux péripéties de notre récit, il est essentiel de le faire connaître à nos lecteurs.

La frégate pouvait être à cinq milles de la ville. Il n'y avait point de courant; et, comme les marées sont inconnues dans la Méditerranée, le vaisseau serait resté stationnaire toute la matinée, sans une légère brise qui s'éleva du sud. Auparavant il avait fait quelques milles à l'ouest, et se rapprochait obliquement, en ayant par son travers la maison du vice-gouverneur.

Quelques minutes avant l'interruption que nous avons signalée, les voiles de hune de la frégate s'enflèrent, elle se mit à fendre les lames à raison de cinq ou six nœuds par heure. Les gens du bord n'attendaient pour appareiller que le moment où ils seraient certains d'être complètement maîtres de leur bâtiment. Dès qu'ils sentirent la brise, ils orientèrent au plus près en mettant la barre à tribord, et portant le cap droit sur le promontoire. Les basses voiles furent amurées, et les voiles légères déployées au vent. Presque au même instant, car toutes ces opérations parurent se faire simultanément, le pavillon français fut amené, et remplacé par un autre; puis un coup de canon fut tiré sous le vent, ce qui était un signe d'amitié. Lorsque ce second emblème de nationalité se déploya, on reconnut, à l'aide de longues-vues, le champ blanc et la croix de Saint-Georges de la vieille Angleterre.

Les assistants groupés sur le promontoire firent entendre un cri de surprise et de joie; toutes leurs appréhensions étaient soudainement dissipées. Quant à Raoul, il vit dans ce changement de pavillon la preuve que la frégate voulait entrer dans la baie; et comme elle avait devant elle *le Feu Follet*, il se demanda s'il ne fallait pas attribuer à la tournure martiale de ce lougre la brusque résolution du capitaine anglais. Cependant, se trouvant dans un port ennemi de la France, il avait quelques chances de n'être pas soumis à un examen scrupuleux.

Homme naturellement pacifique, Andréa Barrofaldi était trop heureux de la perspective d'un jour de tranquillité pour conserver le moindre soupçon.

— Signor Smith, dit-il à Raoul Yvard, je vous félicite de la visite d'un compatriote; dans les rapports que j'adresserai à Florence, je rendrai hommage à la bonne volonté que vous avez montrée dans cette circonstance critique.

— Ne vous occupez pas de moi, seigneur vice-gouverneur, répondit Raoul en réprimant à peine le sourire qui effleurait ses lèvres : songez plutôt aux services de ces braves officiers, qui ont perdu l'occasion de se distinguer... Mais voilà des signaux qui doivent nous regarder! J'espère que mes imbéciles seront capables d'y répondre en mon absence.

Il fut heureux peut-être pour *le Feu Follet* que son commandant ne se trouvât pas à bord lorsque *la Proserpine*, qu'Ithuel connaissait si bien, fit des signaux numéraires. La mystification qui devait s'ensuivre fut mieux conduite par l'Américain que par le Français : on répondit avec empressement, en ayant soin de mêler les pavillons de manière à les rendre inintelligibles, mais avec tous les dehors de l'assurance et de la bonne foi.

CHAPITRE VIII.

Nous ignorons quel succès obtint à bord de la frégate l'artifice d'Ithuel; mais l'intelligence mutuelle qui régnait entre les deux bâtiments acheva de dissiper la méfiance qu'on avait conçue contre le lougre. Il semblait invraisemblable qu'un corsaire français répondit aux signaux d'une frégate anglaise, et le podestat lui-même fut forcé d'avouer tout bas au gouverneur que cette circonstance était favorable à la loyauté du capitaine. Celui-ci d'ailleurs affectait la plus complète indifférence, malgré la marche rapide du vaisseau.

— Nous ne pouvons profiter de vos offres généreuses, signor Smith, lui dit le vice-gouverneur au moment de rentrer chez lui avec quelques membres du conseil, mais nous ne vous en remercions pas moins. C'est un bonheur d'être honoré le même jour de la visite de deux croiseurs de la grande nation. Votre collègue paraît avoir l'intention de s'arrêter à Porto-Ferrajo; il ne manquera pas de venir me voir, et j'espère que vous voudrez bien l'accompagner. Connaissez-vous le nom de sa frégate? — Ce doit être *la Proserpine*; elle a été construite en France, ce qui m'a d'abord induit en erreur.

— Et comment nommez-vous le noble cavalier qui la commande?

— C'est le fils d'un vieil amiral sous lequel j'ai fait mes premières armes, il s'appelle sir Brown.

— C'est un nom vraiment anglais, et je crois l'avoir souvent trouvé dans Shakspeare, Milton et autres éminents écrivains de votre pays; me suis-je trompé, signor?

— Il y est plusieurs fois, répliqua Raoul sans hésitation, quoiqu'il n'eût jamais entendu parler de Milton : Milton, Shakspeare, Cicéron et tous nos auteurs font souvent mention des membres de cette famille.

— Cicéron! répéta le vice-gouverneur ébahi, c'était un orateur de l'ancienne Rome, et il était mort longtemps avant que l'Angleterre fût connue du monde civilisé.

Raoul vit qu'il s'était trop imprudemment avancé, mais qu'il pouvait encore se relever; il eut l'air de sourire des idées étroites de son interlocuteur, et repartit avec un aplomb dont un diplomate se serait honoré :

— Je connais celui dont vous parlez, signor; mais il y en a un autre, sir Cicéron, mon illustre compatriote. Attendez!... il n'y a pas un siècle que notre Cicéron est mort. Il était né dans le Devonshire — c'était le comté où Raoul avait été en prison, — et il doit être mort à Dublin; oui, je me le rappelle à présent, ce fut à Dublin que cet auteur, aussi vertueux que distingué, rendit le dernier soupir.

Andréa n'eut rien à répondre; l'ignorance en pareilles matières était alors si générale que l'on aurait pu, sans être taxé d'imposture, greffer Homère sur la littérature anglaise. Le vice-gouverneur apprit avec peine que les barbares s'emparaient des noms italiens; mais il regarda cette usurpation comme une conséquence toute simple de la barbarie. Il avait trop peu d'expérience pour s'imaginer qu'un homme qui montrait autant d'aisance et de naïveté que Raoul se mettait en frais d'invention, et son premier soin fut de prendre une note, afin de ne pas oublier, dans ses premiers moments de loisir, de faire des recherches sur la vie et les ouvrages de sir Clecron, ce célèbre homonyme de l'orateur romain. Avant de franchir le seuil de la porte, il exprima de nouveau l'espoir que sir Smith ne manquerait pas d'accompagner sir Brown, dont il attendait la visite dans quelques heures.

La compagnie commença à se disperser, et Raoul fut livré seul à ses méditations, qui n'étaient pas précisément agréables.

La ville de Porto-Ferrajo est tellement fermée du côté de la mer par le rocher auquel elle s'adosse, par les fortifications et la disposition du port, que pour apercevoir un vaisseau qui approche, il est indispensable de gravir les hauteurs. Un nouveau convoi d'habitants montait donc la pente escarpée, quand Raoul Yvard en descendit. Il traversa hardiment la foule, la casquette sur l'oreille, la tête droite, en se carrant dans son uniforme de marin, car il ne se dissimulait point les avantages physiques qu'il possédait. Cependant ses yeux inquiets erraient sur toutes les figures; il cherchait Ghita, pour laquelle il s'était exposé, pour laquelle il avait mis *le Feu Follet* dans une situation périlleuse. Arrivé au bas de la côte, il se demandait s'il devait retourner sur ses pas ou regagner son embarcation, lorsqu'il entendit prononcer son nom par une douce voix.

Ghita était à quelques pas derrière lui.

— Saluez-moi avec froideur, comme un étranger, dit-elle précipitamment; indiquez-moi différentes rues, en ayant l'air de demander votre chemin.

Que votre situation a changé depuis la nuit dernière! alors vous n'aviez à redouter que le port : maintenant vous êtes entre deux ennemis... Cette frégate est anglaise, dit-on?

— Oui, c'est *la Proserpine*, à ce que dit Ithuel, et il est bien renseigné. Vous vous rappelez Ithuel, qui m'acompagnait à la tour, eh bien! il a servi à bord de cette même frégate.

— Et vous risquez, dit Ghita, d'être attaqué par elle, et de retourner sur ces pontons dont vous m'avez si souvent parlé.

— Ghita, je ne suis pas comme un enfant, prêt à tomber dans le feu parce qu'il n'a plus de lisières. *Le Feu Follet* brille ou disparaît selon son bon plaisir. Il y a dix à parier contre un que la frégate s'approchera de la rade, y jettera un coup d'œil, et reprendra sa route pour Livourne, qui offre tant de distractions aux officiers

— Non, répondit la jeune fille : il n'y pas à Livourne beaucoup de paysannes ignorantes comme moi, élevées dans une tour isolée de la côte.

— Ghita, reprit Raoul avec émotion le séjour de cette pauvre tour isolée pourrait être envié par bien des nobles dames de Rome et de Naples, car il t'a laissée innocente et pure, tu as conservé des trésors de vertu qui se trouvent rarement dans les grandes capitales.

— Que sais-tu, Raoul, de Rome, de Naples, des nobles dames et des trésors? demanda la jeune fille. Écoute! que signifie cela?

— C'est un coup de canon de la frégate. Il importe de voir de quoi il s'agit. Quand nous retrouverons-nous, et dans quel lieu?

— Je l'ignore. Il y a déjà trop longtemps que nous sommes ensemble, et il faut nous séparer.

Ghita disparut. Raoul remonta sur la terrasse qui régnait devant le palais du gouvernement, afin de mieux juger la situation, et arriva sur le plateau. Il le trouva de nouveau garni de curieux que l'explosion avait attirés.

Cependant *la Proserpine*, car Ithuel ne s'était pas trompé dans ses conjectures, était arrivée à un mille de l'entrée de la baie. Elle avait viré de bord, et portait sa bordée sur sa côte orientale, sans doute pour gagner le port à la bordée prochaine. La fumée du canon fuyait sous le vent en léger nuage, et des signaux se balançaient à la tête du mât de grand perroquet volant. Il devina au premier coup d'œil que la frégate s'était approchée pour examiner le lougre de guerre, et pour communiquer avec lui au moyen de signaux. L'expédient d'Ithuel n'avait pas suffi, et le vigilant capitaine, désigné par Raoul sous le nom de sir Brown, et qui se nommait Cuffe en réalité, ne s'était pas laissé mystifier.

Raoul, respirant à peine, attendit avec anxiété la résolution qu'allait prendre son lieutenant. Celui-ci ne semblait pas pressé de se compromettre; les signaux étaient déployés à bord de la frégate depuis plusieurs minutes, et il ne faisait aucun préparatif pour y répondre. Enfin les drisses furent mises en mouvement, et trois beaux pavillons se montrèrent au bout d'une des vergues du *Feu Follet*. Raoul ignorait le sens de ce signal; le directoire exécutif lui avait fourni les objets nécessaires pour communiquer avec les vaisseaux de guerre de sa nation, mais non avec l'ennemi. L'adresse d'Ithuel avait rempli cette lacune. Pendant qu'il servait à bord de *la Proserpine*, il avait été témoin de rencontres entre la frégate et des lougres corsaires anglais, et il avait fait attention aux pavillons dont on s'était servi dans ces circonstances. Comme on ne pouvait exiger de la part d'un corsaire beaucoup d'expérience dans l'emploi des signaux, l'Américain avait au hasard montré ces mêmes pavillons. Leur apparition avait excité l'hilarité du capitaine Cuffe; mais tout en se moquant de l'ignorance des marins qui montaient le lougre, il n'avait pas renoncé à l'idée de le considérer de plus près, et il gouvernait vers la partie orientale de la baie avec une vitesse d'environ six milles à l'heure.

Raoul pensa qu'il était temps de veiller en personne à la sûreté du *Feu Follet*. Avant de débarquer, il avait prévu par des instructions spéciales le cas où la frégate se rapprocherait, mais l'affaire devenait si sérieuse, qu'il courut à la hâte au bord de la mer. Chemin faisant, il rencontra Vito-Viti, qui s'acheminait avec toute la célérité possible vers la passe, afin d'indiquer à ses subordonnés la manière dont on devait appliquer les lois de quarantaine à la frégate anglaise.

— Signor Smith, dit le magistrat poussif après avoir repris haleine, vous devez vous estimer heureux de vous trouver en rapport avec votre honorable compatriote sir Brown. Il paraît avoir réellement l'intention de jeter l'ancre dans notre baie.

— Pour vous parler franchement, signor podestat, je voudrais avoir conservé la conviction que c'est bien là sa frégate. Elle a une certaine tournure républicaine, et je suis inquiet pour le *Wing-and-Wing*.

— Mais j'ai peine à croire qu'un aussi gracieux navire appartienne à de pareils chenapans.

— Eh! signor, répondit Raoul en riant, les meilleurs vaisseaux de Sa Majesté Britannique sont des prises républicaines ; et quand même cette frégate serait *la Proserpine*, elle n'en serait pas moins d'origine française. Quoi qu'il en soit, je crois que le vice-gouverneur a eu tort d'abandonner les batteries, car cet étranger ne répond pas à nos signaux comme il le devrait. Notre dernière communication a été incompréhensible pour lui.

Raoul disait vrai sans le savoir, car on avait inutilement cherché dans le livre des signaux de *la Proserpine* l'explication des couleurs arborées par Ithuel ; mais son assurance trompa Vito-Viti. Le magistrat interpréta en faveur du prétendu Smith des erreurs de télégraphie nautique qu'on aurait pu apprécier à son désavantage.

— Et que faut-il faire, signor? demanda le podestat en s'arrêtant brusquement au milieu de la rue.

— Ce que nous pourrons. Notre devoir est de veiller, vous sur la ville, moi sur le *Wing-and-Wing*. Si l'étranger entre dans la baie et dirige ses bordées sur cette colline escarpée, gare à vos vitres! Pour moi, je compte vous demander la permission d'abriter mon lougre dans le bassin du port, et peut-être ferai-je bien d'envoyer mes gens servir la batterie la plus voisine. Je prévois qu'il y aura du désordre et du sang versé.

L'apparente sincérité avec laquelle ces phrases furent débitées acheva d'abuser le podestat, qui dépêcha immédiatement un message au vice-gouverneur, et courut au port, escorté de Raoul. Pendant le trajet, Vito-Viti, qui se laissait guider par ses sensations plutôt que par ses pensées, déblatéra avec force contre la frégate, dont les changements de pavillon lui semblaient une indigne supercherie. Il croyait avoir été pris pour dupe par les républicains de ladite frégate, et plus il en éprouvait de ressentiment, plus il était prêt à donner toute sa confiance au lougre. Il avait fait une volte-face complète ; et comme tous ceux qui se convertissent tardivement, il était d'humeur à racheter sa longue opposition par un excès de zèle.

Grâce à ces dispositions, à la loquacité du personnage et à quelques insinuations opportunes de Raoul, le bruit se répandit bientôt que la frégate ne méritait aucune confiance, tandis que le lougre avait tous droits à l'estime publique. L'intervention de Vito-Viti vint à propos pour les marins du *Feu Follet*, car Tommaso et ses compagnons, après un examen minutieux, étaient sur le point de publier que ces hommes étaient tous des loups déguisés en moutons, autrement dit des Français.

— Non, non, mes amis, s'écria le podestat en gesticulant, tout ce qui reluit n'est pas or ; probablement cette frégate est, non pas une alliée, mais une ennemie. Quant au *Wing-and-Wing*, j'en connais le commandant ; j'ai vu ses papiers, je l'ai interrogé, avec le concours du vice-gouverneur, sur l'histoire et les lois de son île, car l'Angleterre est une île comme la nôtre, mes chers amis, et c'est une raison de plus pour lui accorder notre amitié. Nous avons passé en revue la littérature et les institutions anglaises, et le résultat de l'examen a été satisfaisant. C'est pourquoi nous devons au lougre égard et protection.

— Vous avez raison, répondit Raoul, qui était déjà dans son canot, aussi vais-je me hâter de placer mon lougre à l'entrée de votre port, pour repousser ces maudits républicains dans le cas où ils tenteraient un débarquement.

CHAPITRE IX

Raoul Yvard, en mettant le pied sur le pont de son bâtiment, reconnut que ses ordres avaient été exécutés ; on s'était préparé à lever l'ancre, et l'on avait attaché un cordage à un anneau de la jetée pour haler le lougre dans le bassin du port. Bientôt l'ancre fut levée ; les mains de cinquante matelots saisirent le cordage, et firent rapidement avancer *le Feu Follet* vers son lieu de refuge.

Cependant l'intention du capitaine n'était pas d'entrer dans le bassin.

Le câble qui servait au halage était attaché en arrière du bossoir de bâbord, de sorte que le navire s'écartait à l'est, au lieu de présenter le cap immédiatement en face de l'entrée du bassin. Comme pour faciliter la manœuvre, le tape-cul fut déployé : mais au moment où l'on s'attendait à voir le lougre franchir la passe, le câble de halage fut coupé, et le léger esquif glissa le long de la jetée après avoir mis la barre à bâbord.

Cette évolution causa le plus grand étonnement aux spectateurs, qui l'attribuèrent d'abord à une maladresse du timonier. A bord de la frégate on ne fut pas moins surpris, car on avait supposé que le lougre allait mouiller dans le port. Il fallut virer de bord et mettre le cap à l'ouest pour suivre *le Feu Follet* dans la direction qu'il venait de prendre.

Raoul longea les rochers du promontoire tant pour être à l'abri du feu des batteries que pour se garantir des canons de chasse de la frégate, qui ne pouvaient être pointés sur lui sans menacer en même temps le palais du vice-gouverneur. Le lougre avait conservé les couleurs anglaises, et les notables de Porto-Ferrajo, ayant à leur tête Andréa Barrofaldi, s'avancèrent sur le bord de l'escarpement pour essayer de communiquer avec le capitaine; celui-ci tenait à la main son porte-voix, et comme la brise était faible, il put aisément se faire entendre.

— Signori, cria-t-il, je vais me faire donner la chasse par ces gueux de républicains, pour les éloigner de votre port; c'est le meilleur moyen de vous rendre service.

Ces mots furent entendus; ils provoquèrent un murmure d'approbation; quelques-uns prétendirent toutefois que cette combinaison cachait un mystère. Au reste, il eût été impossible d'y mettre obstacle, quand même on l'aurait voulu. Les batteries n'avaient pas achevé leurs préparatifs, et le lougre avait soin de se tenir à couvert sous les falaises; ses voiles légères étaient gonflées malgré la faiblesse du vent, et ses bossoirs fendaient les vagues avec une force irrésistible. C'était à peine s'il les ridait, et ce n'était que lorsqu'il s'abattait dans l'entre-deux des lames qu'on apercevait un peu d'écume sous son brion. Toutefois, il laissait sur son passage un long sillage de bulles d'eau qui disparaissaient presque aussitôt après leur formation. Ses mouvements ressemblaient à ceux d'un marsouin qui prend ses ébats.

Dix minutes après avoir passé devant la maison du vice-gouverneur, *le Feu Follet* avait en vue une autre baie plus large et presque aussi profonde que celle de Porto-Ferrajo. Jusqu'alors le voisinage des rochers avait empêché de recevoir le vent; mais à partir de ce moment, des courants d'air favorables le prirent par le travers; il amura ses basses voiles, lofa et gagna au vent d'une pointe qui terminait à l'est la baie que nous venons de mentionner.

La Proserpine ne resta pas inactive. Dès qu'elle s'aperçut que le lougre cherchait à lui échapper, elle mit toutes voiles dehors et s'avança avec d'autant plus de vitesse que ses hautes voiles recevaient la brise pardessus les hauteurs de la côte. Quoique son tirant d'eau la forçât de se tenir à un demi-mille du promontoire, les curieux eurent le loisir de l'examiner. Ils tinrent conseil sous la présidence du vice-gouverneur et se demandèrent s'il ne fallait pas profiter de l'occasion pour punir le vaisseau républicain qui avait osé s'aventurer si près d'un port de Toscane. Les batteries étaient prêtes; mais le pavillon anglais en imposait aux uns, et les autres doutaient encore que la frégate fût réellement ennemie. Dans ce cas-là même, elle n'avait fait aucune démonstration hostile; et prendre l'initiative de l'attaque, c'était exposer imprudemment la ville à de graves dangers. La majorité émit en conséquence un avis pacifique auquel se rallia le vice-gouverneur. Un quart d'heure après, la frégate n'était plus à portée de canon; elle persistait dans la chasse, et s'élança à la suite du *Feu Follet*, dans le détroit qui sépare l'île d'Elbe de la Corse, mais le petit lougre conserva l'avantage, étant d'une aire plus au vent que son persécuteur. Il pouvait d'ailleurs au besoin se réfugier dans une des criques qui abondent sur la côte de Corse.

Le capitaine Cuffe avait plusieurs fois donné la chasse à de semblables bâtiments; mais en homme d'expérience, il jugea que celui-ci avait des chances trop favorables pour ne pas lui échapper. Le voyant virer de bord et disparaître derrière la pointe occidentale de l'île d'Elbe, il résolut de ne pas prolonger une poursuite infructueuse. Il fit mettre la barre au vent et brasser carré; puis la frégate gouverna au nord dans la direction de Livourne ou du golfe de Gênes.

On devine aisément l'animation que ces incidents produisirent dans une ville aussi paisible que Porto-Ferrajo. Des officiers de la garnison se procurèrent des chevaux et galopèrent sur les collines afin de suivre des yeux ce qui se passait. Les habitants qui ne jugèrent pas à propos de se déranger prirent pour unique objet de conversation la frégate républicaine et son adversaire; deux partis se formèrent, et soutinrent leur cause respective avec chaleur en invoquant des arguments plus ou moins ingénieux. Le podestat se mit à la tête des partisans du capitaine du lougre; il avait encouragé Raoul Yvard de la voix et du geste. Il avait propagé l'opinion que la frégate appartenait à une nation ennemie, et il croyait de son honneur de prouver l'exactitude de ses assertions. Pour ne laisser aucun doute sur la nationalité du signor Smith, le digne magistrat exagéra non-seulement les connaissances du vice-gouverneur, mais encore les siennes propres; il alla même jusqu'à assurer qu'il avait compris et traduit les pièces qui lui avaient été soumises par le commandant du *Wing-and-Wing*. Pour trancher la question, ajouta-t-il, il importe de connaître la géographie de la Manche : les habitants de Guernesey sont à moitié Français, et c'est pour cela qu'ils construisent des lougres qu'ils envoient en croisière contre les Français du continent.

Pendant toutes ces discussions, la joie et la crainte se partageaient le cœur de Ghita; seule de toutes les jeunes filles, elle ne se permit aucune hypothèse, n'exprima aucun vœu, ne soutint aucune opinion; mais elle écouta attentivement les conversations. Enfin son esprit fut délivré de ses alarmes. Les cavaliers revinrent des montagnes et annoncèrent qu'on apercevait au nord les hunlers de la frégate, du côté de l'île de Caprée. Le lougre était au vent, à la côte de Corso, sans doute pour inquiéter le commerce de cette île ennemie.

CHAPITRE X.

Tel était l'état des choses à Porto-Ferrajo vers midi : c'était l'heure du dîner, que suivait ordinairement la sieste, quoique l'air salin, par sa fraîcheur fortifiante, la rendît moins nécessaire aux insulaires qu'à leurs voisins du continent. Les occupations recommencèrent dans l'après-midi; puis revint le zéphir ou la brise d'occident. Les changements atmosphériques sont si réguliers dans ces contrées pendant les mois d'été, que le marin peut compter invariablement dans la matinée sur une légère brise du sud; au milieu du jour sur un calme, sieste de la mer, et entre trois et quatre heures, sur un vent d'ouest d'une délicieuse fraîcheur. Quand la nuit tombe, ce vent est remplacé par une brise qui vient directement de la terre. Nous avons vu cet ordre se maintenir pendant des semaines entières sans interruption; et s'il était quelquefois troublé, c'était par des pluies et des coups de tonnerre, beaucoup plus rares d'ailleurs en Italie que sur la côte d'Amérique.

Au premier souffle du zéphyr, les promenades du soir commencèrent; les causeries se renouvelèrent, et les conjectures inédites furent mises en avant pour alimenter la discussion. Mais tout à coup, une étrange rumeur se propagea dans la foule comme le feu dans une traînée de poudre. On disait que *le Wing-and-Wing* revenait au vent de l'île, du côté où il avait paru le soir précédent, avec la confiance d'un ami et la célérité d'un oiseau!

Bien des années s'étaient écoulées depuis qu'on avait vu la capitale de l'île d'Elbe en proie à une aussi vive agitation. Hommes, femmes et enfants sortirent des maisons, et montèrent les rues escarpées, comme pour s'assurer d'un miracle par le témoignage de leurs yeux. C'était une scène de désordre à la fois risible, surprenante et naturelle.

Moins d'une demi-heure après que la nouvelle se fut répandue dans la basse ville, deux mille personnes étaient sur les hauteurs, y compris les notables de la localité, le pilote Tommaso Tonti, Ghita et les divers individus déjà connus de nos lecteurs. La scène avait tant d'analogie avec celle de la précédente soirée, qu'on aurait pu croire que c'en était la continuation. *Le Wing-and-Wing* arrivait en effet, ayant sa misaine et sa grande voile déployée, et glissant sur les lames étincelantes comme un canard qui regagne son nid. Son tape-cul était cargué, et à sa corne voltigeait triomphalement le pavillon anglais. Le léger navire semblait vouloir prouver, en rasant les roches, qu'il connaissait la côte et bravait tous les dangers. Il s'exposait avec confiance au feu des canons qui l'auraient facilement anéanti, et ceux qui le voyaient approcher ne pouvaient s'empêcher de le reconnaître pour un ami.

— Eh bien! signor Andréa, demanda le podestat, les républicains oseraient-ils entrer de la sorte à Porto-Ferrajo, surtout sachant aussi bien que sir Smith à quels gens ils ont affaire? Rappelez-vous, vice-gouverneur, que cet homme a comparu en notre présence, et qu'il n'avait pu se jeter inconsidérément dans la gueule du lion.

— Vous avez singulièrement changé d'avis, repartit Andréa d'un ton sec, car il était médiocrement satisfait de la biographie de sir Cicéron, et de quelques autres assertions historiques du soi-disant Anglais; il importe que les magistrats agissent avec la plus extrême circonspection.

— S'il existe dans l'île d'Elbe un homme plus circonspect que le pauvre podestat de Porto-Ferrajo, qu'il s'avance et fasse valoir ses titres! Il y a des hommes plus savants que moi, et entre autres Votre Excellence, mais je défie de me citer un plus loyal sujet du grand-duc de Toscane.

— Je n'en doute pas, mon bon ami, répondit Andréa en souriant avec bienveillance : j'apprécie vos services à leur juste valeur; néanmoins, je voudrais être édifié sur le compte de sir Cicéron, sur lequel j'ai fait des recherches pendant les instants que je donne habituellement à la sieste.

— Et vos livres ont sans doute confirmé ce que le signor Smith avait avancé?

— Loin de là, on ne fait pas même mention de cet écrivain. A la vérité, plusieurs orateurs distingués sont qualifiés de Cicérons anglais; mais c'est une manière d'en faire l'éloge.

— Il en serait ainsi, reprit le podestat, s'il s'agissait d'orateurs italiens; mais croyez-vous qu'on retrouve nos idées chez des nations comme l'Angleterre, l'Allemagne et la France, qui naguère encore étaient barbares?

Le vice-gouverneur sourit encore, mais ce fut de pitié, car l'ignorance et les préjugés de son interlocuteur lui inspiraient une véritable commisération.

— Vous oubliez, dit-il, ami Viti, que nous avons pris la peine de civiliser ces nations il y a environ mille ans, et qu'elles n'ont pas rétrogradé depuis. Au reste, il est positif que *le Wing-and-Wing* se propose de rentrer dans notre baie, et voilà le signor Smith qui nous examine avec sa lunette comme s'il méditait une seconde entrevue.

— Vraiment, vice-gouverneur, ce serait presque une hérésie de suspecter des marins qui se mettent si loyalement à notre discrétion. Un navire de la république oserait peut-être mouiller une première fois dans la baie, mais une seconde fois jamais!

— Puissiez-vous avoir raison, mon vieil ami! mais descendez au port, s'il vous plaît, et veillez à ce que les formes soient observées, vous recueillerez en même temps d'utiles renseignements.

Dès qu'il eut reçu cet ordre, le podestat se précipita au milieu de la foule qui s'ébranlait déjà pour aller à la rencontre du lougre; on jugea convenable qu'en raison de ses hautes fonctions, le vice-gouverneur attendît pour se déranger le rapport du prétendu capitaine anglais. Quelques autres personnes demeurèrent sur la terrasse, et parmi elles Ghita, dont le cœur battit avec une nouvelle force. Elle avait la certitude que sans sa présence à Porto-Ferrajo, Raoul Yvard n'aurait jamais affronté tant de dangers, et elle éprouvait pour lui une sympathie qui augmentait son anxiété.

Le nom de famille de Ghita était Caraccioli; mais on l'appelait vulgairement Ghita delle Torri ou des Tours, à cause d'une circonstance que nous expliquerons plus loin. Elle était orpheline depuis son enfance, et elle avait puisé dans sa position une force de caractère et une confiance en elle-même qu'on n'aurait pas attendue autrement d'une personne si jeune et naturellement si douce. Une tante lui avait donné l'éducation qui convient à une femme, et son oncle lui avait inspiré des sentiments religieux aussi profonds que sincères. Elle blâmait la fourberie dont Raoul se rendait coupable, mais elle était disposée à lui pardonner par faiblesse féminine, en faveur des motifs qui le guidaient. Elle avait maintes fois frémi des subterfuges qu'employait le jeune marin, et qui pouvaient aboutir à des actes de violence; mais elle avait tremblé sous l'influence d'une plus douce émotion, en songeant qu'il ne s'exposerait que pour elle.

Sa raison lui avait dit souvent que Raoul Yvard et Ghita Caraccioli devaient être étrangers l'un à l'autre, mais son cœur lui tenait un langage différent; la circonstance présente était faite pour donner une activité nouvelle à ces sentiments contradictoires; aussi, tandis que la multitude courait vers le port, la jeune fille resta sur la colline, et livrée à ses réflexions, elle versa plusieurs fois des pleurs.

La situation de Raoul était moins périlleuse qu'on aurait pu le supposer; il n'avait aucune envie de placer son *Feu Follet* à la portée d'une main ennemie. Au lieu de l'abriter derrière les constructions du port, il passa comme un trait au bout de la jetée, et mouilla à quelques brasses du lieu qu'il avait quitté le matin. Après avoir mis son empennelle à pic, il monta dans son canot et s'avança vers le débarcadère.

— Vivat, signor capitaine! s'écria le podestat en allant au-devant de son protégé : nous avions hâte de vous recevoir dans nos bras. Avec qu'elle adresse vous avez éloigné les *sans-culottes!* Ah! les Anglais sont les héros de l'Océan malgré Colomb. Le vice-gouverneur m'a conté les exploits de votre illustre Elisabeth, qui vainquit l'*armada* d'Espagne. Les Anglais ont eu Nelson, et maintenant ils ont sir Smith!

Raoul accepta gracieusement les compliments qui s'adressaient à sa nation et à sa personne; il serra la main du podestat d'un air de cordialité et de condescendance, comme un homme de marque accoutumé de longue date à l'adulation. Afin d'accomplir les devoirs de sa position, il demanda à être immédiatement présenté à l'autorité supérieure.

— Le roi Georges mon maître, ajouta-t-il, m'a donné là-dessus des instructions spéciales, ainsi qu'à ses autres officiers. Smith, m'a-t-il dit la dernière fois que j'ai pris congé de lui, n'entrez jamais dans un port allié sans présenter vos hommages au commandant de la place, et ne manquez pas d'être prodigue de politesses. L'Angleterre est un pays trop policé pour se laisser surpasser sous ce rapport, même par les Italiens, qui sont les pères du monde moderne.

— Vous êtes heureux, répondit le podestat, d'avoir un tel souverain, et plus encore de pouvoir approcher de son auguste personne.

— Oh! il aime la marine, il aime la marine par-dessus tout, et nous regarde tous comme ses enfants, nous autres capitaines. Mon cher Smith, m'a-t-il dit dernièrement, ne venez jamais à Londres sans paraître à la cour, où vous trouverez toujours un père. Vous savez sans doute que son fils a été comme moi simple capitaine de vaisseau?

— Est-il possible! le fils d'un si grand roi? J'avoue que j'ignorais cette particularité.

— La loi veut en Angleterre que le roi place au moins un de ses fils dans la marine. Oui, m'a dit Sa Majesté, hâtez-vous toujours de rendre visite aux autorités supérieures, et témoignez-leur en mon nom les plus grands égards, en étendant même vos marques d'estime aux magistrats subalternes qui vivent dans leur intimité.

Raoul était ravi du rôle qu'il jouait en ce moment, mais un peu trop disposé à le charger. Comme tous les génies pleins d'audace et de résolution, il suivait l'étroit sentier qui sépare le sublime du ridicule, et s'exposait conséquemment à être découvert, mais il courait peu de risques avec Vito-Viti : l'ignorance du magistrat, sa crédulité de campagnard, et son amour pour le merveilleux en faisaient une dupe facile à persuader. Il se considérait comme honoré de s'entretenir avec un officier qui avait parlé au roi, et tout en montant péniblement la côte il ne manqua pas d'exprimer les sentiments qui l'animaient.

— N'est-ce pas un bonheur de servir un pareil prince, et même de mourir pour lui?

— Je n'en ai pas encore eu l'occasion, répliqua Raoul d'un air naïf, mais cela pourra bien arriver un jour ou l'autre. Ne pensez-vous pas, podestat, que celui qui meurt pour son roi mérite d'être placé au rang des saints?

— Le calendrier serait trop vite rempli par ces temps de guerre, signor; mais j'accorderais volontiers la canonisation aux généraux et aux amiraux : elle achèverait de les distinguer de ces maudits républicains français.

— C'est de *la canaille*, depuis le premier jusqu'au dernier. S'ils veulent gagner le ciel, il faut qu'ils rappellent les Bourbons, et qu'ils rentrent dans les voies légitimes.

— La chasse de ce matin, signor Vito-Viti, doit avoir amusé la ville?

Le podestat n'attendait que cette ouverture pour décrire les vives émotions qu'il avait éprouvées. Il vanta en termes emphatiques la manœuvre par laquelle le lougre avait délivré le port des républicains qui le menaçaient.

— Il n'y a pas, s'écria-t-il, de plus belle inspiration dans les fastes maritimes. J'ai défié le vice-gouverneur de me citer un seul exemple d'une action aussi éclatante. Je ne suis jamais exagéré dans mes compliments, mais je doute que Pline l'ancien, Marc-Antoine, ou même César, aient rien fait d'aussi beau. Si au lieu d'un petit lougre, vous aviez eu une flotte de vaisseaux à trois ponts, l'Europe entière aurait retenti de vos louanges.

— Si j'avais eu seulement une frégate, mon excellent ami, cette manœuvre qui vous étonne aurait été inutile. Peste! ce n'est pas un vaisseau républicain qui forcerait une bonne frégate anglaise à fuir le long des rochers comme un voleur de nuit.

— Nous en causerons plus à notre aise en vidant une bouteille de vin de Florence. Voici le vice-gouverneur qui se promène sur sa terrasse, et qui meurt d'envie de vous saluer.

Andréa Barrofaldi accueillit Raoul avec moins de chaleur que le podestat, mais il ne laissa paraître aucune défiance.

— Signor, dit le corsaire, conformément aux ordres précis de mon maître, je viens de nouveau vous rendre mes devoirs et vous annoncer mon retour dans votre baie. La croisière que j'ai entreprise n'a pas été aussi longue qu'un voyage aux Indes.

— Peu importe sa durée, répondit civilement Andréa; votre absence nous aurait inspiré des regrets si elle ne vous eût fourni l'occasion de déployer vos talents et vos admirables ressources. A vrai dire, en vous voyant partir, nous avons désespéré de vous revoir jamais; mais comme votre Cicéron anglais, vous êtes plus agréable la seconde fois que la première.

Raoul se mit à rire, et sa figure se colora légèrement; il parut un moment se livrer à de sérieuses réflexions, et prit tout à coup un air de franchise et de bonhomie.

— Signor vice-gouverneur, dit-il en entraînant Andréa dans un coin, je m'aperçois que vous n'avez pas oublié ma petite fanfaronnade au sujet de notre Cicéron anglais; mais que voulez-vous? nous autres marins, nous débutons de bonne heure, et nous n'avons pas le temps d'étudier. J'avais douze ans quand lord Smith, mon excellent père, me mit à bord d'une frégate, et à cet âge on connaît peu les Cicéron, les Dante, ou les Corneille. Me trouvant en présence d'un savant dont la réputation s'étend au-delà des limites de l'île qu'il gouverne avec tant de sagacité, j'ai cédé à un mouvement d'ambition. Si j'ai mentionné des hommes célèbres qui m'étaient inconnus, c'était une faiblesse de jeune étourdi; mais ce n'est pas un crime impardonnable.

— Vous reconnaissez donc, signor, qu'il n'y a pas eu de Cicéron anglais?

— La vérité me force à déclarer que je n'en ai pas entendu parler, mais dans une première entrevue, sentant l'insuffisance de mon éducation, il m'eût été pénible de faire cet aveu à un homme éclairé. Maintenant je vous connais mieux, et votre bienveillance me rappelle à la modestie.

— Je vous comprends, répliqua le vice-gouverneur en se rengorgeant; j'aime la franchise avec laquelle vous admettez que certaines connaissances vous manquent faute d'avoir eu l'occasion d'étudier. Si vos devoirs vous ramènent souvent dans nos parages pendant cet été, je vous demanderai la permission de mettre sous vos yeux divers ouvrages dont la lecture vous sera aussi agréable qu'avantageuse.

Raoul exprima convenablement sa reconnaissance, et dès lors la plus parfaite entente régna entre les parties. Le corsaire, dont l'éducation avait été meilleure qu'il ne le prétendait, et qui était un acteur consommé, résolut d'être plus prudent à l'avenir et d'aborder avec ménagement les sujets littéraires, sauf à se dédommager sur les autres. Ghita était la seule personne que l'audacieux marin n'eût jamais trompée; l'influence qu'il avait acquise sur elle était due à la nature, à la tendresse réelle qu'il avait manifestée; mais il lui avait toujours parlé franchement. Il eût été curieux pour un observateur de la nature humaine d'étudier la manière dont l'innocence et la simplicité de la jeune fille s'étaient communiquées au jeune homme en tout ce qui la concernait. Cette irréprochable loyauté l'abandonnait quand il avait affaire à des fonctionnaires italiens, et surtout à des anglais;

et les mystifications du genre de celle qu'il poursuivait en ce moment le rendaient l'homme le plus heureux du monde.

Après avoir établi des relations si complètement amicales entre lui et le signor Smith, le vice-gouverneur ne pouvait se dispenser de l'inviter à entrer au palais. Le marin accepta l'offre sans se faire prier ; mais avant de franchir le seuil, il examina très-attentivement l'horizon septentrional. Pendant qu'il était en observation, le podestat glissa un mot à l'oreille de son ami.

— Vous avez dû trouver le signor Smith tel que vous le désiriez, dit-il ; pour ma part, je le regarde comme un jeune homme très-intéressant, appelé un jour à conduire des flottes et à être l'arbitre du sort des nations.

— Il est plus aimable et mieux élevé que je ne le supposais, voisin Vito-Viti ; il a renoncé à son Cicéron anglais avec une grâce qui rachète son erreur, et je suis convaincu comme vous qu'il deviendra par la suite un illustre amiral. Son père, milord Smith, ne lui a pas donné assez d'éducation, mais le mal n'est pas encore sans remède. Priez ce jeune homme d'entrer, j'ai hâte de lui signaler certains ouvrages qui peuvent lui être utiles.

Le podestat revint sur ses pas pour appeler le prétendu capitaine de Guernesey. Celui-ci continuait à examiner la mer. Il y avait au loin quelques chasse-marée qui longeaient la côte à la dérobée, craignant à la fois les barbares du sud et les Français du nord. Tous ces bâtiments auraient été de bonne prise ; mais pour rendre justice au corsaire, il n'avait pas l'habitude d'inquiéter des marins d'un ordre aussi inférieur. Cependant une felouque venant du nord, et qui doublait en ce moment le promontoire, attira les regards de Raoul Yvard, et il se promit de communiquer avec elle, dès qu'il serait de retour au port, afin de lui demander si elle avait rencontré la frégate. Au moment où il venait de prendre cette résolution, le podestat l'introduisit dans le palais.

Il est inutile de rappeler la conversation littéraire et scientifique qui eut lieu entre Raoul et le vice-gouverneur, qui voulait contribuer autant que possible à l'instruction du jeune marin. Raoul soutint le choc avec courage ; il s'était aperçu que la réserve lui réussissait mieux que la prétention, et sa tâche de déception lui semblait plus facile. Le vice-gouverneur n'étant plus contrarié dans sa fantaisie, finit par être persuadé, non-seulement que le signor Smith était bien réellement Anglais, mais encore que c'était un jeune homme dont la modestie dissimulait l'érudition. Avec quelques concessions adroites, Raoul fit en deux heures plus de progrès dans les bonnes grâces d'Andrea Barrofaldi qu'il n'en aurait fait en un an, s'il avait voulu se poser en homme supérieur.

Les heures coulaient, l'entrevue commençait à peser à Raoul ; mais le vice-gouverneur y trouvait à chaque instant de nouveaux charmes. Quant à Vito-Viti, il était enthousiasmé, il exprimait son ravissement par des exclamations fréquentes, et ne risquait que juste assez d'observations pour trahir son ignorance.

— Vice-gouverneur, s'écria-t-il après une interminable dissertation d'Andrea sur l'histoire moderne des nations du Nord, je vous ai déjà vu briller, mais jamais d'un éclat aussi vif! vous avez été magnifique ce soir! n'est-ce pas, signor Smith? Un professeur de Pise ou même de Padoue aurait-il élucidé de la sorte le sujet qui vient d'être traité?

— Signor podestat, dit Raoul, en écoutant ce qui a été dit je n'ai eu qu'une pensée, c'est le regret d'avoir été privé par mes professeurs de tous ces trésors scientifiques; mais il est permis d'admirer ce qu'on ne peut même imiter.

— Sans doute, reprit Andrea, mais avec des dispositions comme les vôtres, signor Smith, il n'est pas difficile d'imiter ce que l'on admire. Je vais dresser pour vous un catalogue d'ouvrages dont je vous recommande la lecture, vous vous les procurerez à bon marché, soit à Livourne, soit à Naples: je ne me coucherai pas avant d'en avoir terminé la liste, que vous pouvez vous attendre à trouver demain matin sur votre table, en déjeunant.

Raoul considéra cette promesse comme une permission de se retirer, et il sortit en protestant de sa reconnaissance. Mais aussitôt qu'il fut dehors, il respira avec bruit, comme un homme qui venait d'échapper à une persécution dont le ridicule ne diminuait point l'ennui. Il murmura quelques malédictions contre les nations du Nord, auxquelles il en voulait d'avoir des histoires si longues et si compliquées. Cependant il ne négligeait pas ses recherches et parcourait avec anxiété la promenade déserte. Il commençait à désespérer d'y rencontrer Ghita, quand il l'aperçut dans un endroit écarté.

— Raoul, s'écria-t-elle d'un ton de reproche, à quoi vous mèneront ces entreprises téméraires? pourquoi rentrer à Porto-Ferrajo, dont vous étiez si heureusement sorti?

— Tu en sais la raison, Ghita, il est inutile de me la demander. N'est-ce pas un brillant exploit! ce brave vice-gouverneur n'est-il pas trompé d'une façon admirable? Je me dis parfois que j'ai manqué ma vocation, et que j'aurais dû me faire diplomate.

— Non, Raoul, tu es trop honnête pour mentir longtemps, quelle que soit ta conduite dans une occasion comme celle-ci.

— C'est possible; mais parlons de nos affaires, car *le Feu Follet* ne peut pas toujours embellir de sa présence la baie de Porto-Ferrajo.

— Je suis venu ici pour vous donner des nouvelles. Mon oncle est arrivé, et compte partir pour les Tours dans la première felouque qui se présentera.

— A la bonne heure! Je vous offre un lougre à la place d'une felouque, et nous pouvons mettre à la voile ce soir même. Ma cabine est entièrement à votre disposition, et vous aurez votre oncle pour protecteur.

Ghita s'attendait à cette proposition, que le sentiment des convenances l'engageait à refuser; toutefois elle réfléchit que l'accepter serait peut-être le moyen de faire sortir Raoul d'un port ennemi.

La distance entre Porto-Ferrajo et les Tours n'était que d'environ cinquante milles, et quelques heures suffisaient pour qu'elle se trouvât en sûreté chez elle.

— Raoul, demanda-t-elle, si nous consentions à prendre passage à votre bord, quand vous conviendrait-il de mettre à la voile?

— Dans une heure, si le vent s'élève; mais, vous le voyez, Ghita, le zéphyr a cessé de souffler, et l'on dirait qu'il n'y a plus le moindre éventail en Italie. Vous pouvez être certaine que nous appareillerons le plus tôt possible. Au besoin, nous nous servirons de nos rames.

— Je verrai donc mon oncle et lui dirai qu'un lougre est prêt à nous recevoir. N'est-il pas singulier, Raoul, qu'il ignore votre présence dans la baie? Il devient chaque jour de plus en plus étranger à tout ce qui l'environne, et je crois même qu'il a oublié que vous commandez un bâtiment ennemi.

— Il peut s'en fier à moi, je ne l'en ferai jamais ressouvenir.

— Nous en sommes convaincus, Raoul; nous sommes vos amis dévoués depuis le jour où vous nous avez rencontrés et tirés des mains d'un pirate algérien. Sans votre généreuse intervention, nous serions devenus l'été dernier esclaves des barbares.

— Encore un événement qui me porte à croire à la Providence. Quand je vous enlevai à ce pirate d'Alger, j'ignorais qui je sauvais; et pourtant vous voyez ce qui est arrivé : il s'est trouvé qu'en vous sauvant je n'avais été utile qu'à moi-même.

— Que n'apprends-tu à servir Dieu, qui dispose de notre destinée suivant sa sainte volonté! murmura Ghita les larmes aux yeux et faisant un effort convulsif pour maîtriser ses émotions. Mais nous ne te savons pas moins de gré, Raoul, d'avoir été l'instrument de la miséricorde divine; nous avons en toi une confiance qui ne se démentira jamais. Il sera facile de décider mon oncle à s'embarquer; mais comme il sait qui tu es quand il lui plaît de s'en souvenir, je ne lui nommerai pas l'homme qui nous recevra à son bord. Convenons d'une heure et d'un instant où nous nous tiendrons prêts à nous mettre en route.

Raoul et Ghita réglèrent les menus détails du départ; le rendez-vous fut pris hors de la ville, à peu de distance du cabaret de Benedetta, puis les deux fiancés se séparèrent. Le jeune homme ne chercha pas à la retenir, certain qu'il était de la retrouver dans une heure et de l'emmener au premier souffle du vent.

Resté seul, Raoul songea qu'Ithuel et Filippo devaient être à terre, suivant leur habitude. L'Américain ne consentait à servir qu'à la condition ne pouvoir débarquer, et il abusait toujours de son privilége pour faire la contrebande, et il y déployait tant de talent, que Raoul, forcé de la tolérer sans la pratiquer lui-même, ne craignait pas les périls auxquels un fraudeur moins adroit aurait exposé son bâtiment.

Il devenait indispensable d'avertir ces deux hommes ou de les abandonner. Par bonheur, le capitaine se rappela le nom du cabaret où il étaient allés la veille, et il les y trouva occupés à savourer un flacon de Toscane. Le vieux Tommaso et ses camarades étaient présents, et comme il n'y avait rien d'extraordinaire à ce que le capitaine d'un vaisseau de guerre anglais aimât le bon vin, Raoul, pour détourner leurs soupçons, s'assit et demanda un verre. Au bout de quelques minutes d'observation, le jeune corsaire se convainquit que s'il avait pu jeter de la poudre aux yeux des fonctionnaires publics, il n'avait pas réussi à tromper ces vieux marins. Rarement on voyait une frégate française longer la côte de l'île d'Elbe; les frégates anglaises, au contraire, s'y montraient fréquemment : le pilote et ses amis le savaient; ils avaient remarqué des signes équivoques dans la conformation du lougre, et leurs présomptions se rapprochaient de la vérité. Ce qu'ils pouvaient penser inquiétait moins Raoul que les préparatifs de départ qu'il avait à faire. Il vida son verre avec une indifférence apparente, et après une station suffisamment prolongée il se retira avec Ithuel et le Génois.

CHAPITRE XI

Andrea Barrofaldi et le podestat étaient restés dans la bibliothèque du palais du gouvernement, et avaient continué leur conversation.

— Mon brave Vito-Viti, dit le gouverneur immédiatement après le départ de Raoul, il est aisé de voir que ce jeune Anglais est de noble race. Son père, milord Smith, avait sans doute une nombreuse famille, et les usages de l'Angleterre sont différents des nôtres en ce qui concerne le droit d'aînesse : dans la Grande-Bretagne, l'aîné hérite seul des titres et du patrimoine, tandis que les cadets se cassent dans l'armée et dans la marine, pour conquérir de nouvelles distinctions. Vous remarquez dans son air et dans ses manières la finesse de la race anglo-saxonne, qui diffère essentiellement de la race gauloise. Pietro Giannone, dans son *Histoire civile du royaume de Naples*, mentionne avec éloges les Normands, qui étaient une branche de la grande famille anglo-saxonne... Que veux-tu, Pietro ? il ne s'agit pas de toi, mais d'un de tes homonymes, historien napolitain du plus grand mérite... Qu'y a-t-il?

Cette question s'adressait à un domestique qui venait d'entrer, et qui tenait à la main un bout de papier.

— Signor Andrea, dit Pietro, il y a dehors un cavalier qui sollicite une audience, et qui a écrit son nom sur ce papier.

Le vice-gouverneur prit le billet, et lut à haute voix : « Edouard Griffin, lieutenant de la marine anglaise. »

— Ami Vito, dit le vice-gouverneur, voici un officier qui nous est envoyé par le *Wing-and-Wing*; il est heureux que nous soyons encore en mesure de le recevoir. Faites entrer, Pietro.

Un homme qui aurait eu des Anglais une idée plus exacte qu'Andrea Barrofaldi aurait reconnu du premier coup d'œil que celui qui se présenta était réellement de la Grande-Bretagne. C'était un jeune homme de vingt-deux à vingt-trois ans; il avait la figure ronde, le teint rose, la physionomie bienveillante; il portait la petite tenue d'uniforme de la marine royale anglaise; il avait été choisi pour la mission qu'il avait à remplir, parce qu'il savait l'italien, et en effet il fit ses premiers compliments dans cette langue avec assez de facilité; ensuite il mit entre les mains d'Andrea un morceau de parchemin.

— Si vous comprenez l'anglais, dit-il, vous verrez que cette commission constate mon identité.

— Sans doute, signor lieutenant, vous appartenez au *Wing-and-Wing*, et vous servez sous les ordres de sir Smith ?

Le jeune homme parut surpris, et fut même saisi d'une envie de rire irrésistible.

— Signor, répondit-il, j'appartiens au vaisseau de Sa Majesté Britannique *la Proserpine*, et je ne sais ce que vous voulez dire. Le capitaine Cuffe, commandant de la frégate que vous avez vue au large ce matin, m'a envoyé ici à bord de la felouque qui vient d'arriver; je suis chargé de vous donner des renseignements sur le lougre auquel nous avons donné la chasse, et que je retrouve installé tranquillement dans la baie. J'ai laissé mon vaisseau derrière Caprée, mais il viendra me prendre avant la pointe du jour, pourvu que le vent se lève.

Les deux fonctionnaires se regardèrent avec stupéfaction, comme si un messager sorti de l'enfer fût venu les menacer du châtiment de leurs écarts. Le lieutenant s'énonçait avec assurance, en bon italien, et avec l'accent de la vérité.

— Comment! s'écria le vice-gouverneur, vous ne connaissez pas le *Wing-and-Wing*! C'est le nom du lougre anglais qui est maintenant mouillé dans la baie.

— Ah! je devine!... Le misérable vous a trompé comme il en a trompé tant d'autres avant vous, et comme il en trompera bien d'autre si nous ne le surprenons cette nuit. Ce soi-disant *Wing-and-Wing* est le célèbre corsaire français *le Feu Follet*, assez important pour qu'il y ait en ce moment six croiseurs à sa poursuite. Son commandant s'appelle Raoul Yvard, et il n'existe pas de corsaire plus déterminé, quoiqu'il ait des qualités incontestables.

A chaque mot que prononçait le lieutenant, une page d'histoire s'effaçait de la mémoire de ses auditeurs. Le vice-gouverneur avait entendu parler du *Feu Follet* et de Raoul Yvard, que la malveillance représentait comme un pirate. L'idée d'avoir été la dupe d'un corsaire, de lui avoir accordé les honneurs de l'hospitalité, était profondément humiliante. Avant de l'accepter, il était naturel qu'il présentât quelques observations.

— Assurément, dit-il, vous vous méprenez; ce lougre est anglais, il est commandé par un noble anglais fils de milord Smith, et quoique son éducation ait été un peu négligée, ses paroles et ses actes attestent son origine. Vous avez pu juger de sa capacité par les manœuvres de ce matin, et il est impossible que vous ne connaissiez pas le capitaine sir Smith, fils de milord Smith.

— La manière dont il nous a échappé ce matin prouve les talents de notre adversaire, nous sommes loin de le nier; le drôle est un marin brave comme un lion et impudent comme le chien d'un mendiant. Il n'y a nulle part de lougre anglais commandé par sir Smith. Nous n'avons pas un seul croiseur de ce genre dans la Méditerranée, et le petit nombre de ceux que nous avons ailleurs sont sous les ordres de vieux loups de mer qui ont servi constamment à leur bord. Le titre de *sir* est très-rare dans notre marine, quoiqu'on l'ait prodigué après la bataille d'Aboukir. En outre, on ne donne guère le commandement des lougres à des jeunes gens de noble famille. En général, ils passent du gaillard d'arrière d'une frégate à bord d'un sloop de guerre en qualité de capitaines, et après un an de service on leur confie une frégate.

Le lieutenant Griffin, tout occupé de sa spécialité, s'imaginait que tout le monde devait prendre le même intérêt que lui aux détails du métier. Andréa Barrofaldi ne les comprit qu'à moitié, mais cette moitié suffit pour le jeter dans un grand embarras.

— Qu'en dites-vous, signor Vito-Viti, vous qui avez assisté à mes entretiens avec sir Smith?

— Je dis, répondit le podestat, que si nous avons été trompés, c'a été par l'un des plus insidieux fripons qui aient jamais dupé d'honnêtes gens. Hier soir j'avais des soupçons; mais en voyant le lougre revenir dans notre port, j'aurais juré que nous avions affaire à un ami.

— Vous avez échangé des signaux, signor lieutenant, et c'est une preuve de bonne intelligence.

— Nous ne pouvions deviner qu'un navire français était tranquillement à l'ancre dans un port de Toscane. Quand nous l'avons vu déployer le pavillon anglais, nous lui avons adressé une question, mais la réponse n'avait pas le sens commun. Nous nous sommes souvenus alors des tours que ce Raoul Yvard avait l'habitude de jouer le long de la côte d'Italie. Une fois sur la piste, nous n'étions pas hommes à lâcher aisément notre prise, et nous comptons bien nous en emparer.

— Il y a là-dessous quelque chose d'incompréhensible. Ne feriez-vous pas bien, signor, d'aller à bord du lougre, d'en voir le capitaine, et de vous assurer par vous-même de la vérité ou de l'inexactitude de vos suppositions? Il ne vous faudrait pour cela que dix minutes.

— Y songez-vous, signor vice-gouverneur? Si je m'aventurais à bord du *Feu Follet*, je pourrais y rester prisonnier de guerre jusqu'à la paix. En tout cas, je donnerais l'éveil au corsaire, et l'oiseau prendrait sa volée avant qu'on ait tendu le piége. Mes ordres sont positifs; je ne dois faire connaître ma visite et son but qu'aux autorités de l'île. Tout ce que nous demandons, c'est de retenir le lougre jusqu'à demain; et nous aviserons aux moyens de le mettre hors d'état de nuire.

— Nous avons des canons, repartit le vice-gouverneur avec une certaine fierté, et nous viendrions aisément à bout d'un aussi faible navire, si nous étions sûrs que c'est un ennemi. Prouvez-nous-le, et nous coulerons le lougre au mouillage.

— C'est ce que nous vous prions de ne point faire, répondit le lieutenant. D'après ce qui s'était passé ce matin, le capitaine Cuffe a présumé que M. Yvard, par des motifs qui lui sont personnels, reviendrait ici dès qu'il serait débarrassé de nous; ou que, se trouvant au sud de l'île d'Elbe, il entrerait à Porto-Longone. Si je ne l'avais pas revu, je devais monter à cheval et me rendre dans cette dernière localité. Nous désirons à tout prix nous emparer du lougre, qui sort par un temps calme, le plus fin voilier de la Méditerranée, et dont la possession nous serait très-utile. Quand la brise n'est pas forte, il nous distance d'un pied sur six; mais s'il vente frais, *la Proserpine* le rattrapera sans peine. Si vous ouvrez votre feu contre lui, il coulera bas ou s'échappera; c'est ce que nous voulons éviter. Tout ce que je vous demande, c'est de me laisser faire des signaux de nuit, et d'entraver jusqu'à demain par des formalités le départ du lougre français... Nous répondons du reste.

— Je ne crois pas, signor lieutenant, que le capitaine du lougre songe à partir cette nuit. Il a manifesté l'intention de passer plusieurs jours avec nous; et cette confiance me porte à croire que ce n'est pas la personne pour laquelle vous le prenez. Pourquoi Raoul Yvard et *le Feu Follet* viendraient-ils à Porto-Ferrajo?

— On l'ignore; cet homme s'insinue partout, et l'on prétend même qu'il est allé à Gibraltar. Ce qu'il y a de certain, c'est qu'il a enlevé à nos convois plusieurs bâtiments de transport. J'ai remarqué dans votre port une felouque autrichienne, qui embarque du fer; il attend sans doute l'occasion de la surprendre, et trouve plus commode de la surveiller de près que de loin.

— Tout cela est vraisemblable, signor; mais c'est encore une énigme pour moi. Avez-vous d'autres preuves de votre identité que la commission que vous m'avez montrée? Sir Smith, pour appeler le commandant du lougre par le nom qu'il s'est donné, en possédait une absolument pareille et revêtue des mêmes signes d'authencité. Il portait aussi un uniforme anglais; comment puis-je décider entre vous?

— Cette difficulté a été prévue, sir gouverneur, et je me suis pourvu d'une foule de certificats. Je vous ai présenté d'abord ma commission, parce que l'absence de cette pièce aurait infirmé toutes les autres; mais voici une lettre par laquelle les autorités de Florence nous recommandent à tous les ports toscans. Le capitaine Cuffe m'a remis encore diverses autres pièces que vous pouvez examiner à loisir.

Andrea Barrofaldi passa en revue les papiers qui lui étaient soumis, et les trouva concluants. Il était impossible de douter de la véracité du lieutenant; néanmoins le vice-gouverneur et le podestat persistèrent à dire que le capitaine Cuffe pouvait être dans l'erreur relativement à la nationalité du lougre.

— C'est impossible, objecta le lieutenant, nous connaissons tous les croiseurs anglais de ces parages, le lougre n'en a jamais fait partie; son gréement et particulièrement sa voilure révèlent sa véritable origine. Nous savons qu'il y a dans son équipage un homme inscrit sur notre rôle, un certain Ithuel Bolt.

— Cospetto! s'écria le podestat; en ce cas, nous devons considérer ce prétendu Smith comme un insigne fripon, car nous avons rencontré ce déserteur hier au soir dans un cabaret; c'est un Américain.

— Il prétend l'être, reprit le jeune homme en rougissant, car il lui répugnait d'avouer l'iniquité dont on s'était rendu coupable envers Ithuel: mais la plupart des marins anglais se font passer pour Américains, afin d'échapper au service de Sa Majesté. Je crois plutôt que l'individu en question est de la Cornouaille, ou du Devonshire; il a la prononciation nasale de cette partie de l'Angleterre. Quand même il serait des Etats-Unis, nous aurions plus de droits sur lui que les Français. Parlant notre langue, issu d'ancêtres qui étaient nos compatriotes, il doit ne servir que sous pavillon anglais.

— Je m'étais toujours figuré, dit le podestat, que les Américains étaient très-inférieurs aux Européens et qu'ils ne pouvaient jamais être admis dans leurs rangs sur le pied de l'égalité.

— Vous aviez raison, repartit le lieutenant, ce sont des Anglais dégénérés.

— Pourtant, fit observer Andrea d'un ton sec, vous ne dédaignez pas de les prendre ; et cet Ithuel paraît avoir été enrôlé forcément, et contrairement à son inclination.

— De tels malheurs sont inévitables, répliqua le lieutenant ; la presse s'exerce avec une précipitation qui entraîne souvent des erreurs, et les Américains ressemblent tellement aux Anglais que je défierais de les distinguer.

Le vice-gouverneur et son ami trouvèrent quelque chose de contradictoire dans les explications de Griffin. Il venait de déclarer que les Américains constituaient une race inférieure et dégénérée, et il reconnaissait maintenant qu'il était facile de les confondre avec les indigènes de la Grande-Bretagne. Néanmoins les deux fonctionnaires furent obligés de se rendre à l'évidence et de convenir que le lougre était le redoutable *Feu Follet*. La honte, la mortification et la soif de la vengeance les disposèrent à entrer dans les vues du capitaine Cuffe, et ils tinrent conseil avec son envoyé sur le parti qu'il fallait prendre. Une fenêtre du palais s'ouvrait dans la direction de Caprée du côté par où devait venir *la Proserpine*. Le jeune homme s'y installa vers minuit, et se mit en devoir de brûler les feux bleus dont il s'était pourvu aussitôt qu'il apercevrait les signaux de son vaisseau. La position de cette fenêtre était on ne pouvait plus favorable ; les lueurs que l'on comptait y faire briller ne devaient pas être visibles du côté de la ville ; mais il était certain qu'on les distinguerait aisément du large. Des hauteurs s'élevaient entre la frégate et les maisons de la ville, de sorte qu'il était physiquement impossible aux personnes placées dans la baie de voir ce qui se passait en pleine mer, ou sur la côte septentrionale du promontoire.

CHAPITRE XII.

Les heures s'écoulèrent ; une légère brise de terre vint à souffler ; mais elle entrait si directement dans la baie, que Raoul ne jugea pas à propos de lever l'ancre. Ghita et son oncle Carlo Giuntotardi s'étaient rendus à bord du lougre dès dix heures ; et pourtant les matelots ne donnaient aucun signe d'activité. A vrai dire, le capitaine n'était nullement pressé de mettre à la voile. Raoul avait la conviction d'avoir complètement mystifié les habitants de Porto-Ferrajo ; il se croyait hors de danger, et il avait tranquillement résolu d'attendre, pour appareiller, le vent du sud qui se levait dans la matinée. A la faveur de ce vent, il était facile d'entrer dans le canal, d'où le zéphyr porterait l'esquif vers les tours de vigie de Monte-Argentaro, dont Carlo Giuntotardi était le gardien.

L'audacieux aventurier ne se doutait guère de ce qui s'était passé sur le rivage, depuis qu'il l'avait quitté.

Griffin et les magistrats étaient d'accord.

Tommaso Tonti avait été placé en embuscade sur le quai, et il était prêt à signaler aux autorités compétentes les moindres mouvements du *Feu Follet*.

Et pourtant Raoul Yvard restait indifférent aux périls qui l'environnaient.

Heureusement Ithuel veillait.

La Proserpine avait empoisonné la vie de l'Américain, il en détestait non-seulement le bois et les agrès, mais encore les officiers, les matelots, le pavillon et la patrie. Une haine invétérée est la plus inquiète de toutes les passions; et ce sentiment attirait l'attention d'Ithuel sur toutes les circonstances qui pouvaient rendre la frégate dangereuse pour le lougre. Il s'attendait à la voir revenir chercher son ennemi; et quand il était rentré à neuf heures, il avait donné des ordres pour qu'on le réveillât à deux heures du matin.

Dès qu'il fut debout, il appela deux hommes de confiance, et entra dans une embarcation qui se tenait prête à le recevoir. Les avirons étaient garnis de paillets. Elle le mena au large, à un demi-mille du promontoire; de là, il jeta les yeux sur le palais du gouvernement, et ce qui le frappa tout d'abord, ce fut une lampe qui brillait au dernier étage; elle y avait été placée pour indiquer à la frégate que Griffin était arrivé et qu'il accomplissait sa mission.

Deux heures venaient de sonner; la brise du continent voisin était assez forte pour donner à un fin voilier, dont les toiles étaient épaissies par l'humidité de la nuit, une vitesse de quatre nœuds. Comme Caprée était à moins de trente milles de Porto-Ferrajo, *la Proserpine* avait eu le temps de prendre le large, en quittant son abri au coucher du soleil.

Bavard et étourdi dans un moment de loisir, Ithuel était silencieux et grave quand il le fallait. Il ne perdait pas de vue la lampe, dont l'huile d'olive épurée brûlait avec une éblouissante clarté. Tout à coup un feu bleu étincela à l'étage inférieur, et l'homme qui le tenait se pencha par une fenêtre. Ithuel, par un mouvement instinctif, se tourna du côté de la pleine mer, et il aperçut une lumière qui semblait tomber dans l'eau comme une étoile filante : c'était un fanal qui descendait avec rapidité du bout de la vergue à la corne de *la Proserpine*.

Ithuel grinça des dents, et montra le poing au vaisseau.

— Je vous reconnais, s'écria-t-il; avec vos lanternes et vos signaux de nuit! voici ma réponse!

A ces mots, avec le bout de cigare qu'il fumait, il mit le feu à une fusée volante, qui monta dans l'air, sifflant, assez haut pour être aperçue du pont du *Feu Follet* avant d'éclater.

Griffin vit ce signal avec étonnement; la frégate ne sut à quoi s'en tenir, et Tommaso Tonti crut à propos de quitter son poste pour aller avertir le colonel, auquel il avait ordre de signaler tous les incidents extraordinaires. Toutefois on pensa généralement qu'un second croiseur était entré dans le canal pendant la nuit, et que s'attendant à rencontrer *la Proserpine*, il lui indiquait sa position.

Le Feu Follet comprit mieux ce qui se passait.

La brise du continent prend en travers les bâtiments qui sortent de la baie de Porto-Ferrajo; et deux minutes après l'explosion de la fusée volante, le lougre, ayant dehors son foc et son tape-cul, filait doucement loin de son mouillage. Cette manœuvre s'opéra par bonheur, pendant l'absence momentanée de Tommaso. Le petit navire était si léger qu'un souffle d'air le mettait en mouvement; dès qu'il eut perdu de vue la ville et qu'il fut sous les murs de la citadelle, il mit dehors ses deux grandes voiles. Les sentinelles entendirent les battements de la toile, sans savoir précisément d'où venait le bruit, et ne s'en préoccupèrent pas davantage.

En ce moment Ithuel fit partir une seconde fusée, le lougre alluma à bâbord un fanal qui n'était visible que du canot; puis il mit la barre dessous, et amarra la misaine tout au vent. Cinq minutes plus tard, l'Américain était de retour, et sa frêle embarcation halée sur le pont avec autant de facilité qu'un ballon vide.

Trompée par la seconde fusée, *la Proserpine* indiqua son numéro avec des fanaux réguliers, dans l'intention d'obtenir en échange celui du nouvel arrivant; elle était convaincue que le promontoire déroberait ce signal aux navires mouillés dans la baie.

Raoul connut ainsi la position exacte de l'ennemi; il ne fut pas fâché de découvrir qu'il était déjà à l'ouest de la frégate, et qu'il lui était facile de longer la côte assez près pour être constamment caché par des rochers. A l'aide d'une excellente lunette de nuit, il vit la frégate à une lieue de distance, toutes voiles dehors depuis les perroquets volants jusqu'en bas, et courant la bordée de bâbord pour entrer dans la baie. Elle avait fait ses calculs de manière à se trouver juste en face du port au moment où la brise du continent devait souffler.

A cette vue, Raoul Yvard se mit à rire, et ordonna de diminuer la grande voile. Une demi-heure après, il fit carguer la misaine, border à plat le tape-cul, mettre la barre dessous, et border le foc au vent.

Ce dernier ordre venait d'être exécuté, lorsque le jour commença à poindre au-dessus des montagnes de Radicofani et d'Aquapendente. *Le Feu Follet* était à l'ouest du promontoire, et par le travers de la profonde baie qu'on rencontrait de ce côté, comme nous l'avons déjà dit. Il n'avait rien à redouter des batteries. Cependant le vent de la nuit s'était apaisé, et tout annonçait du calme pour le matin. Cela n'avait rien d'extraordinaire dans cette saison, où les vents du midi.

qui prévalent, sont généralement courts et légers, à moins qu'ils ne soient accompagnés d'un grain.

A l'heure où le soleil parut, la brise du sud se leva, mais si faible, que le petit lougre eut peine à se maintenir en panne avec le cap au sud-ouest.

La Proserpine fit route jusqu'à ce que le jour fût assez avancé pour permettre à ses vigies de signaler *le Feu Follet* qui la bravait effrontément à la distance d'une lieue et demie. Cette vue produisit une vive commotion à bord de la frégate; les hommes qui étaient de quart en bas montèrent précipitamment sur le pont pour voir encore le fameux lougre qui avait échappé aux poursuites de tous les croiseurs anglais de ces parages.

Quelques minutes plus tard, le lieutenant Griffin revenait la tête basse et désappointé.

Le premier coup d'œil qu'il jeta sur la physionomie de son commandant lui présagea un orage, car le capitaine d'un vaisseau de guerre, après un échec, n'est pas plus raisonnable que tout autre potentat.

Le capitaine Cuffe n'attendit pas son subordonné. Il s'assura que c'était bien lui qui arrivait dans une embarcation; puis il se retira dans sa cabine, en donnant l'ordre à son premier lieutenant, qui s'appelait Winchester, de faire descendre M. Griffin dès que celui-ci aurait remis son rapport.

Après une courte conférence avec Winchester, le malheureux Griffin se rendit dans l'arrière-cabine.

— Eh bien! Monsieur, lui dit le capitaine Cuffe, sans daigner lui offrir un siège, nous sommes ici: et là-bas, à deux ou trois lieues en mer, est cet enragé *Fiou Folly!*

C'était ainsi que la plupart des marins anglais prononçait *Feu Follet*.

— Je vous demande pardon, capitaine, répondit Griffin forcé d'accepter le rôle de prévenu quelle que fût son innocence; que voulez-vous? notre entreprise a échoué par des circonstances indépendantes de ma volonté. Je suis arrivé à temps; je me suis concerté avec le vice-gouverneur et un vieux magistrat qui lui tenait compagnie. Mais Yvard les avait endoctrinés, et il m'a fallu réfuter ses inventions avant d'aborder la question principale.

— J'avais compté sur vous, Monsieur, car vous parlez italien comme un Napolitain.

— Ou plutôt comme un Toscan, je l'espère! répondit Griffin en se mordant les lèvres. Après une heure de plaidoiries, après avoir produit tous mes certificats, je suis parvenu à démontrer aux deux Elbains ce que j'étais et ce qu'était le lougre...

— Et pendant que vous faisiez l'avocat, maître Raoul Yvard levait l'ancre et sortait de la baie tranquillement.

— Non, Monsieur, ce n'est pas ainsi que la chose s'est passée. Aussitôt que j'eus édifié le signor Barrofaldi, *vice-governatore*...

— Laissez là tous les *vice* et tous les *governatore!* parlez anglais, Griffin! Appelez ce personnage vice-gouverneur, puisque c'est son titre.

— Eh bien! donc, Monsieur, dès que j'eus prouvé au vice-gouverneur que le lougre était un ennemi, et que nous étions amis, l'affaire a été bon train. Il voulait couler bas le lougre sur son ancre.

— Et pourquoi ne l'a-t-il pas fait? on en aurait eu raison avec deux ou trois boulets.

— Vous savez, capitaine Cuffe, que nous avons toujours désiré le prendre intact. Je me suis opposé au projet du vice-gouverneur, voulant qu'il fût dit que *le Feu Follet* avait été capturé par *la Proserpine*. Je savais que M. Winchester espérait en avoir le commandement, après l'avoir emporté d'assaut.

— Oui, et vous seriez devenu lieutenant en premier. Mais, Monsieur, si vous ne vouliez pas le couler bas, ce n'était pas une raison pour le laisser échapper.

— Je n'ai pu l'empêcher, capitaine. Le meilleur marin de Porto-Ferrajo avait été chargé de le surveiller; j'ai fait des signaux à la lampe et aux feux de conserve, suivant nos conventions; et le vaisseau y répondant, j'ai pensé naturellement que tout allait bien.

— Et qui a brûlé deux fusées, à la place même où nous sommes? Elles m'ont trompé; je les ai prises pour un indice de la présence de *la Belette* ou du *Moineau*. Quand j'ai vu ces fusées, Griffin, je me suis cru aussi maître du *Fiou Folly* que de mon propre vaisseau.

— Oui, Monsieur, ces fusées ont tout perdu. J'ai su depuis qu'après l'explosion de la première, maître Yvard avait levé son empenelle, et qu'il était sorti de la baie comme on sort d'une salle à manger, quand on ne veut pas déranger la compagnie.

— Et vous n'avez rien su des manœuvres de ce *sans-culotte!*

— J'ai aperçu le lougre qui se faufilait le long des rochers, il les rasait de si près, qu'on aurait pu l'aborder; mais il était trop tard pour l'arrêter. Il était hors de portée, avant que ces amis du *far niente* eussent eu le temps de pointer leurs pièces.

— Amis de quoi? demanda le capitaine.

— Du *far niente*, Monsieur; c'est une locution italienne qui caractérise l'indolence.

— Je ne la connais pas, et je vous prierai de me parler toujours anglais, monsieur Griffin. C'est une langue que je me flatte d'entendre, et qui suffit à tous mes besoins.

— Et aux besoins de tout le monde, Monsieur. Je suis fâché de savoir l'italien: j'en suis actuellement la victime.

— Bah! bah! reprit le capitaine en se radoucissant : l'affaire était mal entamée! ne la prenez pas tant à cœur; dînez avec moi aujourd'hui, et nous délibérerons ensemble.

CHAPITRE XIII.

Ainsi se termina la semonce, comme beaucoup d'autres que le capitaine Cuffe se proposait de donner, et à la fin desquelles son bon sens et son bon naturel finissaient par l'emporter. Il donna l'ordre au maître d'hôtel de mettre un couvert pour M. Griffin, et suivit le lieutenant sur le pont. Tous les officiers avaient les yeux fixés sur *le Feu Follet*, qui, soutenu en équilibre par son foc et sa voile de poupe, se tenait immobile sur la face unie de la Méditerranée.

— C'est un vrai serpent sous l'herbe! grommela Strand, le maître d'équipage, qui, placé sur le pied d'un mât de rechange, regardait le lougre par-dessus les filets de hamac du vibord : jamais je n'ai vu de drôle mieux conditionné!

Ces mots étaient prononcés à part, car Strand n'avait pas le privilége d'adresser la parole à un officier du gaillard d'arrière, et il dédaignait de communiquer ses réflexions à ses inférieurs. Il fut entendu par le capitaine, qui venait s'installer dans le passavant, pour examiner *le Feu Follet*.

Cuffe pouvait parler à qui bon lui semblait sans trop de présomption ou de condescendance.

— C'est plutôt un serpent sur l'herbe, dit-il à Strand; il a quitté la cachette où nous aurions pu le surprendre.

— On pourrait courir après lui, reprit le maître d'équipage : nous allons avoir un calme plat toute la matinée; ses embarcations sont arrimées, et nos jeunes gens trouveraient grand plaisir à une promenade en mer.

Strand, marin aux cheveux gris, avait servi avec Cuffe quand ce dernier n'était qu'aspirant; il connaissait la tournure d'esprit du commandant, et parvenait souvent à lui faire adopter ses idées, quand Winchester et Griffin avaient échoué. Le capitaine regarda fixement en face son vieux camarade, et parut frappé de la proposition qui lui était faite indirectement. Ce mouvement fut remarqué, et sur un signe presque imperceptible de Winchester, l'équipage en masse poussa trois hourras, auxquels Strand prit part quand il en eut compris le but. C'était la seule manière dont il était permis aux matelots d'un vaisseau de guerre d'exprimer leurs vœux à leur chef.

Cuffe s'éloigna d'un air pensif, descendit dans sa cabine, et envoya chercher le premier lieutenant.

— Winchester, lui dit-il, prenez une chaise, et causons. Attaquer en plein jour, avec des embarcations, me semble bien téméraire; la moindre bévue peut tout gâter; et dans ce cas, il y a dix à parier contre un que nos rôles d'équipage resteraient incomplets pendant un an, à moins qu'on ne pratiquât la presse sur des bâtiments marchands ou neutres.

— Est-ce que l'on a des bévues à craindre, capitaine, quand *la Proserpine* entreprend quelque chose? Un vaisseau de guerre anglais qui donne hardiment l'assaut à des écumeurs de mer, triomphe au moins neuf fois sur dix. *Le Fiou Folly* est si bas sur l'eau, qu'on passera sur ses ponts comme d'un canot à un autre; et vous savez, Monsieur, comment nos hommes se comportent alors.

— Oui, Winchester, une fois à l'abordage, je ne doute pas que vous réussissiez; mais il n'est pas aussi aisé que vous l'imaginez de monter sur le pont du *Fiou Folly*. De tous les devoirs du capitaine, celui de mettre en mer ses embarcations est le plus compromettant; il ne peut les diriger en personne, et s'il arrive malheur, il ne se le pardonne jamais. C'est bien différent d'une lutte à laquelle tout le monde participe, où les chances bonnes ou mauvaises sont égales pour tous.

— C'est vrai, capitaine Cuffe; et pourtant c'est la seule ressource des lieutenants qui veulent obtenir de l'avancement hors de tour. J'ai entendu dire que vous aviez été nommé capitaine pour avoir donné la chasse à des corsaires au commencement de la guerre.

— On ne vous a pas trompé; mais la victoire nous a coûté cher! Une fois, entre autres, nous n'avons échappé que par miracle, et un coup de plus tiré par une maudite caronade nous aurait mis sens dessus dessous... Ce Raoul Yvard est un diable incarné à l'abordage; on assure que l'hiver dernier, à la hauteur d'Alicante, en reprenant un navire français capturé, il a d'un seul coup de sabre tranché la tête au contre-maître du *Thésée!*

— Ce contre-maître avait sans doute un cou de cigogne; et il aurait mieux fait de rester chez lui. Je voudrais bien voir que ce Raoul Yvard, ou tout autre Français, m'enlevât la tête d'un seul coup!

— Winchester, je ne me soucierais pas de le voir. Vous êtes un bon premier lieutenant, et pour vous conserver tel, vous n'avez pas trop de toute votre tête... Je me demande si l'on ne pourrait pas louer là-bas une felouque ou quelque autre bâtiment de même dimension. Par ce moyen, nous jouerions un tour au corsaire français, et nous en viendrions à bout tout aussi bien qu'en nous jetant sur lui comme des bouledogues.

— Rien de plus facile, Monsieur; Griffin dit qu'il y a dans le port une douzaine de felouques, tenues en respect par ce Raoul, qu'une d'elles fasse mine de longer la côte, elle servira d'appât, et le coquin mordra à l'hameçon!

— Voilà mon plan arrêté! on ne nous a pas vus communiquer avec la ville, et nous avons arboré pavillon français toute la matinée. Nous avons le cap vers la côte, et en dérivant à l'est, nous nous déroberons aux regards du lougre. Cette manœuvre accomplie, débarquez avec quarante hommes d'élite; procurez-vous une felouque, et filez le long des rochers, comme si vous aviez peur de nous. Quand le moment sera venu, nous vous donnerons la chasse avec nos canots; vous irez chercher protection auprès du lougre, et dès qu'il sera entre deux feux, nous aurons beau jeu contre lui.

Winchester fut ravi de ce projet, et moins de cinq minutes après, il avait désigné les hommes qui devaient faire partie de l'expédition. Les dispositions secondaires furent arrêtées; la frégate mit le promontoire entre elle et *le Feu Follet*; puis les embarcations partirent. Une demi-heure plus tard, *la Proserpine* vira, s'approcha de l'endroit où elle devait avoir de nouveau le lougre en vue, et reprit à bord ses canots. Quand elle se montra au lougre, elle semblait s'être constamment maintenue dans le *statu quo*.

Le stratagème était habilement combiné; pour le seconder, les batteries tirèrent à *la Proserpine* dix ou douze coups de canon, en ayant soin de ne pas la toucher. Elle riposta, sous pavillon français; mais elle ne tira qu'à poudre, par surcroît de précaution. Tout ce'a était convenu d'avance entre Winchester et Andréa Barrofaldi, afin de faire croire à Raoul Yvard que les Elbains prenaient encore son lougre pour un anglais, et la frégate pour une ennemie.

Une légère brise du sud souffla de huit à neuf heures; néanmoins *le Feu Follet* demeura tellement immobile qu'en relevant sa position au compas, d'un point quelconque de la côte, on n'aurait pas trouvé un degré de plus ou de moins. Le premier lieutenant, au contraire, profita de la brise pour sortir du port, à bord de la felouque qu'il avait louée, *la Divina Providenza*, il doubla le promontoire, sous la protection des batteries, et arriva en vue du lougre au coup de dix heures. On distinguait sur le pont de la felouque dix hommes vêtus à l'italienne, avec des bonnets de laine rouge et des chemises de coton rayé. Trente-cinq hommes étaient cachés dans la cale.

Jusque-là, tout répondait aux vœux du capitaine Cuffe et de ses officiers. La frégate était environ à une lieue du *Feu Follet*, et à une demi-lieue de *la Divine Providence*. Cette dernière se rapprochait lentement du lougre, sans intention apparente, et de manière à ne pas exciter la défiance; et la position dans laquelle elle allait se trouver semblait faite pour attirer naturellement à sa poursuite les embarcations de *la Proserpine*. Le vent, qui devenait de plus en plus faible, favorisait l'exécution du projet.

On suppose sans peine que Raoul Yvard observait ce qui se passait, quoiqu'il différât volontairement son départ.

— Il valait mieux, disait-il, avoir l'ennemi en vue pendant la nuit, et lui échapper à la faveur des ténèbres.

Et c'était de ce prétexte qu'il colorait sa lenteur. Il avait l'œil au guet; il notait minutieusement les moindres incidents, et prouvait par ses ordres qu'il prévoyait tous les dangers.

Quant à Ithuel, il déjeuna au pied du beaupré pour ne pas perdre des yeux le vaisseau qu'il détestait.

— Cette felouque était ce matin près du débarcadère, lui dit Raoul, qui était venu sur le gaillard d'avant pour avoir une conférence avec lui, elle s'appelle *la Divine Providence;* elle fait la contrebande entre Livourne et la Corse, et se dirige probablement vers Bastia.

— Elle n'y arrivera guère aujourd'hui, répliqua Ithuel; je ne conçois pas pourquoi elle s'est mise en route, quand le vent est à peine assez fort pour soulever un mouchoir de poche.

— Elle veut sans doute gagner le large avant le zéphyr de l'aprèsmidi. Elle partira de deux lieues plus au nord-ouest, se reposera tranquillement et marchera droit sur Bastia.

— Ah! voilà ces gourmands d'Anglais qui se mettent à la suivre! s'écria Ithuel : je m'y attendais; qu'ils voient la chance de gagner une guinée, et ils fouleront aux pieds la nature et les lois! Mais que peuvent-ils vouloir à une felouque napolitaine, puisque l'Angleterre a fait alliance avec Naples?

Raoul ne répondit point; mais il examina avec une recrudescence d'attention les cinq embarcations que la frégate venait de mettre en mer, et qui faisaient force de rames pour atteindre la felouque.

CHAPITRE XIV.

Il était alors onze heures du matin, et à ce moment de la journée la Méditerranée est d'ordinaire aussi unie qu'un miroir, et aussi calme que si elle n'eût jamais connu les tempêtes. Toutefois, quelques courants d'air variables se faisaient sentir par intervalles, et gonflaient les perroquets volants de la frégate, qui n'avait de carguées que ses basses voiles.

La ruse était si adroitement conçue, que l'équipage du lougre en aurait été dupe inévitablement, sans la certitude qu'avait Ithuel d'avoir sous les yeux son ancienne prison. Quelques matelots doutaient même de son témoignage, et Raoul se montrait presque disposé à croire que la frégate était un croiseur de la République française.

Winchester, qui montait *la Divine Providence,* et Griffin, qui commandait l'escadrille de canots, jouèrent leurs rôles dans la perfection. Sachant qu'ils avaient affaire à un adversaire cauteleux et plein d'expérience, ils ne négligèrent rien pour le tromper. *La Divine Providence*, au lieu de s'avancer immédiatement vers le lougre, feignit d'aller se mettre sous la protection d'une batterie qui avait été établie tout exprès à l'embouchure de la baie, mais elle en était évidemment trop loin, et après quelques minutes d'efforts infructueux, elle mit le cap au large, et se dirigea vers le lougre comme pour lui demander du secours. Tous ces mouvements s'opérèrent sous les yeux de Raoul, qui ne quitta pas un seul instant sa lunette. La tournure et la physionomie de Winchester étaient faites pour assurer son succès; il avait le teint brun, les favoris noirs et touffus; son bonnet phrygien, sa chemise rayée et sa culotte de coton blanc, achevaient de lui donner une désinvolture italienne. Les hommes qui l'accompagnaient avaient été choisis principalement à cause de leur mine; la plupart étaient nés sur les bords de la Méditerranée, car il est rare qu'un équipage anglais ne comprenne pas un échantillon de toutes les contrées maritimes de la terre. Ces hommes manifestaient leur inquiétude par une pantomime désordonnée; ils couraient çà et là sur le pont, depuis le commencement de la chasse et se démenaient, mais sans intelligence et sans discipline apparente.

— Peste! s'écria Raoul, ça n'a pas l'air d'une comédie; au fait, pourquoi cette frégate ne serait-elle pas française? les hommes qui montent les canots ont l'air d'être mes braves compatriotes.

— Ce sont des Anglais, répondit Ithuel avec assurance, et le vaisseau est la maudite *Proserpine*. Ils ont des chapeaux à la française et affectent de ramer comme nous, mais c'est une farce. Envoyez-leur un boulet de six livres, et vous les verrez bientôt revenir aux manières anglaises.

— Je n'en ferai rien, de peur d'attaquer un ami; mais regardez donc ce qui se passe sur la felouque.

— On y pointe une petite caronade, qui était sous le prélart, en avant de la misaine.

Comme il disait ces mots, la felouque s'enveloppa de fumée, et un boulet ricochant sur l'eau vint tomber à quelque distance de la chaloupe qui marchait en tête de la flottille. Cette chaloupe avait une caronade sur ses caillebottis et riposta immédiatement. Les artilleurs avaient la main si sûre, et tous les détails du stratagème avaient été si bien calculés d'avance, que le boulet vint frapper la grande vergue de la felouque entre le mât et le pic de la voile, qui fut abattue.

— Ces gens-là suivent un programme, capitaine Raoul, s'écria l'Américain, mais ils visent mieux que si c'était sérieux!

— Pourquoi ne le serait-ce pas? répondit Raoul: il est rare qu'on casse avec intention la grande vergue d'un bâtiment ami.

Dès que les équipages des embarcations virent tomber la vergue, ils poussèrent à pleins poumons trois hourras !

— Ce sont de vrais Anglais ! dit aussitôt Raoul ; les matelots de la République française n'ont jamais vociféré de la sorte. Ah ! messieurs les Anglais, ces clameurs infernales vous ont trahis ; nous savons maintenant ce qui nous reste à faire.

Ithuel se frotta les mains de plaisir, certain désormais que son capitaine ne serait pas induit en erreur, quoique la canonnade continuât entre les bateaux et la felouque.

Raoul ordonna de mettre du monde aux avirons du *Feu Follet*, de démarrer et d'amener ses huit caronades de douze, ainsi que les deux de seize qui étaient placées sur le gaillard d'avant. Quand tout fut prêt, les douze avirons s'abattirent ensemble sur l'eau, et communiquèrent au lougre un mouvement rapide. En même temps son foc et son tape-cul furent cargués. Winchester vit du premier coup d'œil que si le lougre voulait échapper de cette manière, la felouque ne parviendrait jamais à le rejoindre ; mais le corsaire français ne paraissait pas songer à la fuite. Il feignait d'être trompé par la ruse des Anglais, et se rapprochait de *la Divine Providence*, comme pour en empêcher la capture. En prenant cette direction, il eut soin de se placer sur la même ligne que la felouque ; il n'avait rien à craindre des embarcations, qui visaient de manière à ne pas la toucher, et il pouvait ainsi tenir en échec ses deux adversaires à la fois.

Cependant l'escadrille et la felouque se canonnaient ; elles avaient même engagé la fusillade ; on brûlait de la poudre en quantité considérable, surtout à bord de *la Divine Providence*, qu'environnaient d'épaisses volutes de fumée. Ithuel remarqua qu'au milieu de ce nuage factice, l'équipage soi-disant italien s'augmentait, au lieu d'être décimé par l'artillerie, et que les clameurs qui en sortaient ressemblaient plus à de mauvais anglais qu'à du toscan.

La felouque n'était plus qu'à cinquante vergues ; elle portait en travers et droit de l'avant sur *le Feu Follet*, et avait l'air d'avoir pris cette direction dans son trouble, sans dessein prémédité ; les embarcations la serraient de près.

— Mes enfants, s'écria Raoul, soyez calmes ! feu !

Cinq canons firent pleuvoir la mitraille au milieu de la fumée qui enveloppait la felouque, et les cris qui s'élevèrent attestèrent suffisamment l'effet qu'ils avaient produit. Un silence solennel régna d'abord parmi les Anglais étonnés ; puis ils poussèrent de belliqueuses acclamations. La chaloupe doubla *la Divine Providence*, et dirigea contre le lougre le feu de ses caronades ; mais il était trop tard ; et après s'être dégagé des tourbillons de fumée, Griffin vit les voiles du lougre se déployer et se gonfler, profitant d'un dernier souffle du vent du sud. *Le Feu Follet* était si léger, qu'il aurait pu lutter de vitesse avec une poule d'eau surprise par le chasseur. Winchester fut forcé de renoncer à la poursuite et d'ordonner aux embarcations de se rallier autour de la felouque. Il était blessé, et il comptait au moins une douzaine d'hommes hors de combat. Il comprit que tout l'honneur de l'expédition, si elle était continuée, reviendrait à son subordonné, et il aima mieux cesser la lutte.

Le lougre n'avait point souffert. Raoul Yvard s'apercevant que la frégate avait aussi profité de la brise, et qu'elle s'avançait vers le théâtre du combat, résolut de se venger avant de continuer son voyage. Il fit virer de bord, passa au vent de la felouque, et lui envoya une décharge d'artillerie. Les Anglais la lui rendirent; mais leur feu ne tarda pas à cesser. *La Divine Providence* fut abandonnée; on emporta tous les blessés, et les embarcations regagnèrent la baie à travers la fumée. Il eût été facile de les atteindre, de les couler bas ou de les capturer; mais le corsaire avait l'esprit chevaleresque, et il déclara qu'il ne voulait pas profiter de ses avantages, en considération de l'adresse avec laquelle la ruse avait été combinée, et de l'audace qu'on avait déployée dans l'exécution. Peut-être aussi fut-il influencé par Ghita, qui vint sur le pont implorer sa clémence.

Le lougre amena ses voiles d'arrière, tourna sur lui-même, vint au vent sous le vent de la felouque, et mit en ralingue les voiles de l'avant; ensuite il largua de nouveau son tape-cul, et lofa si près du navire abandonné, que le contact des deux bâtiments ne produisit pas la moindre secousse. Un seul cordage suffit pour les amarrer ensemble, et le capitaine monta à bord de sa prise, accompagné d'Ithuel et de quelques matelots.

Une mare de sang fumait sur le pont de *la Divine Providence*, et la mitraille avait pénétré par poignées dans plusieurs parties du bâtiment. Trois cadavres gisaient à fond de cale, mais il n'était pas resté à bord un seul être vivant; un baquet de goudron, qu'on trouva dans un coin, fut placé sous l'écoutille et couvert de tous les matériaux combustibles qu'il fut possible de rassembler. On y mit le feu, et l'incendie se propagea avec tant de rapidité, que Raoul regretta de n'avoir pas écarté préalablement son navire; mais comme la brise continuait, il eut le temps de s'éloigner avant que les flammes atteignissent les voiles et le gréement de la felouque.

Dix minutes furent employées à cette opération. Pendant ce temps, les embarcations rentrèrent dans la baie, et la frégate arriva presque à une portée de canon du *Feu Follet*. Raoul fit border toutes ses voiles, se dégagea de sa prise enflammée, et gouverna vers l'extrémité occidentale de l'île d'Elbe.

Le vent ne tarda pas à tomber; ses bouffées intermittentes avaient de l'analogie avec les dernières clartés d'une lampe qui vacille avant de s'éteindre. Bientôt régna le calme le plus complet, et Raoul demeura convaincu qu'il fallait se résigner à attendre patiemment le zéphyr. En conséquence il commanda de carguer les voiles, de dresser une tente sur le gaillard d'arrière, et donna aux matelots la permission de se reposer.

La Proserpine sembla comprendre aussi que l'heure de la sieste était venue pour les vaisseaux comme pour les hommes ; elle cargua ses cacatois, ses perroquets et ses basses voiles, mit sur les cargues son foc et son baume, et se maintint dans une immobilité aussi complète que si elle eût donné sur un bas-fond.

Les deux vaisseaux n'étaient pas loin l'un de l'autre ; en des circonstances ordinaires, le plus grand aurait mis ses embarcations à la mer pour attaquer le plus petit ; mais la leçon qu'il venait de recevoir lui avait prouvé que les Français étaient sur leurs gardes.

Winchester revint à bord en boitant, car il avait été blessé à la jambe ; ses compagnons étaient las et mortifiés. Une enquête constata que l'expédition avait coûté la vie à sept hommes d'élite, et qu'elle en avait mis une quinzaine hors de combat.

Le capitaine Cuffe devina que l'entreprise avait échoué, dès qu'il vit le lougre sous voiles et se jouant autour de la felouque et des bateaux. Quand il vit ceux-ci ramer vers la terre, il fut persuadé qu'ils devaient avoir souffert, et s'attendit à une perte sérieuse, sans prévoir qu'elle serait en si fortes proportions, comparativement à l'effectif employé. Il laissa Winchester panser sa blessure, mais il manda Griffin dans sa cabine.

— Eh bien ! lui dit-il, vous m'avez embarqué dans une belle affaire, avec votre envie de courir après les lougres et les Raoul Yvard ! Que va dire l'amiral, lorsqu'il saura que nous avons sacrifié à une fantaisie vingt-deux hommes et une felouque qu'il faudra payer ?

— En vérité, capitaine Cuffe, nous avons fait de notre mieux ; mais il aurait mieux valu chercher à éteindre le Vésuve avec des boules de neige qu'à braver la mitraille de ce lougre infernal ! Je ne crois pas que la felouque ait une vergue intacte ! Nos gens ne se sont jamais mieux comportés ; et au moment où nous avons crié hourra ! je croyais tenir aussi sûrement *le Feu Follet* que ma promotion.

— Il ne fallait pas crier hourra ! Ce vacarme inopportun a causé votre déconfiture ; vous auriez dû imiter vos adversaires et crier comme eux au moment du combat : Vive la République !

— Nous avons eu tort peut-être, mais je n'ai jamais vu d'engagement sans hourra. Malgré cela, nous aurions triomphé sans une circonstance.

— Et laquelle, s'il vous plaît ? Vous savez, Griffin, que je dois avoir quelque chose de plausible à dire à l'amiral ; nous ne pouvons laisser publier dans les gazettes que nous avons perdu la partie par notre faute.

— Eh bien ! capitaine Cuffe, si le lougre nous avait donné le temps de nous mettre hors de sa portée, nous serions revenus sur lui avant qu'il eût eu le temps de recharger, et nous nous en serions emparés, quoiqu'il fût favorisé par la brise. Trois rameurs ont reçu un atout à bord de la chaloupe, au moment le plus critique, de sorte que nous avons perdu notre avantage. En outre, tout dépend de la chance, vous le savez, et nous l'avions contre nous.

— Hom! Nelson ne se contenterait pas d'une pareille relation.

— Tout allait bien, milord; mais trois rameurs ont reçu un atout à bord de la chaloupe, et nous avons perdu notre avantage.

— Cela ne peut se mettre dans les gazettes. Attendez, Griffin! vous auriez atteint le lougre, s'il n'avait pas mis toutes voiles dehors et bouliné au sud-ouest.

— Rien de plus exact, capitaine; si *le Feu Follet* n'avait pas mis toutes voiles dehors, comme vous le dites, nous aurions pu l'accoster.

— Bon! je tiens mon rapport! le vent s'est levé, l'ennemi a largué ses voiles, il a été impossible de l'aborder; nos braves matelots ont été admirables d'énergie et d'activité... Hein! ce n'est pas mal. Mais que dire de cette abominable felouque? vous voyez qu'elle est brûlée jusqu'à la ligne de flottaison, et qu'elle va couler dans quelques minutes.

— C'est vrai, capitaine Cuffe; mais aucun Français n'y est entré pendant que nous y étions.

— Fort bien, je comprends l'affaire : la felouque ne manœuvrant pas bien, tous les équipages se sont réunis dans les embarcations, et ont poursuivi le lougre avec une héroïque ardeur. C'est un enragé que ce Nelson, duc de Bronte, et j'aimerais mieux entendre le tonnerre de dix mille tempêtes que de recevoir une de ses lettres orageuses. En définitive, je vois moyen de rendre compte convenablement de l'expédition. Si elle a échoué, elle n'en a pas été moins habilement conduite, et je saurai vous rendre l'hommage que vous méritez.

CHAPITRE XV.

La situation de Ghita Caraccioli ne fut nullement agréable pendant la lutte que nous venons de raconter. Heureusement Raoul lui laissa ignorer le danger jusqu'au moment où *le Feu Follet* lâcha sa bordée. Elle entendit bien la canonnade qui s'était engagée entre le lougre et les embarcations; mais on lui persuada que le corsaire n'y était pas intéressé. Pendant l'action, elle resta à genoux auprès de son oncle, et ne parut sur le pont que pour intercéder en faveur des vaincus.

Le lougre n'avait éprouvé aucune avarie notable; ses ponts n'avaient pas été souillés de sang, et le succès était aussi complet qu'on pouvait le désirer. La démoralisation temporaire qui suit une défaite excluait toute attaque nouvelle. L'équipage du corsaire se livra donc sans crainte aux douceurs du repos. L'oncle de Ghita fit sa sieste accoutumée, la jeune fille prit son aiguille, et s'installa sous la tente : Raoul s'assit sur un affût de canon, et Ithuel, placé à quelques pas plus loin, s'occupa de démonter une lunette pour en nettoyer le verre.

— Tiens! s'écria tout à coup Raoul en riant, je suis sûr que le vice-gouverneur va faire chanter un *Te Deum* pour célébrer sa délivrance.

— Et vous, Raoul, demanda Ghita avec douceur, n'auriez-vous pas lieu de rendre également grâces au ciel?

— Bah! les citoyens de la République française ne songent guère actuellement à la religion. N'est-ce pas, mon brave Ithuel?

Ithuel, descendant des vieux puritains, avait une sorte de foi traditionnelle, quoiqu'il ne s'en servît pas comme de règle de conduite.

— Je crains, répondit-il, que votre républicanisme soit mal entendu. En Amérique, nous mettons la religion même avant les dollars, et c'est tout dire. Si vous pouviez passer un dimanche dans ma patrie, signora, vous y verriez des preuves de piété surprenantes.

— Je n'en serais pas étonnée, répliqua la jeune fille; les chrétiens doivent être les mêmes partout.

— En cela vous vous trompez, signora; la religion des Etats-Unis ne ressemble en rien à celles de l'archevêque de Cantorbéry ou du capitaine Raoul.

— En quoi nos croyances peuvent-elles différer, demanda-t-elle, si nous sommes également chrétiens en Amérique et en Italie?

— En tout, reprit Ithuel. D'abord vous avez un pape, des cardinaux et des évêques, tandis que nous n'en avons pas; ensuite vous adorez des images, vous mettez des vêtements spéciaux pour prier; vous vous agenouillez d'une manière profane, et vous réduisez le culte à de vaines cérémonies.

Ithuel était imbu des préjugés d'une secte fanatique, et il s'imaginait que pour prouver la pureté de sa foi, un protestant devait manifester un profond mépris pour les usages catholiques.

Ghita l'écouta avec étonnement, car on lui avait toujours caché l'opinion que les hérétiques pouvaient avoir des pratiques de l'Eglise romaine. Elle n'avait jamais eu l'idée d'adorer les images; et quoiqu'elle s'agenouillât souvent devant un petit crucifix d'ivoire, elle n'avait jamais supposé qu'on fût assez ignorant pour confondre un symbole matériel avec la rédemption qu'il représentait.

Ithuel n'était pas d'humeur à causer; comme c'était l'heure où l'on attendait le zéphyr, il ordonna de rentrer la tente, et se prépara à toute éventualité.

La frégate continuait sa sieste. Les trois voiles de hune étaient larguées ; mais les autres voiles pendaient en festons. Elle avait toutefois mis à profit les moindres courants d'air, et s'était insensiblement rapprochée. Les débris fumants de *la Divine Providence* dérivaient du côté de la baie ; l'île d'Elbe se chauffait au soleil et semblait plongée dans le sommeil.

— Quelle sieste ! dit Raoul Yvard à Ithuel, qui était auprès de lui au pied du beaupré : la mer, la terre, les montagnes, les bruyères et les marins, tout repose en même temps. Mais votre *Proserpine* ne s'endort pas, monsieur le lieutenant, et il importe de nous en éloigner. Notre lougre, habitué à marcher droit devant lui, a fait comme les enfants, qui se roulent du côté de l'âtre, sans songer qu'ils vont se brûler... En haut tout le monde !

L'équipage du *Feu Follet* se mit en mouvement, et il allait prendre les avirons, lorsque le premier souffle de la brise d'occident balaya la surface des eaux. Les matelots la respirèrent comme un gaz fortifiant. Tout symptôme de nonchalance disparut à bord des deux vaisseaux, et chacun d'eux appareilla avec une louable activité. Raoul eut une preuve concluante de la dangereuse proximité de la frégate. Il entendit la voix des officiers qui appelaient l'équipage, et le craquement de la vergue de misaine, au moment où les Anglais en abraquèrent les bras, en coiffant le petit hunier. Une nouvelle agitation de l'atmosphère annonça la venue de la brise. Le lougre sembla d'abord se diriger vers *la Proserpine* ; mais dès qu'il eut assez d'air, il mit la barre dessous et vira de bord avec la grâce et l'aisance d'un oiseau qui tourne sur lui-même. La frégate plus pesante ne parvint pas à l'imiter ; elle avait brassé ses vergues de l'avant à tribord ; il lui restait à mettre son petit hunier sur le mât, et à faire une embordée du côté de dessous le vent, afin de changer vivement les vergues et d'éventer les voiles. Pendant que ces manœuvres s'effectuaient, le lougre s'éloigna avec rapidité : pour l'arrêter, le capitaine Cuffe lui envoya toute sa bordée de tribord. Vingt-deux boulets arrivant à la fois étaient de terribles visiteurs pour un navire de si faible dimension, et les matelots les plus hardis respiraient à peine lorsque le tourbillon de fer siffla en passant auprès d'eux. Heureusement la coque ne fut pas atteinte ; personne ne fut blessé ; mais le mât de l'arrière se brisa comme un tuyau de pipe. Le grand mât subit une une avarie notable au-dessous des jatteraux, et la vergue elle-même fasia dans ses élingues ; l'étai de foc fut coupé en deux entre la tête de mât et le beaupré, et six boulets en trouant les voiles les firent ressembler à la chemise d'un mendiant.

Raoul se montra tel qu'il était, et s'éleva à la hauteur du danger. Il laissa toutes les manœuvres en place, et fit préparer immédiatement une grande vergue et un nouvel étai. Par ses ordres, on se mit en mesure de hisser une grande voile, dès qu'on se serait assuré que le mât avarié était capable de la supporter. On prépara également une misiane neuve pour l'attacher à la vergue qui était restée intacte.

Durant ces opérations, *le Feu Follet* continua sa route; ses mâts avaient souffert, mais ils tenaient bon, et la brise n'était pas encore assez forte pour déchirer ses voiles en lambeaux. Ces avaries, et particulièrement la perte de son tape-cul, avaient un avantage : c'était de le maintenir moins au vent qu'il ne l'aurait été sans cela. Il avait la frégate dans ses eaux, et se trouvait moins exposé au feu des bordées que si elle se fût présentée par le travers de l'un des bossoirs. En effet, les canons de l'avant, auxquels elle eut recours, portaient tantôt trop au vent, tantôt sous le vent, et les Anglais furent obligés de renoncer à s'en servir.

Le vent fraîchit au moment où les deux vaisseaux entraient dans le canal qui sépare l'île d'Elbe de la Corse, et la frégate se vit dans la nécessité de carguer ses perroquets volants, ainsi que les petites voiles d'étai que portaient alors les vaisseaux de guerre. Raoul, qui avait hâte de changer ses voiles et de jumeler ses mâts, gouverna vers la baie profonde qui baigne la ville de Giraglia. La brise qui règne dans l'après-midi des jours d'été, et que les anciens appelaient le zéphyr, n'est pas absolument un vent d'ouest; elle incline au nord et souffle presque ouest-nord-ouest en atteignant le cap Corse. Elle favorisait donc les intentions de Raoul; mais au bout de quelques minutes d'expérience, il vit qu'il était dangereux de courir vent arrière et qu'il fallait avoir plus de ménagements pour sa mâture avariée. Il prit pour point de reconnaissance les pics couverts de neige des environs de Corté, et chercha à entrer dans la rivière de Golo, qui était assez profonde pour recevoir des navires tirant peu d'eau.

En doublant la pointe occidentale de l'île d'Elbe, le lougre avait filé le long des brisants; mais il était difficile à la frégate de prendre la même route. Elle ne pouvait toutefois virer de bord sans abandonner la chasse. Le capitaine Cuffe, accompagné de Griffin et du troisième lieutenant, nommé Yelverton, examina attentivement l'aspect des eaux du haut de la lisse du couronnement. Les apparences étaient assez favorables; mais on avait néanmoins des récifs à craindre près d'une côte montueuse sans être très-élevée.

— Monsieur, dit Griffin au capitaine, j'ai mis un homme dans les porte-haubans, faut-il jeter le plomb de sonde ?

Cuffe fit un signe d'assentiment, et l'on jeta à plusieurs reprises quinze brasses de corde sans toucher le fond. Tout allait à merveille; on hala toutes les boulines, on étarqua les voiles et l'on borda tout plat les amures; on toucha même aux drisses, afin que les voiles fussent solides comme des planches. La côte était si près, qu'une inquiétude involontaire emplissait tous les cœurs. Un profond silence régnait parmi les matelots; tous les yeux se portaient avec anxiété des voiles aux brisants, et des brisants à l'ouaiche de la frégate.

En de pareils moments, la voix de l'homme placé à la sonde domine tous les autres bruits. On écoute son cri d'alarme avec une attention profonde, tandis que les oreilles seraient fermées aux accords d'une sirène. La sonde fut de nouveau jetée, et la réponse fut uniformément: « Pas de fond avec quinze brasses de corde. » Mais tout à coup on entendit la même voix annoncer:

— Sept brasses à la marque!

— Mouille encore! vite! vite! s'écria le capitaine Cuffe.

— Six brasses, et la plus grande profondeur! dit l'homme qui tenait la sonde.

— Sois paré à virer! cria le capitaine: parez le vaisseau, Messieurs. Allons! allons, de l'activité!

— Quatre brasses et demie.

— Veille au gouvernail! Que faites-vous là-bas, sur le gaillard d'avant? Étes-vous paré, à l'avant?

— Oui, Monsieur.

— La barre dessus! la barre tout sous le vent!...

— Neuf brasses à la plus grande profondeur!

— Rencontre!... la barre au vent!... borde la misaine! cargue la brigantine! largue toutes les boulines à l'arrière!... C'est bien! La frégate a tourné comme une toupie; mais nous l'avons échappé belle! Hale de nouveau les boulines..... Que donne la sonde à présent?

— Pas de fond, avec quinze brasses de corde; cela vaut le meilleur coup de sonde de la journée.

— A merveille! nous sommes sauvés. Savez-vous, Griffin, qu'une profondeur de quatre brasses et demie était inquiétante, dans une partie du monde où de grands rochers de vingt pieds de long font la nique aux marins? Quoi qu'il en soit, nous les avons dépassés, et la terre s'en va au sud, sous notre vent. En vérité, je ne recommencerais pas, fût-ce pour attraper une douzaine de Raoul Yvard!

— Le danger passé n'est plus un danger, répondit Griffin en riant. N'êtes-vous pas d'avis, capitaine, que nous pourrions lofer d'un demi-quart? Le lougre a largué, à ce qu'il me semble, pour ménager son grand mât, dont j'ai vu voler les éclats, quand nous lui avons administré nos vingt-deux pilules.

— Vous avez peut-être raison, Griffin. Mollissez la barre, monsieur Yelverton. Si maître Yvard continue la même route pendant une heure, Giraglia sera trop au vent pour lui; quant à Bastia, il ne doit pas y penser. Il existe une rivière qu'on appelle le Golo, et dans laquelle il peut se réfugier, et je crois que c'est son intention. En somme, dans quatre heures d'ici, nous saurons à quoi nous en tenir.

Ces quatre heures ne furent pas sans intérêt. La brise d'ouest, fraîche et constante, semblait avoir rassemblé ses forces pendant les chaleurs accablantes des jours précédents sans contraindre les vaisseaux à prendre des ris, ce qu'ils n'auraient fait qu'à la dernière extrémité. Elle consola Raoul de la perte de sa voile d'arrière, et obligea *la Proserpine* à ferler ses perroquets de misaine et d'artimon. Quand le corsaire français eut doublé la pointe de l'île d'Elbe, et qu'il s'attendit à voir virer la frégate, il profita de l'occasion pour diverguer sa misaine, et pour en enverguer une autre. Il eut envie de tenter la même expérience sur sa grande voile, mais le mât ne méritait pas qu'on prît cette peine, et les trous ouverts par les boulets diminuèrent aussi bien que des ris la pression exercée par le vent. Les avaries que le lougre avait essuyées retardèrent sa marche; aussi, pendant ces quatre heures, n'y eut-il pas la différence d'un demi-nœud entre les deux navires. Tous deux se rapprochèrent avec une égale vitesse des côtes de la Corse, dont le soleil faisait étinceler au loin les monts accidentés et couverts de neige. Une heure avant la fin du jour, Raoul releva ses points de reconnaissance, afin de pouvoir faire route vers la rivière où il comptait pénétrer. La côte occidentale de la Corse abonde en baies, et en rades excellentes; mais la côte orientale en est totalement dépourvue, et le Golo n'aurait pas été considéré comme un lieu de refuge en des circonstances ordinaires; mais Raoul avait autrefois mouillé à l'embouchure, et la croyait propre à le garantir des poursuites de l'ennemi. Elle était hérissée d'écueils, qui devaient nécessairement rendre le capitaine Cuffe circonspect.

Quand vint le soir, le vent diminua, et l'équipage du *Feu Follet* fut délivré de son inquiétude. Tous les mâts ayant tenu bon, Raoul n'hésita plus à garnir son grand mât endommagé d'une vergue et d'une voile neuve. On les guinda, et les réparations commencèrent immédiatement. La supériorité du lougre comme voilier était si évidente, qu'il avait la certitude de n'être pas distancé dans une chasse, et qu'il lui était possible, en longeant la côte, de gagner Bastia, où il se serait pourvu d'un nouveau mât; mais Raoul abandonna cette idée comme hasardeuse, et dès que ses réparations furent terminées, il fit force de voiles vers l'embouchure du Golo.

La Proserpine n'avait hissé de pavillon qu'au moment où elle avait tiré sur le lougre, et même le lougre n'avait arboré ses flammes tricolores qu'en ouvrant son feu sur *la Divine Providence*. Lorsque les deux vaisseaux furent près de terre, ils virent plusieurs chasse-marée qui couraient vent arrière ou debout, et auxquels le lougre eut l'air d'inspirer une grande méfiance. Notre héros ne s'en inquiéta guère; il savait que tous étaient probablement des compatriotes ou des contrebandiers qui ne l'indemniseraient pas de ses peines, s'il avait le temps de les faire mettre en panne et de les capturer.

La Corse était alors revenue à la France, après avoir été pendant quelque temps sous la domination incomplète et disputée des Anglais. Le corsaire était sûr d'y recevoir une cordiale hospitalité, et d'y trouver la protection qu'il serait possible de lui donner.

Au moment où *le Feu Follet* s'aventurait au milieu des bas-fonds, *la Proserpine* vira de bord à l'improviste, concentra toute son attention sur les chasse-marée, et en captura deux sans difficulté. Raoul et ses compagnons crurent remarquer que les Anglais ne s'emparaient de ces bâtiments sans valeur que pour assouvir leur vengeance, car les vaisseaux de la force de *la Proserpine* n'avaient pas l'habitude de se déranger pour tourmenter de pauvres pêcheurs ou des navires côtiers. Quelques malédictions furent lancées contre la perfide Albion, mais le chenal était tortueux, embarrassé, et les hardis corsaires oublièrent toute préoccupation pour ne songer qu'à leur sécurité.

Au coucher du soleil, *le Feu Follet* mouilla dans une eau assez peu profonde, afin d'être à l'abri des canons de la frégate. Celle-ci ne manifesta point l'envie de renoncer à la poursuite, elle jeta à la hauteur du Golo une de ses ancres de poste, à deux milles environ du lougre. Elle changea d'avis au sujet des chasse-marée, et les laissa s'éloigner après une courte détentions; mais le calme les contraignit à rester auprès d'elle, en attendant la brise de terre.

Les parties belligérantes prirent les précautions accoutumées pour la garniture de leurs ancres, et se disposèrent à passer la nuit en observant la même discipline que s'ils eussent été dans un port ami.

CHAPITRE XVI.

Il est inutile de décrire longuement les beautés de la Méditerranée. Elles ont un éclat particulier à l'heure où le soleil disparaît dans l'été, derrière les montagnes, dont les ombres se projettent au loin sur la mer. La Corse et la Sardaigne ressemblent alors à de vastes portions des Alpes, sombrées dans la mer à la suite d'un cataclysme, et l'on dirait que ce sont des avant-postes de ces grandes murailles de l'Europe. Les pics de ces îles ont de l'analogie avec ceux des Alpes; mais elles joignent à la sublimité, à l'aspect sévère des montagnes suisses, la douceur enchanteresse de l'Italie.

Ce fut pour contempler ce spectacle que Ghita monta sur le pont dès que le danger fut passé. La mer était d'un bleu foncé, lisse et tranquille comme un miroir; les hauteurs dessinaient leurs silhouettes irrégulières sur un ciel resplendissant des dernières pompes du jour, les vallées et les plaines étaient enveloppées d'une ombre mystérieuse. En face du lougre était Pianosa, se dressant loin de l'eau comme un phare; l'île d'Elbe montrait au nord-est sa masse confuse, et Ghita crut parfois apercevoir sur le continent lointain les vagues contours du mont Argentaro, où elle habitait. La frégate, dont les toiles étaient ferlées et les vergues carrées sur leurs balancines, offrait un type irréprochable de symétrie navale. Elle sortait des chantiers de Toulon, et on la considérait généralement comme le plus beau modèle de vaisseau qui flottât sur la Méditerranée. Aussi Raoul ne put-il s'empêcher de la regarder avec envie. D'amers regrets s'élevèrent dans son âme quand il se rappela les chances de la fortune et de la naissance, qui lui ôtaient l'espoir de commander jamais une frégate, et le condamnaient à rester corsaire toute sa vie.

La nature avait créé Raoul Yvard pour de plus hautes destinées que celles qu'il subissait. Il était entré dans le monde sans patrimoine et sans aïeux, à une époque où le renversement de quelques abus séculaires avait entraîné d'inévitables désordres. Il en était de Raoul comme de sa patrie, l'un et l'autre étaient les créatures des circonstances; le corsaire avait quelques-uns des défauts de sa nation et de son siècle, mais il en avait aussi les qualités. L'incrédulité que lui reprochait Ghita, et qui devait être un vice essentiel aux yeux d'une jeune fille élevée comme notre héroïne, provenait d'une erreur alors universelle. Raoul était d'ailleurs de bonne foi, et la sincérité de ses convictions inspirait à la jeune fille un pieux intérêt qui donnait plus de force à son attachement.

Après avoir jeté l'ancre, Raoul éprouva les mêmes sensations que le voyageur qui trouve un bon gîte à la suite d'une marche pénible. Ithuel prévit la possibilité d'une attaque nocturne, mais le capitaine lui rappela en riant le proverbe : « Chat échaudé craint l'eau froide. » Toutefois on ne négligea aucune des précautions nécessaires. Raoul avait coutume d'exiger beaucoup de ses compagnons dans les cas d'urgence; mais en tout autre temps, il avait pour eux l'indulgente tendresse d'un père pour des enfants dociles et respectueux. Cette qualité, sa fermeté inébranlable, et le sang-froid qu'il déployait dans le danger, étaient le secret de sa puissance. Tous les marins placés sous ses ordres comprenaient qu'il ne leur demandait pas de tâche pénible sans une nécessité absolue.

L'équipage du *Feu Follet* soupa; puis il se livra à ses danses accoutumées, et les chansons romanesques de la Provence se firent entendre sur le gaillard d'avant. Une franche gaieté régnait parmi les matelots, les femmes n'étaient pas complètement absentes; elles étaient représentées par Ghita assise auprès de son oncle sur le couronnement. Les marins du midi de la France ont une gaieté vive et communicative, mais elle est tempérée par une délicatesse naturelle inconnue dans les autres contrées, et malgré leur défaut d'éducation, ils blessent rarement les convenances, ce qui arrive si souvent aux marins de la race anglo-saxonne.

Enfin les danses et les chants cessèrent, et les matelots, à l'exception des hommes de quart, allèrent s'installer dans leurs hamacs; le changement qui s'opéra fut aussi brusque que frappant. Le silence solennel d'une nuit étoilée succéda aux rires joyeux. L'air frais commença à descendre des montagnes, et glissant sur les vagues échauffées, il donna naissance à une légère brise de terre, qui soufflait dans une direction exactement contraire à celle du continent voisin. Il n'y avait pas de lune; mais les étoiles dans les profondeurs du firmament remplissaient l'atmosphère d'une clarté qui permettait de distinguer suffisamment les objets. Elle les laissait néanmoins dans une pénombre qui contribuait au charme du tableau. Raoul éprouva à un degré extraordinaire l'influence de l'heure et des sites; il se sentit disposé à des pensées plus calmes que celles qui l'assiégeaient d'ordinaire dans ses moments de loisir, et il alla s'asseoir sur le couronnement, à côté de Ghita, dont l'oncle venait de descendre pour faire sa prière.

Tout bruit de pas avait cessé à bord du lougre. Du bout des apôtres, Ithuel surveillait *la Proserpine*, dont la présence l'empêchait de dormir. Un des hommes de quart était installé aux bossoirs de tribord; l'autre occupait le gréement du grand mât; tous deux examinaient la mer en marins expérimentés. Il n'y avait au large que la frégate et trois chasse-marée qu'elle n'inquiétait plus; un d'eux était à peu près à moitié route entre *la Proserpine* et *le Feu Follet*. Après avoir été relâché, il avait fait d'inutiles efforts pour gagner au nord, avec l'aide du vent d'ouest expirant : puis il s'était décidé à laisser tomber l'ancre. Quoique la brise de terre eût suffi pour lui donner une vitesse d'environ deux nœuds, il gardait sa position, sans doute pour procurer à son équipage une nuit de repos.

L'allure de cette felouque et ses relations avec *la Proserpine* l'avaient rendue suspecte à Raoul, et il avait ordonné de la surveiller avec une attention spéciale; mais rien n'avait confirmé ses soupçons. Les manœuvres de son équipage, la manière dont elle avait jeté l'ancre, la disposition de sa mâture et de son gréement, prouvèrent à Raoul qu'elle n'avait pas à son bord de matelots de la marine militaire.

Le second chasse-marée avait toutes voiles dehors, et s'efforçait de tirer parti de la faible brise des montagnes. Le troisième essayait de venir au vent, et semblait vouloir entrer dans le Golo.

Après avoir promené silencieusement les yeux autour de lui pendant plusieurs minutes, Raoul leva la tête, et contempla les étoiles.

— Vous ignorez sans doute, dit-il à Ghita, combien ces étoiles nous sont utiles, à nous autres marins. Grâce à elles, nous pouvons dire où nous sommes au milieu du vaste Océan, connaître les rhombes du vent, les quarts du compas, et nous croire encore dans nos foyers, quand nous en sommes le plus éloignés. Il nous faut aller au sud de l'équateur pour cesser de voir les étoiles que nous apercevons du seuil de la maison paternelle.

— Cette idée ne m'avait jamais frappée, répondit Ghita, et je m'étonne que vous ne l'ayez jamais exprimée devant moi. C'est un grand bonheur de pouvoir ainsi emporter avec soi des souvenirs intimes quand on est loin des personnes qu'on aime.

— Si vous l'ignorez, je vous l'apprends, et j'espère que nous ne nous séparerons pas sans convenir de notre étoile et de notre heure.

— Raoul, dit-elle à voix basse avec l'accent d'une émotion profonde, ces étoiles ont un but plus élevé. Regardez-les ; nous ne pouvons les compter ; elles semblent surgir les unes après les autres des profondeurs du ciel, et déjouer nos calculs. En égarant nos yeux nous voyons qu'il y en a des milliers, et nous avons lieu de croire qu'elles existent par millions. Or, pour être navigateur, on a dû apprendre que ces étoiles étaient des mondes comme le nôtre, ou des soleils autour desquels gravitent des planètes. Comment est-il possible de voir et de connaître tout cela, sans croire à un Dieu, et sans comprendre notre infinité ?

— Je ne nie pas, Ghita, qu'il y ait un pouvoir qui gouverne l'univers ; mais je soutiens que c'est un principe et non un être ayant notre forme ; c'est la cause première des choses plutôt qu'une divinité.

— Qui ose attribuer notre forme à Dieu, parmi ses véritables adorateurs ?

— Vos prêtres assurent qu'il a créé l'homme à son image ; n'est-ce pas dire qu'il nous ressemble ?

— Non, mon cher Raoul ; il nous a créés à l'image de son esprit ; l'homme a une âme qui participe, faiblement, à la vérité, à l'essence impérissable de Dieu. Voilà ce que disent nos prêtres, mais personne ne se permet d'assimiler la créature au Créateur.

— Ghita, je ne voudrais t'offenser en rien, mais tu connais ma manière de penser à ce sujet.

— C'est l'expression, et non la pensée qui nous divise. Pour peu que l'on pense, on ne doute pas de l'existence d'un être supérieur, qui est le maître de l'univers.

— S'il s'agit d'un principe, Ghita, je suis d'accord avec toi, mais si tu me parles d'un être, je demande des preuves. Il faut un principe éternellement actif pour mettre toutes ces planètes en mouvement, pour créer toutes ces étoiles, pour semer ces soleils dans l'espace. Je ne l'ai jamais contesté ; ce serait révoquer en doute un fait patent, qui se démontre nuit et jour à mes yeux ; mais supposer un être capable de tout produire, ce serait croire à ce que je n'ai jamais vu.

— Et pourquoi n'admets-tu pas que l'auteur de toutes choses soit un être aussi bien qu'un principe ?

— Parce que je vois agir autour de moi des principes, des forces qui dépassent mon intelligence. Je les vois dans cette lourde frégate qui flotte sur la surface liquide, dans les arbres dont la verdure embellit la terre; dans les poissons, dans les oiseaux, dans les animaux qui vivent et qui meurent. Mais je ne connais pas d'être qui puisse donner l'impulsion à toute la nature.

— C'est parce que tu ne connais pas Dieu! C'est le créateur des forces dont tu parles, et il est supérieur à tes principes.

— Cela est facile à dire, Ghita, mais difficile à prouver. Je prends un gland, et je le mets en terre; bientôt croît une plante, qui devient un grand arbre avec le temps. Ces opérations mystérieuses viennent d'une force qui m'est inconnue, mais dont je suis sûr; car j'en provoque moi-même les effets en lui confiant une graine qu'elle développe; je fais plus, j'apprécie cette force si exactement, qu'en choisissant le sol et la saison, j'avance ou retarde la croissance de la plante, et même je façonne l'arbre à mon gré.

— C'est vrai, Raoul; tu le peux jusqu'à un certain point, parce que tu as été créé à l'image de Dieu, ta faible ressemblance avec cet être tout-puissant te met à même de faire plus que les bêtes des champs; mais si tu étais son égal, tu pourrais créer cette force dont l'action te frappe, et que, dans ton aveuglement, tu prends pour celui qui en est le maître.

Ces mots furent prononcés avec tant de sentiment, que Raoul en fut ému. Les arguments qu'une foi profonde dictait à cette jeune fille simple et naïve le confondirent un moment. Il répliqua toutefois :

— Nous ne nous comprenons pas, Ghita; je ne prétends nullement m'élever au-delà des bornes assignées à mon intelligence; mais je soutiens qu'un principe domine toutes choses, et je l'appelle la nature. C'est elle qui a donné naissance à ces mondes, dont les évolutions sont si mystérieuses, et l'une de ses premières lois est que ceux qu'elle a produits ne comprendront jamais ses secrets.

— Admettez, Raoul, que votre principe soit un esprit, et vous aurez le Dieu des chrétiens. Pourquoi ne pas croire en lui aussi aisément que vous croyez en votre force inconnue? Vous savez que vous existez, que vous êtes capable de construire un lougre, que vous pouvez raisonner sur le soleil et les étoiles, et trouver au moyen de votre intelligence une route sur le plus vaste océan; pourquoi donc ne pas se faire à l'idée qu'il existe un être supérieur capable de faire bien davantage? Ces grands principes que vous invoquez, vous avez la facilité de les contrarier, vous privez la graine de sa vertu productive; vous abattez les arbres : et puisqu'on peut ainsi détruire un principe, un accident quelconque peut aussi anéantir la création.

En ce moment Ithuel s'écria : — Capitaine Raoul, donnez-vous la peine de passer à l'autre extrémité du longre, et regardez le bâtiment qui s'est rapproché de nous depuis trois heures; il a quelque chose de peu naturel; quoiqu'il ait toutes voiles dehors, il dérive vers nous sans rider la surface de l'eau.

Raoul se rendit à l'avant et examina avec quelque inquiétude la felouque qui s'avançait vers *le Feu Follet*.

— Y a-t-il longtemps que vous l'observez avec attention? demanda-t-il à l'Américain.

— Depuis une vingtaine de minutes, et je suis étonné de sa lenteur.

— Ce n'est après tout qu'une mauvaise felouque de l'île de Corse. Ithuel, je ne suppose pas que les Anglais veuillent renouveler connaissance avec notre mitraille.

— Ils sont malins à bord de cette frégate, et Dieu sait quelles diableries ils sont capables d'imaginer. Regardez! la felouque est entre la terre et nous; elle est poussée par la brise par le courant de cette rivière, qui est assez fort, comme vous en pouvez juger par le remous de notre taille-mer; relevez-la avec votre étai de foc, et voyez comme elle marche lentement!

Le capitaine constata par un court examen que la felouque n'avait pas de mouvement sensible à l'avant, et que cependant elle dérivait avec le courant par le travers des doublers du longre. Il en conclut qu'il y avait des dragons à l'arrière, ce qui indiquait des intentions hostiles; toutefois il hésita à réveiller ses gens. Comme tous les hommes fermes et de sang-froid, il n'aimait pas à donner de fausses alarmes, et il lui semblait invraisemblable que les Anglais eussent oublié si vite la leçon du matin. En outre, son équipage avait eu pendant toute la journée une rude besogne, et la plupart des matelots dormaient d'un sommeil de plomb. Cependant, comme la felouque suspecte se rapprochait, il prit le parti de la héler préalablement.

— Ohé! cria-t-il, comment vous appelez-vous?
— *La Belle-Corse*, répondit-on.
— Pourquoi allez-vous ainsi à la dérive?
— Parce que le courant nous entraîne.
— Mais vous portez droit par le travers de mes bossoirs. Vous savez que je suis armé, et que je ne le souffrirai pas.
— Ah! signor, nous sommes amis de la République, et nous ne voudrions pas vous faire tort quand même nous le pourrions; nous espérons que vous ne maltraiterez pas de pauvres marins comme nous, qui s'en vont tranquillement à la Padulella. Si vous le voulez, nous allons laisser arrimer et nous passerons sous votre poupe.

Cette proposition était faite si brusquement, que Raoul n'eut pas le temps de s'y opposer. La felouque fit son abatée, et courut vent arrière sur les bossoirs du lougre avec une vitesse qui devait satisfaire la susceptibilité d'Ithuel.

Raoul s'élança vers le cabestan et y prit ses pistolets.

— En haut tout le monde pour repousser l'abordage! s'écria-t-il ; alerte, alerte, *mes enfants*; il y a ici de la trahison!

Aussitôt il revint au pied du beaupré, et cinq ou six matelots, qui avaient mis leurs armes auprès d'eux en se couchant, montèrent sur le pont. A leur grande surprise, la felouque lofa au vent, et reprit sa dérive jusqu'à ce qu'elle fût entraînée par le câble de l'ancre du lougre. Elle dérita en changeant vivement ses vergues, et son arrière se présenta droit par le bossoir de tribord du corsaire français.

Au moment où les deux bâtiments se touchèrent, et où les matelots du lougre se groupaient autour de leur capitaine pour repousser l'assaut, on entendit un bruit de rames; un canot s'éloigna rapidement de la felouque, dont l'écoutille ouverte lança des jets de flammes.

— Un brûlot! un brûlot! s'écrièrent vingt voix à la fois, et l'horreur dont ces cris étaient accompagnée annonça toute l'étendue de ce danger, le plus terrible peut-être de tous ceux qui menacent les marins.

Raoul avait disparu; il était allé prendre une serre-bosse de rechange, et on le revit bientôt sur le couronnement de la felouque.

— Antoine! François! Grégoire! dit-il, suivez-moi! Que les autres disposent le tour du câble, et étalinguent une haussière au garant!

Les matelots du *Feu Follet* étaient habitués à l'ordre et à une obéissance absolue. Ils exécutèrent la manœuvre commandée pendant que Raoul s'aventurait sur la felouque en feu avec les trois hommes qu'il avait nominativement désignés. Comme il le soupçonnait, son câble avait été accroché par un grappin ; il le tendit avec force, et y attacha au moyen d'un amarrage en fouet le garant de la serre-bosse, dont il passa la chaîne par un écubier du brûlot. Dès que ces précautions furent prises, il se hâta de quitter le foyer de l'incendie, et cria en mettant le pied sur son bord :

— Virez, filez le câble, si vous voulez sauver notre beau lougre d'une inévitable destruction!

L'action simultanée de la brise et du courant rendait cette manœuvre facile. Au bout de quelques secondes, l'arrière du brûlot se sépara des bossoirs du *Feu Follet*; on donna à celui-ci un écart au moyen de la barre, et bientôt le foc et le beaupré furent hors de danger. A mesure qu'on filait le câble, la partie de ce câble à laquelle était attaché le garant de la serre-bosse tomba à l'eau, et la chaîne qui passait par l'écubier de la felouque incendiaire la retint immobile au mouillage pendant que le lougre s'éloignait.

Ces événements se passèrent en moins de cinq minutes; ils s'accomplirent avec une promptitude et une résolution qui semblaient tenir de l'instinct plutôt que de la raison. La voix de Raoul ne s'était fait entendre que pour donner l'ordre de filer le câble de l'ancre. Quand, aux clartés éblouissantes de l'incendie, il aperçut Ghita qui contemplait cette scène avec autant d'admiration que de terreur, il s'approcha d'elle, et lui en parla comme d'un brillant spectacle imaginé pour son amusement.

— Notre illumination, dit-il en souriant, ne le cède qu'à celle de Saint-Pierre de Rome. Il y avait pourtant du danger, mon amie; mais que ton Dieu soit loué! nous nous sommes tirés d'affaire.

— Et vous avez été l'instrument de sa miséricorde, Raoul; les cris des matelots m'ont amenée sur le pont, et jugez si j'ai tremblé en voyant cette masse embrasée!

— *Messieurs les Anglais* avaient encore inventé un beau stratagème, mais il a complètement échoué. La felouque avait une cargaison de goudron et d'approvisionnements maritimes; en la capturant ce soir, ils ont songé à éteindre notre feu pour y substituer le leur; mais le nôtre brille encore, et le leur va disparaître.

— Mais ce brûlot, ne peut-il encore se rapprocher de nous?

— Pas assez pour nous faire du mal, d'autant plus que nos voiles sont humides de rosée. Il est amarré au câble de notre ancre, qui est sous l'eau, et n'a rien à craindre de l'incendie. Dans une demi-heure, il restera peu de chose de la felouque, et il faut profiter du feu de joie pendant qu'il dure.

C'était en effet un spectacle digne d'attention, et tous les yeux, comme l'hélianthe vers le soleil, se tournèrent vers cette brillante lumière qui donnait aux objets environnants l'aspect d'une décoration théâtrale; mais l'incendie ne tarda pas à s'épuiser, les mâts s'abattirent en entraînant avec eux une pyramide de feu, le pont s'enfonça, les planches se disjoignirent, et l'on ne vit bientôt que des tisons qui fumaient dans la cale de l'épave.

CHAPITRE XVII.

Raoul ne s'était pas trompé sur les moyens employés par ses ennemis. La frégate avait trouvé une des felouques chargées d'approvisionnements dont faisaient partie une douzaine de barils de goudron. Griffin, qui avait hâte de venger sa défaite, eut aussitôt l'idée de convertir sa prise en brûlot, et sollicita l'honneur de diriger cette périlleuse expédition. Le capitaine Cuffe y consentit, fit placer un canot à bord de la felouque, et feignit de lui donner ensuite l'autorisation de continuer sa route. Griffin gouverna vers la terre, afin d'être ramené sur le lougre par le courant du Golo; quand il se crut assez à l'avant, il se servit de dragues pour tenir son navire immohile, et dériva comme nous l'avons raconté. Le plan aurait inévitablement réussi sans l'inquiétude et la sagacité d'Ithuel, sans le courage et les talents de Raoul.

Cuffe et les officiers placés sur le pont suivirent l'affaire avec un vif intérêt; au moyen d'une lunette de nuit, ils distinguaient vaguement les voiles de la felouque, et Yelverton venait de s'écrier que les deux navires s'abordaient, quand on vit s'en élever les flammes ; tous deux, à cette distance, parurent être également incendiés. Lorsque le *Feu Follet* se fut détaché de la felouque, il était encore exactement sur la même ligne par rapport à la frégate, et les Anglais s'attendaient d'un moment à l'autre à le voir sauter; mais n'entendant aucune explosion, ils s'imaginèrent que le magasin aux poudres avait été submergé.

Quant à Griffin, il rama du côté de la terre, tant pour éviter de passer sous la bordée du lougre que pour couper la retraite à Raoul, si celui-ci tentait de fuir en canot; il atterrit même dans une anse de la rivière, à une lieue du mouillage, et attendit là longtemps après minuit; enfin, comme les ténèbres s'épaississaient autour de lui, il revint à la frégate, en faisant un détour pour éviter les ruines fumantes du brûlot.

Tel était l'état des choses au point du jour. Le capitaine Cuffe avait ordonné qu'on l'éveillât, et il monta sur le pont avec impatience. Un rideau de brouillard se leva lentement; l'embouchure du Golo, la terre elle-même s'offrirent aux yeux du capitaine; mais aucun bâtiment n'était en mer. Les débris de la felouque avaient disparu; on les retrouva plus tard sur un banc de sable où ils avaient été entraînés par un remous après avoir suivi le courant. Il n'y avait nulle part de trace du *Feu Follet*, pas une tente sur la plage, pas un canot errant, pas un mât flottant ou un lambeau de voile! tout avait évidemment péri dans l'incendie!

En retournant à sa cabine, Cuffe portait la tête plus haut que la veille, et quand il ouvrit son secrétaire, ce fut de l'air d'un homme content de lui. Toutefois de généreux regrets se mêlaient aux joies du triomphe. C'était beaucoup d'avoir anéanti le plus dangereux des corsaires français; mais quelle triste destinée que celle de soixante-dix à quatre-vingts créatures humaines détruites par le feu comme des chenilles! Enfin, il n'y avait plus à revenir là-dessus; il ne s'agissait plus que de faire un rapport aux autorités supérieures : en conséquence, Cuffe écrivit la lettre suivante à l'amiral Nelson, commandant de la station.

« A bord de la frégate de S. M. B. *la Proserpine*, à la hauteur de l'embouchure du Golo (île de Corse), le 23 juillet 1799.

» Milord,

» J'ai la satisfaction de vous annoncer, pour que la nouvelle en soit transmise aux commissaires de l'amirauté, la destruction du corsaire républicain *le Feu Folly*, commandé par le fameux Raoul Yvard. Apprenant que ce bâtiment avait ravagé les côtes de Naples et des États Romains, je me mis à sa poursuite et j'entrai le 21 courant dans le canal de l'île d'Elbe. Nous étions dans la baie de Porto-Ferrajo, lorsque nous y vîmes un lougre à l'ancre sous pavillon anglais. Nous ne supposions guère que ce fût *le Feu Folly*, installé dans un port ami ; mais voulant éclaircir nos doutes, nous fîmes des signaux à l'étranger. Il profita de ce que nous portions notre bordée à l'ouest pour doubler les rochers, et gagner au vent. Nous le suivîmes pendant quelque temps ; puis, nous naviguâmes sous le vent de Caprée. De retour à Porto-Ferrajo dans la matinée du 22, nous aperçûmes le lougre au large, et sûr désormais de son identité, j'envoyai contre lui les embarcations, sous les ordres de MM. Winchester et Griffin, premier et second lieutenants de la frégate. Après une vive escarmouche, qui nous coûta quelques hommes, mais où la perte des républicains fut beaucoup plus considérable, M. Yvard parvint à s'échapper grâce à la brise qui s'éleva tout à coup. La frégate mit toutes voiles dehors, et donna la chasse au lougre jusqu'à l'embouchure du Golo. Heureusement j'avais capturé une felouque qui contenait quantité de goudron et autres matériaux combustibles. Comme nous étions en vue de la terre, et que l'ennemi avait mouillé dans les bas-fonds hors de portée, je résolus de le détruire au moyen d'un brûlot. M. Winchester, le premier lieutenant, avait été blessé en dirigeant l'attaque des embarcations ; je confiai l'exécution de l'expédition nouvelle à M. Griffin, qui s'en acquitta admirablement. Je joins ici son rapport sur cette affaire, et je prends la liberté de le recommander aux commissaires de l'amirauté. Ils ont aussi lieu d'être également satisfaits de la conduite de M. Winchester, qui a essuyé courageusement le feu le plus vif. J'espère que cet excellent officier sera bientôt à même de reprendre son service.

» Permettez-moi, milord, de vous féliciter de la destruction de ce dangereux croiseur. Elle a été si complète, qu'il n'en reste pas un mât, pas une épave. Tout porte à croire que l'équipage a péri en entier ; et s'il faut déplorer la perte de tant d'êtres humains, on a du moins pour se consoler l'idée qu'elle tourne au profit des gouvernements réguliers.

» Je vais voir s'il n'y a pas le long de la côte quelques radeaux en dérive ; puis je me rendrai à Livourne pour y renouveler nos provisions.

» J'ai l'honneur d'être, milord, le très-obéissant serviteur de votre seigneurie,
» RICHARD CUFFE.

» *Au contre-amiral lord Nelson, duc de Bronte, etc., etc.* »

Cuffe relut deux fois ce rapport ; il le lut une troisième fois à Griffin, qu'il envoya chercher tout exprès.

— Nous voilà débarrassés de ce maudit *Fiou Folly*, Griffin ! dit-il en terminant.

— Je m'en félicite avec vous, capitaine. Voulez-vous me permettre de faire un léger changement dans l'orthographe du nom du lougre ? Votre secrétaire s'y conformera quand il mettra votre lettre au net.

— Les Français l'écrivent donc différemment ? cela ne m'étonne pas. En général, ils ne sont pas forts en orthographe, malgré l'instruction dont ils se vantent, et que nous méprisons, Nelson et moi. Comment écrivez-vous ce nom ?

— *Feu Follet*, Monsieur, en prononçant la dernière syllabe *follet* et non pas *folly*... Je songeais à vous demander la permission de mettre en mer un des cutters, d'explorer le mouillage, et d'y chercher les débris du lougre. La frégate est forcée d'attendre le vent d'ouest pour appareiller.

— J'y consens, je vais faire mettre mon canot à la mer, et nous irons ensemble. Le pauvre Winchester doit garder la chambre, et il est par conséquent hors d'état de nous accompagner. Je n'ai point jugé à propos d'irriter Nelson en lui révélant le chiffre exact de nos pertes.

— Vous avez bien fait, Monsieur. Il suffit de dire que nous avons essuyé quelques pertes, cela signifie plus ou moins.

— C'est ainsi que je l'entends ; il devait y avoir environ vingt femmes à bord du lougre ?

— Je ne l'assurerais pas, capitaine ; mais j'ai entendu chanter une femme, et il est probable qu'elle avait des compagnes. Le lougre avait un nombreux équipage, et quand nous l'avons quitté, les matelots s'agitaient sur le gaillard d'avant comme un essaim d'abeilles. A la lueur de l'incendie, j'ai vu Raoul Yvard aussi distinctement que je vous vois, et j'aurais pu l'abattre d'un coup de fusil, mais ce n'eût pas été très-honorable.

Cuffe approuva son lieutenant, et tous deux s'embarquèrent pour aller chercher à l'embouchure du Golo des vestiges du *Feu Follet*. Ils consacrèrent inutilement une heure entière à cette perquisition ; ils examinèrent le fond, que la pureté de l'eau permettait de distinguer ; mais sans y rencontrer les débris de la coque détruite par le feu ; ils auraient prolongé leur investigation jusqu'au lendemain sans plus de résultat, car en ce moment même, le lougre était tranquillement à l'ancre à Bastia, où il réparait ses avaries. Cuffe et ses compagnons, qui avaient l'habitude d'envisager sous le jour le plus favorable le résultat de toutes leurs entreprises, n'en demeurèrent pas moins convaincus que *le Feu Follet* avait dû laisser ses os sur un des points de la côte.

Après trois heures de démarches infructueuses, Cuffe, qui avait apporté un fusil de chasse, manifesta l'intention de descendre à terre, pour s'en servir en attendant le vent d'ouest.

— Il doit y avoir des bécasses dans ces marais, dit-il à Griffin, et il serait agréable au pauvre Winchester qu'on lui en rapportât quelques-unes. Je n'ai jamais été blessé sans avoir envie de manger du gibier dès que la fièvre est passée.

— Il serait imprudent, capitaine, de s'aventurer sur la côte. Quelques-uns de ces corsaires sont parvenus sans doute à se sauver sur des planches ou des tonneaux vides, et ils doivent nous épier dans les broussailles. Ils sont armés de longs couteaux et pourraient nous faire un mauvais parti.

— Vous avez peut-être raison, Griffin : retournons donc à la frégate, et mettons-nous à la recherche de quelque autre navire de la république française.

Une demi-heure après, les embarcations étaient suspendues de nouveau à la hanche de *la Proserpine*, et trois heures plus tard, elle gagnait le large; au coucher du soleil, elle se trouvait par le travers de la petite île de Planosa, et le lendemain matin, elle rentrait dans le canal de Piombino. Le capitaine Cuffe avait recommandé suivant sa coutume de le réveiller au point du jour, car dans cette guerre acharnée, il tenait à juger par lui-même des changements que la nuit avait pu apporter dans la situation.

— Eh bien! dit-il à Griffin, qui était de quart, la nuit a été tranquille. Nous voici de nouveau en face de Porto-Ferrajo, et nous ne pouvons nous dispenser d'aller instruire le vice-gouverneur de notre succès.

— Une voile! s'écria la vigie placée sur la vergue du petit hunier.

Les deux officiers promenèrent les yeux autour d'eux, et le capitaine fit la demande accoutumée.

— De quel côté?

— A bâbord, Monsieur, par notre bande du vent.

— Est-ce possible! il n'y a là qu'un îlot que le gabier aura pris pour la coque d'un bâtiment.

— Ce gabier est Ben Brown, dit le second lieutenant, et de tous nos gens c'est lui qui a la meilleure vue.

— Je ne vois pourtant rien, reprit le capitaine; vous rêvez, mon camarade; comment est fait votre navire?

— C'est un lougre, Monsieur, et il ressemble à celui que nous avons brûlé hier, comme un bossoir à un autre.

— Un lougre! s'écria le capitaine : quoi! encore un de ces misérables! Je veux m'en assurer.

Le capitaine, qui était encore jeune et alerte, passa par le trou du chat, grimpa sur les enfléchures, et arriva bientôt dans la grande hune, d'où il interrogea l'horizon. Griffin, debout sur le gaillard d'arflore, se mit à regarder son chef avec autant d'attention que ce-lui-ci en accordait au navire étranger.

— C'est vrai, s'écria Cuffe; c'est un frère corsaire qui nous arrive, et qui est absolument semblable à l'autre.

— Que faut-il faire? demanda le second lieutenant.

— Faites mettre les amures à bâbord, et dégagez la batterie du même côté : nous aurons peut-être à désemparer ce drôle avant de le capturer.

En disant ces mots, Cuffe descendit par le trou du chat : le vaisseau présenta bientôt le spectacle de la plus grande activité; les uns s'occupaient à brasser les vergues, les autres à parer les canons.

Le lougre qu'on venait de découvrir était le Feu Follet, caché derrière les rochers de l'îlot dont nous avons déjà parlé, et qui devint quinze ans plus tard le poste avancé de l'empire insulaire de Napoléon. Cet îlot était séparé de l'île d'Elbe par une passe qui n'avait pas plus de deux cents vergues de largeur. Cuffe ne crut pas possible que le navire inconnu s'aventurât dans un chenal aussi étroit, et il manœuvra de manière à mettre son ennemi entre la frégate et la terre; mais il ne connaissait pas l'homme auquel il avait affaire. Raoul Yvard avait reconnu la Proserpine, et quand il la vit doubler l'îlot, il entra hardiment dans la passe, courut deux bordées et en sortit au sud pendant que la frégate se présentait à l'autre extrémité. La tâche du lougre devenait dès lors facile. Le vaisseau anglais avait un tirant d'eau trop fort pour se hasarder dans un détroit aussi peu profond. Il suffisait donc que le lougre virât à propos pour maintenir constamment l'îlot entre son adversaire et lui. Les avantages de la position étaient si frappants, que le capitaine Cuffe ne put s'empêcher de les reconnaître.

— Allons, dit-il à Griffin, contentons-nous de notre première victoire et laissons échapper ce drôle. Nous ignorons d'ailleurs si c'est un ennemi, il n'a pas arboré de pavillon, et l'on dirait qu'il sort de Porto-Ferrajo, qui appartient à un souverain allié.

— Raoul Yvard en est sorti deux fois, murmura Yelverton, qui n'ayant pas été employé dans les dernières expéditions, doutait encore de la destruction du *Feu Follet*. Ces deux corsaires ont une ressemblance vraiment merveilleuse.

Cette observation ne fut pas relevée; l'immense majorité des officiers était tellement persuadée que le fameux corsaire avait été brûlé, qu'ils n'auraient pas cru même à l'évidence. *La Proserpine* vira de nouveau, hissa son pavillon, et alla mouiller dans la baie de Porto-Ferrajo. On mit le canot en mer, et Cuffe, que Griffin accompagnait en qualité d'interprète, débarqua pour faire la visite d'usage aux autorités.

Le vent étant faible, la frégate avait perdu beaucoup de temps en allées et venues; le jour était donc assez avancé pour qu'on pût se présenter sans blesser les convenances. L'apparition de Cuffe en grand uniforme, avec son épée et ses épaulettes, attira l'attention des Elbains, et Vito-Viti courut apprendre à son ami l'honneur qu'il allait recevoir. Grâce à cet avertissement, le vice-gouverneur eut le loisir de préparer son apologie. Il accueillit son hôte avec une politesse cérémonieuse, et la nécessité d'avoir recours à un interprète mêla d'abord un peu de contrainte à l'entrevue ; mais comme chacun des interlocuteurs avait sur le cœur un poids dont il désirait se soulager, les vaines formalités furent promptement oubliées.

— Sir Cuffe, dit Andréa Barrofaldi, il importe que je vous donne des éclaircissements sur ce qui vient de se passer dans notre baie, sans cela, vous pourriez croire que nous avons négligé nos devoirs, et que nous sommes indignes de la confiance du grand-duc de Toscane. Deux fois, vous le savez, *le Feu Follet* a mouillé sous le feu de nos batteries, et son capitaine a reçu parmi nous l'hospitalité !

Cuffe était trop magnanime dans la prospérité pour juger les autres avec rigueur.

— M. le vice-gouverneur, dit-il, de pareilles erreurs sont inévitables dans des temps comme ceux-ci, et nous autres marins, nous les attribuons aux chances de la guerre : il n'eût pas été aussi facile de tromper le commandant d'un vaisseau de guerre ; mais j'ai la certitude que si l'affaire eût eu rapport à l'administration de votre île, M. Yvard eût été aisément démasqué.

— Vous me rendez justice, signor Cuffe, répondit le fonctionnaire public ; nous ne sommes pas aussi ignorants en ce qui rentre dans nos attributions, qu'en ce qui concerne votre honorable profession. Ce Raoul Yvard s'est donné pour un officier anglais, titre qui m'inspire de l'estime et du respect ; il a audacieusement usurpé le nom d'une famille qui jouit, je crois, parmis vous, d'une haute considération et d'un grand crédit.

— Ah ! le scélérat ! s'écria Cuffe, quel nom a-t-il osé prendre, vice-gouverneur ? est-ce celui de Howard, de Seymour, de Cavendish ? J'espère qu'il a respecté Nelson.

— Il s'est vanté d'être issu d'une autre race non moins illustre, il s'est présenté comme étant sir Smith, fils d'un certain lord Smith.

— Smith, Smith !... a-t-on jamais vu pareil nom dans les annales de la pairie ?

— Voilà probablement ce qui s'est passé, dit Griffin ; M. Raoul s'est accroché au premier nom anglais qu'il a trouvé, comme un homme à la mer se cramponne à un mât en dérive, ou à une bouée de sauvetage.

— Et il y a ajouté le titre de *sir*, reprit le capitaine indigné : le scélérat a été capable de jurer que Sa Majesté Britannique l'avait créé chevalier banneret, sans pavillon royal, à l'instar des anciens amiraux. Évidemment le vice-gouverneur a été la dupe d'une grossière fourberie. Pour le distraire, Griffin, parlez-lui un peu de littérature, car on m'a dit à Livourne que c'était un rat de bibliothèque.

Le lieutenant se conforma à cet ordre et trouva moyen de glisser dans la conversation une allusion à l'instruction profonde d'Andréa.

— J'ai peu de titres littéraires, répondit modestement le vice-gouverneur ; cependant mes connaissances m'ont suffi pour découvrir certaines assertions mensongères du corsaire, et j'ai été sur le point de le démasquer dans le moment le plus critique. Il a essayé de me persuader qu'il y avait eu un certain orateur anglais du même nom que celui de Rome, un sir Cicéron !

— Ah ! le coquin ! s'écria le capitaine Cuffe, il était capable de tout ; mais grâce au ciel, nous sommes délivrés des sir Smith et des sir Cicéron. Racontez au vice-gouverneur, Griffin, la destruction totale du *Feu Folly*.

Griffin donna au vice-gouverneur une seconde édition du rapport de son chef à Nelson. Andréa Barrofaldi écouta gravement en manifestant un vif intérêt ; mais le podestat Vito-Viti ne daigna pas prendre la peine de dissimuler son incrédulité. Néanmoins Griffin poursuivit son récit, et finit par raconter comment il avait inutilement exploré le mouillage du lougre, dans l'espoir d'y découvrir une épave.

Les deux fonctionnaires se regardèrent à plusieurs reprises et échangèrent des signes d'intelligence qu'Andréa se chargea d'expliquer.

— Signor lieutenant, dit-il, il y a là une méprise extraordinaire, car Raoul Yvard vit encore ; il a passé devant ce promontoire, à bord de son lougre, ce matin même, au point du jour.

— Le vice-gouverneur s'abuse, répondit Cuffe, auquel on traduisit ces paroles ; il confond *le Feu Folly* avec le bâtiment que nous avons rencontré ce matin, et ce n'est pas étonnant, car ils se ressemblent. Mais celui qui a brûlé sous mes yeux ne saurait renaître de ses cendres.

Griffin expliqua ce discours, que les Italiens accueillirent avec défaveur.

— Vous vous trompez, signor lieutenant, répondit Andréa Barrofaldi, nous savons positivement que le lougre qui a passé ce matin est *le Feu Follet* ; il a capturé pendant la nuit une de nos felouques qui venait de Livourne. Raoul Yvard l'a relâchée, comme il l'a dit au patron, en considération du bon accueil que nous lui avions fait. Pour comble d'impudence, il a chargé le même patron de me présenter les compliments de sir Smith, en exprimant l'espoir de venir un jour me remercier en personne.

On devine aisément l'impression que cette nouvelle produisit sur le capitaine Cuffe. Après avoir posé diverses questions, auxquelles le vice-gouverneur répondit, il fut obligé, bien malgré lui, de croire à l'existence de l'en.agé corsaire. Il avait dans sa poche son rapport officiel. Pendant la conversation, il le déchira en si petits morceaux, qu'un mahométan n'aurait pu trouver sur un seul assez de place pour écrire *Allah*.

— Il est heureux, Griffin, que je n'aie pas expédié ma lettre à Livourne, elle m'aurait valu une fameuse semonce de Nelson.

Griffin murmura quelques paroles de condoléance, mais il était trop mortifié lui-même pour être capable d'administrer des consolations. Andréa Barrofuldi comprit quel devait être leur embarras, et il essaya de le leur faire oublier à force de prévenances. Il les invita à partager son déjeuner de garçon, et nous verrons plus tard les conséquences de la conversation qui eut lieu pendant ce repas.

CHAPITRE XVIII.

Il est maintenant nécessaire de faire marcher le temps et de transporter la scène dans une autre partie de la Méditerranée.

Mes lecteurs doivent se figurer qu'ils sont à l'embouchure d'une large baie, ayant de seize à dix-huit milles dans tous les sens; suivons-en les contours, et nous aurons devant nous un des plus splendides panoramas du monde entier.

A droite, en commençant par le sud, se dresse une île escarpée, dont le tuf noir est égayé par des vignobles, dont les rochers arides soutiennent des villages, et dont les ruines rappellent Tibère. Un étroit canal sépare cette île d'un cap imposant, d'où part une succession de hauteurs et de vallées, de paysages charmants et grandioses, d'habitations rustiques et de retraites monacales, nommées dans le pays camaldules. Nous arrivons ensuite à une petite ville, située sur un plateau qui s'élève à près de deux cents pieds au-dessus du niveau de la mer, et qui s'adosse à de hautes montagnes. Leurs cimes grandissent, et vont se perdre dans les nues; leurs flancs sont tantôt entrecoupés de ravins et de précipices, tantôt embellis par des vignes, des sentiers, des tours et des hameaux. Bientôt la chaîne quitte les bords de la baie pour s'enfoncer dans l'intérieur; et la côte tournant au nord-ouest, offre une vaste plaine, au milieu de laquelle s'élève un volcan isolé, de forme conique, d'où s'échappe une guirlande de fumée. A ses pieds sont accumulées avec une inconcevable profusion les cités, les vignes, les maisons de plaisance, et derrière lui continue la plaine, fermée au loin, comme par une muraille, par la chaîne des Apennins.

Revenons au rivage, et sur une colline de tuf, onduleuse et fertile comme tous les terrains de la même nature, nous admirerons une ville d'un demi-million d'âmes; elle se divise en deux parties presque égales, l'une qui longe la Méditerranée, l'autre qui s'échelonne sur les hauteurs.

A partir de ce point, la côte septentrionale de la baie est une masse confuse de villages, de ruines, de villas et de palais; elle aboutit à un promontoire en face duquel se voit une petite île, espèce de sentinelle posée par la nature; puis la plage, en courant au nord, dessine une autre baie plus petite, riche à satiété des débris du passé. Elle se termine par une éminence sablonneuse, d'un ton rougeâtre, qui pourrait prétendre à la qualification de montagne.

Plus loin, nous voyons deux îles, l'une basse, mais fertile et populeuse; l'autre de formation volcanique, accidentée, et unissant aux beautés sévères de ces sites tous les charmes de la civilisation.

Que nos lecteurs animent cet immense paysage, qu'ils parsèment la baie d'une multitude de barques de pêcheurs et de navires à voiles latines, et ils auront les principaux traits du tableau qui frappe les regards de l'étranger lorsqu'il arrive à Naples par la mer.

Le zéphyr soufflait encore; les spéronares et les felouques non pontées, qui vont régulièrement dans cette saison de la côte méridionale à Naples, passaient au pied du Vésuve. Comme la brise fraîchissait, les pêcheurs songeaient à retourner à terre, et rompaient la longue file de leurs bateaux, qui avait plus d'une lieue de long, quoiqu'ils fussent assez rapprochés les uns des autres pour pouvoir se parler. L'entrée de la baie fourmillait d'embarcations de tout genre, ayant le cap sur Massa, sur Sorrente ou sur Persano. En face de la ville mouillaient des vaisseaux à deux ponts, des frégates et des sloops anglais, russes, napolitains ou turcs. A l'artimon d'un des plus grands bâtiments flottait le pavillon d'un contre-amiral, symbole du rang de commandant. Une corvette seule était sous voiles; elle avait quitté le mouillage une heure auparavant, ayant ses bonnettes à tribord, et courait des bordées en se dirigeant diagonalement à travers la baie vers le détroit qui sépare Caprée de la pointe de Campanella. Elle aurait pu aisément doubler l'île; mais le capitaine avait mieux aimé longer la côte, afin de profiter de la brise de terre.

Cette frégate, ayant dehors ses voiles d'étai, s'était aussi mise en route dès que le vent d'ouest s'était fait sentir; mais elle avait jeté l'ancre à pic, et semblait attendre de nouvelles instructions.

C'était *la Proserpine*. Environ une heure auparavant, son capitaine avait été mandé à bord du *Foudroyant*, et il y avait trouvé un petit homme grêle, à la figure blême, auquel il ne restait plus que le moignon de son bras droit, qu'un boulet lui avait enlevé.

— Eh bien! Cuffe, dit ce disgracieux personnage, êtes-vous prêt à mettre à la voile?

— Nous avons à terre, milord, une embarcation qui est allée prendre les lettres ; dès qu'elle sera de retour, nous lèverons l'ancre, qui est seulement à pic.

— Très-bien ; j'ai envoyé le Ramier au sud avec les mêmes instructions, et je vois qu'il est déjà à une demi-lieue de son mouillage. Ce M. Griffin me fait l'effet d'un brave jeune homme ; j'aime le rapport qu'il a rédigé sur l'expédition du brûlot, quoique ce gueux de Français soit parvenu à s'échapper. Ce coquin de Raoul Ev... Yv... comment prononcez-vous son nom, Cuffe? Je n'entends rien à leur baragouin.

— A vrai dire, milord, j'ai dans l'esprit quelque chose de tellement anglais qu'il m'aurait été impossible d'apprendre le français, même si j'étais né à Paris. Je suis trop Anglo-Saxon pour retenir des mots qui pour la plupart du temps n'ont pas de sens.

— Je ne vous en aime que mieux, Cuffe, répondit l'amiral, avec un gracieux sourire qui rendit presque belle une figure presque laide.

Cette transformation n'est pas rare chez les hommes fortement trempés, quand une volonté énergique donne de l'expression à leurs traits.

Le capitaine Cuffe s'inclina pour remercier son supérieur de sa bienveillance.

— Ce jeune Griffin, poursuivit l'amiral, me paraît avoir de l'ardeur ; c'est toujours bon signe, quand un jeune homme s'offre de diriger une expédition hasardeuse ; il n'est que second lieutenant ; que faisait le premier pendant ce temps-là?

— Milord, il avait été blessé dans l'échauffourée du matin. Il se nomme Winchester, et vous devez vous le rappeler, car il était troisième lieutenant à la bataille du cap Saint-Vincent. Le capitaine Ralph Willet Miller avait bonne opinion de lui, et me le fit envoyer comme second, quand je passai de la Flèche sur la Proserpine. Winchester est devenu naturellement premier lieutenant, après la mort du pauvre Drury.

— J'ai quelque souvenir de lui, Cuffe. Ce fut une glorieuse journée, et rien de ce qui s'y rattache ne devrait s'effacer de ma mémoire... Vous dites donc que Griffin avait saisi le câble du lougre avec un grappin?

— C'est incontestable ; à l'aide de ma lunette de nuit, j'ai vu les deux bâtiments accrochés, ayant tous deux l'air d'être en feu, aussi distinctement que je vois le Vésuve par les nuits sombres.

— Et pourtant ce Fiou Folly s'est sauvé! le pauvre Griffin s'est donné beaucoup de peine pour rien.

— Vous ne dites que trop vrai, milord.

Sir Nelson, qui arpentait la cabine à pas précipités, s'arrêta brusquement et regarda fixement le capitaine. L'expression de sa physionomie était devenue douce et grave ; le temps d'arrêt qui précéda ses paroles leur donna plus de poids et de solennité.

— Un jour viendra, dit-il, où ce jeune homme se félicitera de n'avoir pas accompli les projets qu'il avait sur ces pirates, tout Français qu'ils sont. Oui, il s'en félicitera du fond de son cœur.

— Que voulez-vous dire, milord ?

— Ceci doit vous sembler étrange, capitaine Cuffe ; mais un homme n'en dort pas mieux pour avoir brûlé une centaine de ses semblables.

— Quoi ! lord Nelson, si la Proserpine avait le bonheur de retrouver le Fiou Folly, faudrait-il le ménager ?

— Non, Monsieur. Nous avons l'ordre de brûler, de couler bas, de détruire. Telle est la politique de l'Angleterre dans cette guerre désespérée. Vous savez aussi bien que moi pourquoi nous luttons, et ce n'est pas avec des politesses que nous l'emporterions. Il ne faut pas souiller par des cruautés inutiles la cause que nous défendons. Les hommes qui succombent dans un combat loyal sont moins à plaindre qu'à envier ; mais l'idée de brûler des créatures humaines, comme des bataillons après une peste, a quelque chose de révoltant. Néanmoins, il faut avoir ce lougre à tout prix ; on ne saurait braver impunément la puissance britannique et entraver nos relations commerciales. Aucun sacrifice ne doit nous coûter pour arrêter dans leur marche ces tigres français.

— Je le sais, milord ; je suis, comme vous et comme Sa Majesté Britannique, l'ennemi des républicains.

— Vous faites bien, mon cher Cuffe. De nos jours, il entre dans la religion des Anglais de détester la France. Après la paix de 1783, j'ai traversé la Manche pour aller apprendre la langue de ce pays ; mais j'avais si peu de sympathie pour les Français, même pendant la paix, que je n'ai jamais pu écrire une lettre dans leur patois, et même demander d'une manière intelligible les nécessités de la vie.

— Si vous pouvez demander la moindre chose, vous en savez plus que moi.

— C'est un jargon infernal, capitaine Cuffe ; la fausse philosophie des Français, leur athéisme, leurs académies, leur ont tellement troublé la tête, qu'ils finiront par ne plus se comprendre. Voyez, par exemple, les noms qu'ils donnent à leurs vaisseaux, aujourd'hui qu'ils ont décapité leur roi et renié leur Dieu ! A-t-on jamais vu baptiser un lougre du nom de Fiou Folly ! c'est bien ainsi que s'appelle le corsaire ?

— Précisément, milord. Griffin prononce Follay, mais ce jeune homme, fils d'un consul, possède tant de langues étrangères, qu'il en a le cerveau bouleversé.

Nelson continuait à épancher sa colère, en agitant le moignon de son bras droit et en souriant avec ironie.

— Vous souvenez-vous, Cuffe, reprit-il, de quelques vaisseaux que nous avons combattus, le *Ça-Ira*, le *Sans-Culotte*? A-t-on vu de pareils noms? Je ne conçois pas comment un amiral peut les citer dans ses dépêches sans éprouver de l'embarras.

La conversation fut interrompue par un aspirant, qui vint annoncer au contre-amiral qu'un homme et une femme venus du rivage demandaient à lui parler.

— Faites-les descendre, Monsieur, répondit Nelson. Je mène une rude vie, capitaine Cuffe. Il n'y a point de blanchisseuse ou de marchande de Naples qui ne me traite en podestat; on dirait que je suis chargé de régler toutes les discussions relatives aux biens volés ou aux effets perdus. Sa Majesté devrait nommer un haut-justicier chargé d'appliquer les lois... Mais voici les plaignants : vous allez assister à l'audience et remplir les fonctions de juge auxiliaire.

La porte de la cabine s'ouvrit, et les visiteurs entrèrent. L'un était un homme de cinquante ans, aux manières simples, à l'air distrait et abattu; l'autre une jeune fille de dix-neuf ans, pleine de grâce et de naturel.

C'étaient en un mot Carlo Giuntotardi et Ghita Caracciolli.

Nelson fut frappé de l'air aimable et modeste de la nièce; il l'invita courtoisement à s'asseoir; mais Cuffe et lui restèrent debout. Après quelques efforts pour se faire entendre, il reconnut qu'il ne pouvait se passer d'interprète, puisqu'il n'était pas capable de soutenir en italien une conversation suivie, et que ses hôtes ne parlaient pas anglais. Il hésita un moment, et se rendit à la porte d'une cabine, d'où partait de temps en temps un bruit de voix, parmi lesquelles on distinguait celle d'une femme. Il s'appuya contre la cloison, et finit par exprimer ses vœux du ton qu'il prenait quand il s'adressait à une femme.

— Madame, dit-il, puis-je réclamer de vous un service, que je ne vous demande qu'en raison de l'urgence. J'ai besoin d'un interprète.

— De tout mon cœur, mon cher Nelson, répondit de l'intérieur une belle voix de femme. Sir William est occupé de ses antiquités, et je m'ennuie faute de distraction. Je devine que vous avez à venger quelque dame offensée, en votre qualité de lord grand chancelier de la flotte anglaise.

— J'ignore le sujet qui l'amène; mais ce sera sans doute ce que vous supposez.

La dame sortit de sa retraite. Elle ne justifiait en rien les éloges de l'amiral anglais. Il y avait dans sa physionomie un apprêt mondain qui contrastait avec la naïveté de Ghita.

Cette dame était la femme de sir William Hamilton, ambassadeur d'Angleterre à Naples. Née dans la dernière classe de la société, Emma Harte avait dû à sa beauté, à son esprit, une élévation extraordinaire. Malgré le scandale de sa vie, un honorable diplomate n'avait pas hésité à l'épouser, et elle avait inspiré à Nelson une passion aveugle et violente.

Au premier coup d'œil qu'elle jeta sur Ghita, lady Hamilton parut surprise et même un peu troublée; mais elle était trop bonne actrice pour se déconcerter aisément. Elle sourit et reprit immédiatement son assurance.

— Est-ce la personne qui vient vous implorer, Nelson? demanda-t-elle avec l'accent d'une sensibilité qui paraissait naturelle : ce pauvre vieillard est sans doute un père désolé?

— Comme je vous l'ai dit, je l'ignore absolument.

— Capitaine Cuffe, je souhaite que vous vous portiez bien. Sir William s'unit à l'amiral pour vous inviter à dîner, et nous espérons que vous ne nous refuserez pas.

— Et que dit la maîtresse, non pas de la maison, mais du vaisseau? interrompit Nelson, qui contemplait avidement le visage de la sirène.

— Tout en déclinant le titre honorable que vous lui accordez, elle dit qu'elle s'unit au reste de la compagnie pour inviter le capitaine Cuffe. Nelson m'a appris, Monsieur, que vous étiez un de ses vieux camarades de l'*Agamemnon*, comme il les appelle tous, jeunes ou âgés, petits ou grands. Quel beau nom pour un vaisseau que l'*Agamemnon*. Un Grec servant le courage de l'Angleterre!

— Oui, oui, cela vaut mieux que *ça ira*, dit l'amiral en souriant à son subordonné. Mais vous perdez de vue la visite de cet honnête Italien et de son innocente compagne.

— Dans cette affaire, Messieurs, je ne dois être regardée que comme un écho. Posez vos questions, milord; elles seront fidèlement rendues, ainsi que les réponses qu'on pourra leur faire.

— Ayez d'abord la complaisance de demander le nom de ce digne homme, dit Nelson.

— Carlo Giuntotardi, noble dame, autrefois professeur à Naples, et maintenant gardien des tours de vigie du prince sur les hauteurs d'Argentaro.

— C'est un nom honorable, signor, dont vous ne devez pas rougir. Et le tien? poursuivit lady Hamilton en s'adressant à la jeune fille.

— Ghita Caraccioli, Excellence; je suis fille de la sœur de ce gardien des tours du prince.

La belle figure de lady Hamilton prit un air de sombre ressentiment, et Cuffe lui-même s'avança d'un pas, et manifesta une vive curiosité.

— C'est invraisemblable, dit lady Hamilton en anglais, la maison de Caraccioli est une des plus illustres d'Italie, et des gens de cette classe ne peuvent avoir aucun rapport avec l'héritier de cette maison qui vient d'être condamné. Je vais demander des éclaircissements. Signorina, continua-t-elle en italien d'un ton sévère, Caraccioli est un noble nom, et il n'est pas souvent porté par les nièces des gardiens de tours.

Ghita trembla ; une rougeur pareille aux teintes que prend quelquefois le ciel de Naples passa rapidement sur ses traits ; mais elle était soutenue par sa confiance, et elle osa regarder en face la dame qui fronçait le sourcil.

— Je comprends, répondit-elle, ce que veut dire Votre Excellence ; mais la vérité est que mon père s'appelait Caraccioli, et qu'il m'a laissé ce nom comme seul héritage. Avait-il le droit de le porter ? c'est ce que mon oncle vous dira.

— Parlez donc, signor Giuntotardi ; racontez-nous d'abord l'histoire de ce nom, puis vous nous direz ce qui vous amène ici.

— Noble dame, ma sœur, innocente et pieuse femme, à présent bénie dans les cieux, avait épousé don Francesco Caraccioli, fils de l'amiral qui est maintenant condamné à mort pour avoir pris les armes contre le roi de Naples. Ghita est le seul fruit de cette union. A la vérité, don Francesco était un fils naturel ; mais le noble amiral l'avait reconnu, et lui avait donné son nom. La mésalliance de ce fils l'irrita ; mais l'époux et la femme ont été dérobés par la mort à toutes les colères terrestres. Voilà notre histoire, noble et illustre dame ; voilà pourquoi ma pauvre nièce ici présente porte le nom célèbre de Caraccioli.

— Ainsi, d'après vous, signor Giuntotardi, votre nièce, issue d'un fils naturel de don Francesco Caraccioli, serait la petite-fille de ce malheureux amiral ?

— Oui, signora. Comme ma sœur a été mariée conformément à la loi, j'ai dû ne pas m'opposer à ce qu'elle portât le nom que lui avait laissé son père.

— Vous n'avez pas besoin de vous en excuser. Encore une question, avant que j'explique à l'amiral anglais ce que vous avez dit. Le prince Caraccioli connaît-il l'existence de cette petite-fille ?

— Excellence, je crois que non. Ses parents sont morts si jeunes, il y avait si peu d'espoir qu'un aussi grand seigneur avouât une alliance contractée avec des personnes de notre condition, que pour faire reconnaître ma nièce, je me suis contenté de lui laisser porter le nom de son père.

Lady Hamilton parut satisfaite, et traduisait à Nelson la conversation précédente.

— Il est possible, ajouta-t-elle, qu'ils viennent, comme tant d'autres et non moins inutilement, implorer la grâce du coupable. J'en doute pourtant, car pourquoi prendraient-ils intérêt à un homme qui leur est absolument étranger ?... Que désirez-vous, Ghita ? Voici don Horatio Nelson, le célèbre amiral anglais, dont vous avez entendu parler si souvent.

— Excellence, répondit Ghita, mon bon oncle vous a dit qui nous étions, et vous devinez aisément le but de notre démarche. Nous sommes arrivés ce matin de Santa-Agata, de l'autre côté de la baie, et nous avons entendu dire que don Francesco avait été arrêté; nous avons appris plus tard qu'il avait été condamné à mort pour crime de haute trahison; on assure même que la sentence sera exécutée avant le coucher du soleil.

— Quand cela serait, que t'importe ?

— Excellence, c'était le père de mon père; je ne l'ai jamais vu, mais je sais que le même sang coule dans nos veines. Puisqu'il en est ainsi, il doit y avoir les mêmes sentiments dans nos cœurs.

— C'est bien, Ghita, reprit lady Hamilton; mais tu ne peux éprouver d'attachement pour un homme que tu n'as jamais vu, et qui a refusé de te reconnaître. Tu es jeune, ton sexe t'impose de la réserve, et tu n'as pas à t'occuper de politique.

— Signora, j'y suis étrangère; mais c'est la nature, le devoir, un pieux amour pour le père de mon père, qui m'ont amenée à bord de ce vaisseau. Je viens demander la vie de mon grand-père à l'illustre étranger que voici. On m'a dit que le roi Ferdinand ne lui refusait rien, et qu'il n'avait qu'à parler pour tout obtenir.

Le visage de la jeune fille rayonnait d'une sainte espérance; il était animé d'une pieuse ardeur; mais l'expression farouche qui assombrissait la physionomie de la grande dame lui ôtait son principal attrait, en la privant de la douceur et de la grâce de son sexe.

S'il n'y avait eu aucun témoin de l'entrevue, il est probable que Ghita aurait été brusquement éconduite, mais lady Hamilton était essentiellement diplomate, et elle dissimula sa mauvaise humeur.

— L'amiral, répondit-elle, n'est pas Napolitain; il est Anglais, et ne peut entraver le cours de la justice royale.

— Signora, il s'agit de sauver la vie d'un homme. C'est toujours une action méritoire aux yeux de Dieu.

— Qu'en sais-tu? L'idée que tu es du sang des Caraccioli t'a fait oublier ton sexe et ta condition, et ton imagination romanesque te montre un grand devoir à accomplir.

— Non, signora, il n'en est pas ainsi. Depuis dix-huit ans, je sais que l'amiral est mon grand-père; il n'a pas daigné me recevoir, et je n'ai jamais eu le désir de m'imposer à lui. Jamais, depuis ce matin, je n'avais songé que j'étais du sang des Caraccioli, à moins que ce ne fût pour pleurer la faute de ma grand'mère. Si j'y songe aujourd'hui, c'est encore pour déplorer le sort qui menace le complice de cette faute.

— Tu es bien hardie, jeune fille, de parler ainsi de tes nobles parents.

Lady Hamilton rougit en prononçant ces mots. Il y avait dans sa vie passée des incidents qui rendaient offensant pour elle ce langage d'une moralité simple et sévère.

— Ce n'est pas moi, Excellence, c'est Dieu qui parle ainsi. Si don Francesco est coupable, c'est une raison de plus pour que ce puissant amiral anglais use de son influence afin de sauver un pécheur d'une fin aussi précipitée. La mort est terrible pour tous; mais elle est terrible surtout quand elle vient inopinément. Don Francesco est vieux; mais n'avez-vous pas remarqué, signora, que les vieillards s'enduroissaient comme s'ils ne devaient jamais mourir?

— Tu es trop jeune, reprit lady Hamilton, pour t'ériger en réformatrice du monde; et tu oublies que tu es sur le vaisseau du plus célèbre officier de l'Europe, et que son temps est précieux : tu peux te retirer; je rendrai compte de ce que tu as dit.

— J'ai une autre requête à vous présenter, Excellence; je voudrais obtenir la permission de voir don Francesco, de recevoir au moins sa bénédiction.

— Il n'est pas ici. Tu le trouveras à bord de la frégate *la Minerve*, et l'on ne te refusera pas sans doute ce que tu demandes. Attends; ces quelques lignes te donneront accès auprès de don Francesco. *Addio, signora.*

— Puis-je emporter un espoir avec moi, Excellence? Songez combien la vie est douce à ceux qui l'ont passée dans l'opulence et les honneurs. Une petite-fille qui apporterait à don Francesco un rayon d'espoir serait reçue comme une messagère du ciel.

— Je ne promets rien. L'officier est entre les mains des autorités napolitaines; nous autres Anglais, nous ne pouvons nous en mêler. Retirez-vous tous deux; lord Nelson a des occupations qui réclament tous ses instants.

Ghita quitta lentement la cabine. Elle rencontra le lieutenant anglais chargé de garder l'infortuné prisonnier.

Nous dépasserions les bornes qui nous sont imposées, si nous rapportions la conversation qui suivit; mais nos lecteurs lettrés doivent savoir que la requête fut repoussée.

CHAPITRE XIX.

Il est vraisemblable que Nelson ne sut jamais exactement ce qui s'était passé entre Ghita et lady Hamilton. En tout cas, comme toutes les démarches faites auprès de Nelson dans cette déplorable affaire, la démarche de Ghita fut inutile. Francesco Caracciolli, mis en jugement pour avoir soutenu la république parthénopéenne contre Ferdinand et battu la flotte anglo-sicilienne, fut condamné à mort.

Cuffe resta à dîner avec son commandant en chef, pendant que Carlo Giuntotardi et sa nièce, traversant en barque la rade encomtrée, se dirigèrent vers la frégate napolitaine qui servait de prison à Caraccioli.

Ils furent admis à bord après un court pourparler. Dès que Giuntotardi fut arrivé sur le gaillard d'arrière, il instruisit les officiers du motif de sa visite, et on alla demander au prisonnier s'il voulait le recevoir avec une jeune fille qu'il ne nomma pas.

Le prince Caraccioli avait alors près de soixante-dix ans. Descendant d'une des plus grandes familles de la basse Italie, il avait constamment occupé les plus hautes fonctions. Arrivé le matin même, il avait comparu, à bord du *Foudroyant*, devant une junte composée de ses compatriotes; sa sentence à peine prononcée allait être exécutée sans commutation du genre de supplice, et il était déjà à bord du vaisseau où il devait la subir.

Le messager de Carlo Giuntotardi trouva le prince avec son confesseur. Le condamné accueillit la requête avec une froide indifférence; néanmoins il y souscrivit immédiatement, dans l'idée qu'elle venait de quelque serviteur de sa famille, ou de quelque employé de ses propriétés qui venait solliciter une dernière faveur.

—Restez ici, mon père, je vous en conjure, dit le prisonnier à l'ecclésiastique, qui allait se retirer. C'est sans doute un paysan de mes domaines, ou un marchand dont les réclamations n'ont pas été écoutées. Je m'estime heureux qu'il soit venu; qui ne voudrait se délivrer du poids d'une injustice avant de mourir? Faites entrer, mon ami.

Ghita et son oncle parurent.

Il y eut un moment de silence; le condamné essayait en vain de se rappeler les traits de ses hôtes; Carlo Giuntotardi n'osait prendre la parole, et la jeune fille, inquiète et troublée, tremblait de tous ses membres. Elle finit par se décider à s'agenouiller devant le prince, inclina la tête en disant :

—Grand-père, bénissez la fille de votre fils unique!

—Grand-père!... mon fils!... sa fille!... répéta don Francesco. J'avais un fils, je vous l'avoue à ma honte, mais il y a longtemps qu'il est mort, et je n'ai jamais su qu'il avait laissé un enfant.

—Voici sa fille, signor, dit Carlo Giuntotardi; sa mère était ma sœur. Vous nous avez crus trop humbles pour être admis à l'honneur de votre alliance, et nous ne nous présentons devant vous que lorsque notre présence peut vous consoler.

—Et tu viens, maintenant, brave homme, réclamer la parenté d'un condamné?

—Non, répondit Ghita; la fille de votre fils vient demander la bénédiction de son père mourant; elle vous promet en échange des prières pour le salut de votre âme.

—En vérité, dit le prince à son confesseur, je n'avais pas mé... cela! Cette tendre fleur, négligée dans l'ombre, lève timidement...

tête pour m'embaumer de ses parfums à mon heure dernière; je ne l'avais pas mérité!

— Hélas! répliqua le prêtre, il ne faut pas se faire d'illusions dans un pareil moment. Tu n'es pas marié, don Francesco; as-tu jamais eu un fils?

— C'est un péché dont je me suis repenti depuis longtemps; et comme j'en ai eu un profond repentir, j'espère avoir obtenu mon pardon. J'avais un fils, qui a porté mon nom, sans habiter pourtant mon palais. Après un mariage disproportionné, je l'ai banni de ma présence. J'avais l'intention de lui pardonner et de fournir à ses besoins, mais la mort ne m'en a pas laissé le temps. Voilà ce que je savais; mais jusqu'à ce jour je n'avais pas entendu parler de sa fille. Sa figure prévenante, mon père, respire l'innocence et la vérité!

— Pourquoi vous tromperions-nous, grand-père? reprit Ghita en étendant les bras comme pour embrasser le vieillard; pourquoi vous tromperions-nous, surtout dans un moment semblable? Nous ne venons vous demander ni des honneurs, ni des richesses, ni votre illustre nom; nous venons simplement solliciter votre bénédiction, et vous apprendre qu'il restera sur terre un enfant de votre race qui dira des *Ave* pour le salut de votre âme.

— Saint prêtre, il n'y a pas là de déception; cette chère enfant a les traits de sa grand'mère, et mon cœur me dit qu'elle est à moi. J'ignore si je dois à cette heure dernière considérer cette découverte imprévue comme un bien ou comme un mal.

— Grand-père, bénissez Ghita; qu'elle sache au moins ce que c'est que la bénédiction d'un père.

— Sois bénie, sois bénie, ma fille! s'écria l'amiral en étendant les mains sur la jeune fille en pleurs, et en la relevant pour l'embrasser. Ce doit être mon enfant, je sens qu'elle ne me trompe pas.

— Excellence, dit Carlo, c'est la fille légitime de don Francesco votre fils et de ma sœur Ghita Giuntotardi.

— Je n'ai rien à lui léguer, ni biens, ni honneurs, ni même un nom. Elle est aujourd'hui dans une position plus défavorable que l'enfant d'un lazzarone.

— Il ne faut pas vous en préoccuper, grand-père. Je me contente de la bénédiction que vous m'avez donnée; je ne désire rien de plus. Je suis habituée à la pauvreté, et les richesses ne pourraient que m'embarrasser.

— Saint prêtre, reprit l'amiral, je me souviens que si j'ai reproché à mon fils son mariage, c'était parce que je croyais qu'il avait été dupe d'une famille avide, et pourtant ces honnêtes gens, après m'avoir laissé en paix dans ma prospérité, viennent me chercher dans mon malheur et dans mon ignominie. Je n'ai pas été accoutumé à trouver des cœurs comme ceux-ci!

— Vous ne nous connaissez pas, répondit Ghita avec simplicité. Nous avons longtemps prié pour vous. Nous vous avons respecté comme un père dont la face était détournée de nous dans sa colère, et nous n'avons jamais envié votre or ni vos honneurs.

— Mon or et mes honneurs! répéta l'amiral en faisant doucement asseoir sa petite-fille : ce sont pour moi des choses du passé. Mes biens sont sous le séquestre, mon nom est déshonoré, dans une heure j'aurai subi un supplice ignominieux. Ce n'est pas l'intérêt, mon père, qui attire vers moi ces bonnes gens.

— C'est la bonté divine qui vous les amène, mon fils, pour vous prodiguer des consolations, pour éveiller dans votre cœur une étincelle de tendresse paternelle. Remerciez-la de sa bonté, qui daigne se faire sentir à vos derniers moments.

— J'y suis tout disposé, saint prêtre... Mais que veut dire ceci?

Un domestique venait d'apporter un billet que le condamné parcourut avec empressement.

— On m'a refusé ma dernière prière, dit-il en pâlissant ; il faut que je meure comme un bandit.

— Le Fils de Dieu est mort sur la croix entre deux larrons.

— Certes, les idées qu'on attache au genre de mort sont des préjugés sans fondement; mais n'est-il pas cruel pour un prince, pour un Caraccioli, pour un homme qui a rempli les plus hautes fonctions, de mourir comme le dernier des misérables!

— Mon père!

— Je le vois, mon enfant, cette indignité vous remplit d'horreur.

— Ce n'est pas cela, répondit Ghita animée d'un saint enthousiasme. Je donnerais ma vie pour sauver la vôtre, mais qu'importe la manière dont la mort vous arrivera, si elle vous ouvre les portes du ciel? Vous ne redoutez pas les souffrances, j'en suis sûre. Moi-même, toute faible que je suis, je ne recule pas devant elles. A quel honneur devez-vous donc aspirer, si ce n'est à celui d'être jugé digne de la miséricorde divine? Que vous ayez été prince ou mendiant, votre condition sera la même dans deux heures d'ici, et vous devez abaisser vos pensées au niveau qui convient à tous les pécheurs.

— Ainsi, Ghita, toi, la fille de Francesco, tu considères le genre de mort indifférent, même pour un soldat?

— Oui, lorsque je tourne les yeux vers le ciel.

— Et quand tu entres dans le monde, quand l'avenir s'ouvre pour toi, tu serais disposée à m'accompagner à l'échafaud? tu ne rougirais pas de me reconnaître pour ton père, dût la foule aveugle me prodiguer les épithètes de traître et d'infâme?

— Oui, répondit Ghita avec fermeté; pour vous soulager du poids de votre déshonneur, je suis prête à le partager, malgré la peine que j'éprouverai à être témoin de vos souffrances.

— Chère enfant, je ne te demande pas un pareil sacrifice. Dieu me punit assez de t'avoir dédaignée, en me faisant savoir ce que tu vaux, quand il est trop tard pour en profiter. Prends cette croix, que ma mère a portée, et que j'ai portée longtemps après elle. Garde-la comme un souvenir de ton malheureux père, prie pour moi; mais quitte ce terrible vaisseau, fuis un spectacle qui ne convient ni à ton sexe ni à ton âge; sois bénie, sois bénie, mon enfant! Plût au ciel que je t'eusse connue auparavant! Néanmoins ta présence me console, tu vois en moi un pauvre criminel, incapable de veiller sur ton avenir; mais je puis faire quelque chose pour toi. Un de mes parents, espérant me fournir les moyens de me dérober au supplice, m'a apporté ce sac d'or. Prends-le; avec tes habitudes simples, il peut te mettre à l'abri du besoin.

Ghita repoussa le sac, mais elle serra la croix contre son sein.

— Je n'ai pas besoin d'or, je n'en désire pas, dit-elle : cette croix me suffit, et je la garderai jusqu'à mon dernier moment. Je vais quitter le vaisseau, mais je ne m'éloignerai pas; je vois des embarcations qui se rassemblent, la mienne va se placer parmi elles, mes prières monteront pour vous vers Dieu, pendant votre vie et après votre mort. L'or est inutile, mon père, pour acheter les prières d'une fille.

Le condamné contempla Ghita avec une émotion profonde, la pressa contre son cœur, et lui donna à plusieurs reprises sa bénédiction.

La cloche du *Foudroyant* retentit; celle de chacun des vaisseaux voisins, anglais et napolitains, sonna le même coup.

Caraccioli, qui était marin, compta quatre heures et demie : l'exécution devait avoir lieu à cinq heures. Il congédia donc sa petite-fille, qu'il venait de retrouver, afin de pouvoir rester quelques instants seul avec son confesseur.

Les derniers adieux furent tendres et solennels; et lorsque Ghita sortit de la cabine, son aïeul se figura qu'il se séparait pour jamais d'une jeune fille qu'il avait longtemps aimée, et dont il avait pu apprécier les vertus dès l'enfance.

CHAPITRE XX.

Le pont de *la Minerve* présentait un triste spectacle. Quoique l'accusé eût été condamné par une cour d'officiers napolitains, le jugement avait eu lieu sous le pavillon anglais, et l'opinion publique était en faveur de Caraccioli. Aucun danger immédiat n'exigeait la précipitation qu'on avait montrée, et un exemple eût eu plus d'efficacité, s'il avait été dépouillé de toute apparence de vengeance personnelle et accompagné des délibérations d'une justice impartiale.

On ne pouvait même soupçonner la parenté de Ghita avec le prince; mais on savait qu'elle avait été reçue par lui : elle était en proie à des émotions trop réelles pour être cachées; aussi les officiers lui témoignèrent-ils le plus touchant intérêt.

La nouvelle que Francesco Caracciloli allait être pendu, pour crime de haute trahison, s'était répandue avec la rapidité de la foudre; une multitude immense d'embarcations s'était réunie autour de *la Minerve*. Le batelier qui avait amené l'oncle et la nièce avait sans doute trouvé l'occasion de louer avantageusement sa barque, car il fut impossible de le retrouver. Les deux visiteurs n'avaient donc provisoirement aucun moyen de quitter le vaisseau.

— Il y a près de notre passavant, dit l'officier de quart, un canot monté par un seul homme, qui consentirait pour quelques *grossi* à vous mettre à terre.

Le batelier en question était de la classe des lazzaroni. Il portait une chemise blanche de coton, une bonnet phrygien qui se terminait aux genoux. Ses bras et ses jambes entièrement nus étaient remarquables par la vigueur de leur musculature, et par la beauté de leurs proportions. Sa chaussure différait de celle de ses compagnons; elle se composait de *souliers de grosse toile*, ornés à peu près de la même manière que les mocassins des Indiens d'Amérique. Carlo aperçut cet homme, qui semblait attendre avec impatience le moment de s'utiliser; il lui montra une petite pièce d'argent, et presque aussitôt la barque fut au bas de l'échelle de bord. Dès que Ghita et son oncle furent installés, l'esquif s'éloigna rapidement malgré l'appel de quelques personnes qui avaient été également abandonnées par leurs canotiers.

— Nous aimons mieux être seuls même en payant davantage, dit Carlo; placez-vous à peu de distance du vaisseau, mon ami, à l'endroit où la foule est moins grande, et nous vous récompenserons amplement. Nous sommes intéressés à cette scène solennelle, et nous désirons ne pas être observés.

— Je le savais, signor Carlo, répondit le batelier, et j'aurai soin que personne ne vous importune.

Ghita poussa un léger cri, et en levant les yeux elle reconnut Raoul Yvard dans le faux lazzarone. Son oncle, qui n'était pas assez bon observateur pour s'apercevoir du déguisement, lui fit signe de maîtriser ses émotions.

— Rassurez-vous, dit-il. l'heure n'est pas encore venue, et nous avons vingt minutes pour dire nos prières.

Ghita était loin d'être rassurée; elle comprenait tous les dangers que courait le jeune homme, et elle sentait que c'était pour elle seule qu'il s'y exposait; elle eût voulu qu'il ne fût pas là, car il troublait les réflexions que devait lui inspirer la circonstance. Elle ne pouvait néanmoins s'empêcher d'éprouver une tendre reconnaissance pour celui qui s'aventurait par amour au milieu de ses ennemis. Elle promena timidement les yeux autour d'elle, dans la crainte de trouver le lougre parmi les bâtiments qui encombraient le port, mais Raoul était trop prudent pour l'avoir amené. Il n'ignorait pas les liens qui unissaient sa fiancée au condamné, et il n'était venu que pour elle.

Nous avons dit que la baie contenait plusieurs vaisseaux de guerre, anglais, russes, turcs et napolitains. Les Français occupaient encore le château Saint-Elme, situé sur les hauteurs qui dominent la ville, et de peur d'être maltraités par leurs batteries, les vaisseaux n'avaient pas mouillé aussi près du môle que de coutume; mais ils étaient assez rapprochés pour permettre aux oisifs et aux curieux de Naples d'assister à la scène douloureuse qui allait se passer. Comme on touchait à l'heure fatale, de nouveaux bateaux arrivèrent successivement, et *la Minerve* fut environnée de spectateurs, dont quelques-uns appartenaient aux plus hautes classes de la société.

La distance n'était pas grande entre la frégate napolitaine et le vaisseau du contre-amiral anglais. Cependant *le Foudroyant* était en dehors du cercle des embarcations, et Raoul rama de ce côté, pour éviter l'encombrement. Il s'arrêta à un tiers d'encâblure de l'arrière du vaisseau amiral. En attendant le moment fatal, Ghita dit son chapelet, et Carlo récita des prières.

Un silence solennel régnait sur tous les navires environnants. L'atmosphère était lourde et brûlante, et le zéphyr ne la rafraîchissait plus. On ne remarquait à bord de *la Minerve* ni signes de vie ni signes de mort, seulement un cartaheu était gréé au bras de vergue de la misaine; l'une des extrémités longeait le mât, l'autre courait le long de la vergue, traversait une poulie, et descendait au-dessus d'une plate-forme soutenue par deux canons. Raoul était familiarisé avec de semblables préparatifs, et il distingua au milieu des agrès la corde qui devait priver Ghita de son grand-père.

Le nombre des curieux augmentait sans cesse, et les équipages des différents vaisseaux obtinrent la permission de se placer de manière à voir un supplice qui devait, pensait-on, produire sur eux un effet salutaire. La discipline ordinaire d'un vaisseau de guerre exige que les matelots se montrent le moins possible, mais on y dérogea momentanément, et les masses flottantes qui entouraient *la Minerve* se garnirent de milliers d'hommes, groupés dans les cordages comme des abeilles autour de leurs ruches. Pendant ce temps on entendit à bord du *Foudroyant* le sifflet du maître d'équipage, et quatre mousses se rangèrent sur l'échelle de bord, marque d'honneur qu'on n'accorde jamais à des officiers d'un grade inférieur à celui de capitaine.

La barque de Raoul était à cinquante verges du passavant, il tourna la tête par curiosité pour voir ceux qui allaient descendre dans le canot qui était au bas des degrés. Un étranger portant deux épaulettes parut le premier, guidant deux hommes en habit bourgeois, et un lieutenant de vaisseau ferma la marche. Le canot partit; les efforts de quatre chaloupiers vigoureux le firent glisser sur la surface de l'eau, et il vint s'arrêter à dix pieds de la barque de Raoul. Celui-ci, à son grand étonnement, reconnut que les deux hommes en habit bourgeois étaient Andréa Barrofaldi et Vito-Viti, accompagnés de Cuffe et de Griffin, qu'ils avaient suivis dans une croisière dont le but principal était la capture du *Feu Follet*.

Un autre individu aurait été alarmé de se trouver si près de ses ennemis, mais loin d'inspirer de l'inquiétude à Raoul Yvard, cette circonstance le divertit. Il comptait sur son déguisement, et il avait trop l'habitude des incidents de cette nature pour ne pas conserver toute sa présence d'esprit. Il n'avait jamais vu les deux Anglais, mais sachant que *la Proserpine* était dans le port, il devinait ce qu'ils étaient, et il se figurait aisément pourquoi ils avaient deux compagnons si mal assortis. Ghita était connue des deux Elbains ainsi que son oncle, mais ils s'étaient voilé la face pour prier.

— L'issue de ce procès me contrarie, dit le capitaine à Griffin, et je voudrais de tout mon cœur qu'il n'eût pas eu lieu. J'ai connu ce vieux Caracciolli, c'était un brave homme; et s'il a trahi son roi, il n'a fait que suivre les exemples dont il était environné. Ah! ah! je crois, sur mon âme, que voilà le vieillard et la fille qui sont venus implorer Nelson pour le condamné.

— Quels rapports peuvent-ils avoir avec lui? Le vieux a la mine d'un savant; la jeune est bien bâtie, mais sa figure doit être insignifiante, autrement elle ne prendrait pas tant de peine pour la cacher.

Raoul parvint à comprimer toute manifestation. Cuffe ne vit aucun motif pour taire ses pensées même en présence des chaloupiers, devant lesquels il ne se gênait jamais.

— Si c'est elle que nous avons vue dans la cabine, reprit-il, elle n'a pas besoin de voile. J'ignore ce qu'elle voulait, attendu qu'elle parlait italien, et que lady Hamilton accaparait la conversation. Quoi qu'il en soit, elle semble avoir captivé le podestat. Demandez lui en italien, Griffin, s'il a trouvé la pie au nid.

— Signor, dit le lieutenant, vos regards paraissent avoir un autre but que *la Minerve*.

— C'est la petite Ghita, repartit Vito-Viti; elle est arrivée dans notre île comme une comète, et elle en est sortie de même. A quoi puis-je comparer sa disparition subite et extraordinaire?

— A celle du *Feu Follet*, reprit Griffin. La jeune personne et le lougre sont peut-être partis ensemble.

Vito-Viti, qui avait beaucoup moins d'assurance que dans son île, cherchait dans sa tête une réplique, lorsqu'un coup de canon partit de l'avant de *la Minerve*, où l'on arbora un pavillon jaune. Ce signal interrompit toutes les occupations ordinaires à bord des vaisseaux mouillés dans la baie. Les maîtres d'équipage cessèrent de siffler, et les aspirants ne trouvèrent plus d'ordres à répéter. Les matelots se réunirent sur les côtés de leurs bâtiments respectifs ; ils se cramponnèrent aux boute-hors, comme des essaims aux branches d'une forêt. Les bittons, les couronnements, les passavants, les trélingages furent occupés par des officiers reconnaissables à leurs épaulettes, à leurs boutons brillants, à leurs chapeaux cirés, et à leurs uniformes d'un bleu foncé. Malgré cette curiosité, l'expression d'aucune physionomie n'indiquait le sentiment que devait inspirer un châtiment mérité.

Dix-sept vaisseaux de ligne étaient sous les ordres de Nelson. Une flotte russe était venue de la mer Noire pour combattre avec eux les Français, auxquels on supposait l'intention d'attaquer l'île de Minorque ; elle avait amené à sa suite une escadre du Grand-Seigneur, et il y avait en outre dans le port quelques vaisseaux napolitains. Aucun murmure ne s'élevait, aucune résistance n'était tentée. Les Turcs seuls montraient une morne apathie ; ils regardaient ce spectacle avec l'indifférence que donne le fatalisme. Toutefois un bruit s'était répandu parmi eux ; on prétendait qu'une maligne influence pesait sur la flotte anglaise, et que son noble chef s'était laissé dominer par la passion, qui prive souvent les héros de leur présence d'esprit et de leur indépendance.

Ghita termina ses prières au moment où le canon retentit à ses oreilles ; elle releva sur *la Minerve* des yeux ruisselants de larmes. Tous les regards se portèrent du même côté. La corde suspendue à la vergue de misaine s'agita, et quelques têtes s'élevèrent lentement au-dessus des filets de bastingage. On vit en ce moment paraître le prisonnier et le prêtre qui l'assistait. L'infortuné Caraccioli avait, comme nous l'avons dit, soixante-dix ans, et sa tête nue portait les traces du temps. Il était sans habits ; il avait les coudes attachés derrière le dos, et pouvait à peine se servir de ses mains. La corde fatale qui était serrée autour de son cou nu lui rappelait sans cesse le supplice qu'il allait subir.

A cette vue, un sourd murmure circula dans les embarcations, et un grand nombre d'assistants courbèrent la tête pour prier. Le condamné puisa quelques consolations dans cette marque de sympathie, et il revint un moment vers le monde, qu'il s'était efforcé d'oublier depuis qu'il avait pris congé de Ghita, et qu'il avait appris le rejet de son dernier pourvoi. Ce fut un terrible moment pour don Francesco Caraccioli, qui avait passé une longue vie au milieu des Napolitains, riche, illustre par sa naissance, honoré pour ses ses services, accoutumé au respect de tous. Jamais la baie de Naples n'avait étalé plus de magnificences à ses yeux qu'à l'heure où il allait la quitter pour toujours. Il promena ses regards sur les montagnes dorées par le soleil, sur la voûte du ciel, sur les eaux bleues qui allaient engloutir son cadavre; puis il examina les vaisseaux chargés de spectateurs, et son visage exprima de douloureux reproches à l'aspect du pavillon qui flottait à la tête du mât d'artimon du *Foudroyant*. Les yeux du condamné s'abattirent sur les têtes humaines qui couvraient les vagues comme un tapis; il reconnut Ghita à son costume et à celui de son compagnon. Il s'approcha du bord de l'échafaud, s'efforça de tendre les bras vers elle, et la bénit à haute voix; la pauvre fille tomba à genoux au fond de la barque, inclina la tête, et resta dans cette humble attitude jusqu'à ce que tout fût fini.

— Mon fils, dit le prêtre au condamné, voici le moment où il faut oublier tous les sentiments terrestres.

— Je le sais, répondit le vieillard d'une voix tremblante d'émotion; car il avait des sentiments trop élevés pour être accessible à la crainte. Mais cette belle œuvre de la création ne m'a jamais semblé plus riante qu'au moment où la mort va m'en séparer.

— Regardez au-delà, mon fils, dans l'éternelle immensité, élevez-vous vers des sphères supérieures! Nous avons peu de temps à nous; avez-vous quelque chose à me dire?

— Saint prêtre, dites qu'à mon dernier moment j'ai prié pour Nelson et pour tous ceux qui ont contribué à ma perte.

Un rayon de satisfaction brilla sur le visage pâle de l'ecclésiastique. C'était un homme d'une piété sincère, et qui n'avait pas hésité à se compromettre pour assister un mourant.

— Mon fils, lui dit-il, si vous quittez la vie en de telles dispositions, votre salut est plus assuré que celui des milliers d'hommes qui vous entourent; invoquez encore avec foi le Dieu qui peut seul vous servir.

Caraccioli s'agenouilla sur la plate-forme avec l'aide du prêtre, car la corde qui le retenait n'était pas assez lâche pour lui permettre cet acte d'humilité.

— Je voudrais que Nelson ne se fût pas mêlé de cette affaire, murmura le capitaine Cuffe en se tournant machinalement du côté du *Foudroyant*.

Tous les officiers s'étaient retirés, et il n'y avait sur la dunette que lady Hamilton, accompagnée d'une femme de chambre. Cuffe détourna la tête avec dégoût, et au moment même un cri universel s'éleva des embarcations. Les matelots de *la Minerve* venaient d'enlever le malheureux Caraccioli, toujours agenouillé, et son corps se balançait au bout de la vergue, tandis que le prêtre était encore absorbé dans ses prières. Il y eut une minute de lutte horrible entre la vie et la mort; puis le corps qu'avait habité une âme immortelle demeura passivement suspendu au bout de l'espar, comme une poulie agrafée à la vergue, et aussi insensible que le bois qui le soutenait.

CHAPITRE XXI.

Pendant une longue soirée d'été, le cadavre de Francesco Caracciolli resta suspendu à la vergue de *la Minerve*. On le descendit ensuite dans une barque, les pieds chargés d'un boulet ramé; il fut porté à une lieue vers le large et jeté à la mer.

Ghita Caracciolli et son oncle n'avaient eu d'autre intention que de s'acquitter d'un devoir en rendant visite à l'amiral. Du moment qu'il n'était plus, ils rentraient dans leur obscurité, non parce qu'ils refusaient d'avouer leur parenté avec le supplicié, mais parce qu'ils étaient dépourvus de cette ambition mondaine qui rend les dignités et la fortune indispensables au bonheur.

Raoul eut soin d'arracher sa fiancée à l'affreux spectacle du gibet, et se dirigea vers la côte, près des jardins de Portici. Durant le trajet, Ghita recouvra graduellement sa présence d'esprit. Elle s'essuya les yeux, et parut se demander où on les menait.

— Je ne vous demanderai pas, dit-elle à Raoul, pourquoi vous êtes ici et d'où vous venez; mais je voudrais savoir où vous avez l'intention de nous conduire. Nous demeurons de l'autre côté de la baie, à Santa-Agata, sur les hauteurs qui dominent Sorrente. Nous allons y passer un mois tous les ans chez la sœur de ma mère, qui tient à cette preuve d'affection.

— Si je n'avais su tout cela, Ghita, je ne serais pas ici. J'ai rendu ce matin visite à votre tante; je vous ai suivie à Naples; j'ai entendu parler de la condamnation de l'amiral, et j'ai compris à quel point elle vous impressionnerait. Je vous ai vue monter à bord du vaisseau amiral anglais, et je vous attendais à l'endroit où vous m'avez trouvé, après avoir réussi à congédier le batelier qui vous avait amenés. Toutes ces démarches sont aussi naturelles que le sentiment qui m'a poussé à me jeter encore une fois dans la gueule du lion.

— Tant va la cruche à l'eau qu'à la fin elle se brise, dit Ghita d'un ton de reproche; et pourtant elle n'eut pas le pouvoir d'empêcher le ton de la tendresse de se mêler à ses paroles.

— Vous savez tout, Ghita. Après dix mois de persévérance, vous m'avez froidement refusé votre main; vous avez quitté le mont Argentaro tout exprès pour vous débarrasser de mes importunités, et je pouvais avec mon lougre y débarquer à chaque instant. Vous êtes venue dans cette baie, où affluent des Anglais et autres ennemis de la France, dans la certitude que je ne vous y rejoindrais pas... Eh bien! voyez comme vous avez réussi! Nelson, malgré ses victoires, ses talents et sa puissance, ne peut empêcher Raoul Yvard de suivre la femme qu'il espère épouser.

Le marin avait cessé de ramer pour exhaler ses plaintes. Les deux interlocuteurs ne s'occupaient nullement de la présence de Carlo Giuntotardi, ordinairement trop absorbé dans ses hautes méditations pour prêter l'oreille aux propos des jeunes gens. Ghita ne fut surprise ni des reproches ni de la persévérance de Raoul. Sa conscience lui disait qu'il avait raison de lui attribuer le changement de résidence auquel elle avait déterminé son oncle. Elle avait cru en effet devoir quitter les tours du mont Argentaro; mais elle n'avait pas assez d'artifice pour avoir songé à choisir un autre séjour que celui qu'elle visitait périodiquement, et que par ses propres révélations Raoul connaissait aussi bien qu'elle.

— Je ne puis que vous répéter ce que je vous ai déjà dit, reprit-elle d'un air rêveur: notre séparation me paraît nécessaire. Je ne saurais renoncer à ma patrie; vous ne sauriez abandonner cette glorieuse république dont vous êtes si fier. Je suis Italienne, et vous êtes Français: bien plus, j'adore mon Dieu, et vous avez adopté les impiétés de votre nation. Quelle que soit l'affection que nous ayons l'un pour l'autre, voilà de graves motifs pour nous séparer. Mieux vaut prendre une compatriote qui partage vos idées, plutôt que de compromettre votre avenir avec une étrangère.

— Nous en reparlerons, ma chère Ghita; il faut d'abord que je vous reconduise chez votre tante, à moins que vous ne préfériez vous embarquer sur *le Feu Follet* et retourner aux Tours.

— Sur *le Feu Follet*!... Auriez-vous eu la témérité de l'amener si près de la flotte ennemie? Savez-vous, Raoul, que vos gens finiront par murmurer, si vous les exposez à de tels risques pour satisfaire vos fantaisies?

— *Peste!* je les tiens en belle humeur en leur procurant de riches prises! Le succès auquel Nelson doit sa haute réputation fait de Raoul Yvard un grand homme dans sa petite sphère. Mon équipage est comme son capitaine, il aime les aventures et le succès.

— Je n'aperçois pas votre longre au milieu de tant de vaisseaux.

— La baie de Naples est large, répondit Raoul en riant, et *le Feu Follet* tient peu de place. Voyez! les vaisseaux de ligne qui sont là-bas n'ont l'air de rien auprès de ces imposantes montagnes sur ce vaste golfe; comment mon lougre ferait-il sensation? Nous ne sommes pas insignifiants, Ghita, mais nous sommes petits.

— Pourtant, Raoul, avec tant de regards vigilants, il y a toujours du danger. D'ailleurs, comme vous l'avez avoué vous-même, le gréement d'un lougre est inusité.

— Pas ici, au milieu de tous ces navires d'Orient. Je sais par expérience que pour n'être pas remarqué il faut se confondre dans la foule; celui qui habite un village ne peut rien cacher de ses actions.

Mais nous continuerons l'entretien quand nous serons seuls... Ce pêcheur s'apprête à nous recevoir.

L'esquif touchait au rivage, où était mouillée une yole occupée par un seul pêcheur. Cet homme, qui l'observait depuis quelque temps, retira ses lignes, leva son grappin et alla au-devant du canot. Ce ne fut pas sans peine, grâce à un déguisement adroitement combiné, que Ghita reconnut Ithuel Bolt.

Quelques mots suffirent pour mettre l'Américain au fait de ce qu'il avait besoin de savoir, et l'on fit des préparatifs de départ. Raoul avait trouvé son embarcation sur la plage, et s'en était emparé sans permission; il la mit à l'ancre, dans l'espoir qu'elle serait tôt ou tard découverte par le légitime propriétaire; puis il transféra sa cargaison sur la yole, qui appartenait au *Feu Follet*. Cette yole était légère, admirablement construite, et munie de deux bonnes rames. Raoul prit l'une, Ithuel l'autre; et ils s'écartèrent de terre pour traverser la baie en ligne droite.

Il y a peu de parties de la mer où un bateau isolé attire moins d'attention que dans la baie de Naples. Le nombre des embarcations qui la sillonnent dans tous les sens est proportionné à celui des piétons qui se pressent dans les rues de la grande capitale. Le supplice de don Francesco avait encore augmenté le mouvement habituel, et ni Raoul ni Ithuel n'éprouvaient la crainte d'exciter la curiosité. Les allants et venants n'avaient pas plus de raison pour héler une barque dans cette baie spacieuse que l'on ne peut en avoir pour interroger un étranger sur la place d'un marché.

Le soleil descendait à l'horizon; mais il faisait encore assez clair pour que Raoul vît un cadavre suspendu à la vergue de misaine de *la Minerve*, circonstance dont il se garda bien de faire part à ses compagnons. *La Proserpine*, qui avait appareillé une demi-heure après le supplice de Caraccioli, marchait toutes voiles dehors, par une faible brise, dans la même direction que la yole du *Feu Follet*. La nuit vint; la lune se leva, et sa clarté, en rendant les objets moins distincts, ne leur prêtait point de nouveaux charmes. Ce golfe exceptionnel, dont l'atmosphère est si douce, dont les eaux profondes ont les teintes foncées de la pleine mer, a sous les feux du soleil les beautés mystérieuses, le caractère de rêverie que les autres paysages empruntent aux illusions de la nuit.

Raoul oublia de ramer; il lui était si doux d'avoir Ghita auprès de lui! La conversation, comme on peut le supposer, n'était pas animée; mais quand Ghita répondait à une question, ou hasardait une remarque, les sons mélancoliques de sa voix avaient plus d'harmonie que les concerts de musique militaire qui retentissaient au loin sur les eaux.

La brise de terre avait fraîchi; *la Proserpine*, qui était d'abord restée en arrière faute de vent, gagna sur la yole. Quand la frégate arriva par le travers de la Campanie, entre le Vésuve et les montagnes auxquelles est adossé Castellamare, elle courait rapidement de l'avant ; ses voiles étaient gonflées sans battre, et son estime était de cinq ou six milles à l'heure. Elle fut bientôt bord à bord du bateau, et à la demande de Raoul, Ghita donna un écart à la barre, pour éviter l'énorme masse qui s'avançait. La frégate avait probablement une intention en s'approchant ainsi, car elle se dirigea vers la yole, et la timonière effrayée lâcha le gouvernail.

— Ne craignez rien, cria Griffin en italien, nous voulons seulement vous prendre à la remorque ; sois paré à prendre la corde !... hale !...

On jeta un cordage qui tomba sur la tête d'Ithuel ; l'Américain ne put se dispenser de le prendre. D'ailleurs, malgré son aversion pour les Anglais en général, et pour *la Proserpine* en particulier, il aimait la besogne toute faite, et il trouva plaisant de faire contribuer un vaisseau du roi à la marche de l'embarcation d'un corsaire. Il saisit adroitement la corde, et la yole fut remorquée par la hanche de la frégate ; tandis que Raoul prenant la barre, lui donnait un écart suffisant pour l'empêcher d'accoster. Ce mouvement fut si brusque et si complètement inattendu, que Ghita exprima son mécontentement à voix basse, de peur de trahir ses compagnons.

— Ne craignez rien, répondit Raoul, on ne peut nous soupçonner, et nous allons peut-être recueillir quelques renseignements utiles. En tout cas, *le Feu Follet* est en lieu de sûreté.

Le capitaine Cuffe se plaça sur le couronnement, à côté de Griffin, pour lui dicter des questions. Ils étaient accompagnés des deux Italiens.

— Etes-vous des bateliers de Caprée ? demanda le lieutenant.

— Oui, signor, répliqua Raoul en patois du pays, en essayant de donner à sa voix mâle une intonation criarde ; nous sommes allés porter du vin à Naples, et nous nous sommes attardés pour voir l'exécution. Cospetto ! on tue à Naples un prince, comme nous tuons une caille dans la saison... Pardonnez-moi, ma chère Ghita ; mais il faut leur jeter de la poudre aux yeux.

— Avez-vous vu des voiles étrangères rôder autour de votre île depuis vingt-quatre heures ?

— La baie est remplie d'étrangers, signor ; on y trouve des Turcs, et même des gens du Nord, qu'on appelle, je crois, des Russes.

— Ce sont nos alliés, et je veux parler d'ennemis. N'avez-vous pas remarqué un lougre français à la hauteur de votre île ?

— En effet, signor, il y a eu un bâtiment de ce genre, que j'ai vu de mes propres yeux vers la vingt-troisième heure, et qui avait tout l'air d'un français.

— Raoul, murmura Ghita pour lui reprocher son indiscrétion.

— C'est le meilleur moyen de les aveugler, répondit le jeune homme ; on a certainement entendu parler de nous, et la franchise avec laquelle je vais dire une petite vérité me permettra de mentir plus aisément.

— Ah ! Raoul, c'est une triste vie que celle qui rend tant de mensonges nécessaires.

— C'est l'art de la guerre, ma chère Ghita, et il faut l'employer pour tromper ces coquins d'Anglais...

— Oui, signori, nous nous accordons tous sur le lougre en question.

— Voulez-vous nous accoster et venir à bord, mon ami? demanda Griffin ; nous avons un ducat disponible, et il sera aussi bien placé dans votre poche que dans toute autre. Nous allons vous héler à l'avant par le travers de la galerie du faux pont.

— Ah ! Raoul, ne commettez pas cette imprudence, murmura Ghita : le vice-gouverneur et le podestat vous reconnaîtront, et tout sera perdu.

— N'ayez pas peur, je suis soutenu par la bonté de ma cause et par les ressources de mon esprit; la moindre hésitation nous perdrait. Les Anglais commencent par demander, et si on leur refuse, ils prennent sans cérémonie... A-t-on jamais vu un lazzarone refuser un ducat !

Raoul donna quelques instructions à Ithuel, puis il emborda sur la frégate, saisit un tire-veille et grimpa sur les taquets avec l'agilité d'un chat. Il est certain que personne à bord ne devinait quel était le personnage qui s'avançait avec tant de confiance sur le pont. Les émotions inséparables d'une pareille aventure plaisaient au jeune corsaire. Il se croyait d'autant plus sûr de l'impunité, qu'il n'y avait d'autre lumière que celle de la lune, et que les ombres des voiles augmentaient l'obscurité. Il savait d'ailleurs par expérience que les deux fonctionnaires italiens n'étaient pas très-habiles à découvrir l'imposture.

On venait de poser le premier quart de la nuit, Winchester, qui avait repris ses fonctions, tenait le porte-voix. Quelques aspirants se promenaient sur le gaillard d'arrière; plusieurs matelots étaient en sentinelle dans les drisses ou sur les bossoirs; d'autres, les bras croisés ou les mains dans leurs vestes, arpentaient le gaillard d'avant, et un quartier-maître à l'œil vigilant dirigeait les mouvement du timonier. Le reste des hommes de quart, installé entre les canons, se tenait prêt à agir, mais sommeillait en réalité.

Cuffe, Griffin et les deux Italiens descendirent du couronnement, et attendirent près de l'arrière l'arrivée du prétendu batelier de Caprée. Il fut convenu que Vito-Viti porterait la parole, et que Griffin traduirait tout bas au capitaine le résultat de la conférence.

— Approchez, ami, dit le podestat d'un air protecteur : ce généreux et noble capitaine anglais, sir Cuffe, me charge de vous donner un ducat pour vous prouver qu'il a l'intention de vous bien payer. Un ducat, c'est beaucoup, vous le savez, et un bon salaire mérite de bons services.

— Oui, signor; Votre Excellence dit vrai, un bon ducat mérite certainement de bons services.

— *Bene*, dites maintenant à ces signori tout ce que vous savez au sujet du lougre, où vous l'avez vu, quand vous l'avez vu, et ce qu'il faisait. Eclaircissez vos idées, et émettez-les une à une.

— Soyez tranquille, signor; si je vous en crois, je dois commencer par vous dire où je l'ai vu, ensuite à quelle époque, et enfin quelles étaient ses occupations?

— Précisément; mais, un mot d'abord : tous les naturels de l'île de Caprée parlent-ils l'italien comme vous?

— Oui, signor; mais comme ma mère était Française, on assure que j'ai retenu un peu de son accent : on garde toujours quelque chose de sa mère, et on devrait même en garder davantage.

— C'est vrai; mais arrivons au lougre.

— Vous désirez savoir où je l'ai vu; dois-je dire à Votre Excellence à quel endroit j'étais en ce moment ou à quel endroit était le lougre?

— Parle-nous du lougre, maraud; crois-tu que sir Cuffe s'inquiète de la manière dont tu as passé la journée?

— Eh bien! donc, Excellence, le lougre était auprès de l'île de Caprée, du côté opposé à la baie, et presque par le travers de la maison de Giacomo Alberti... Votre Excellence connaît sans doute cette maison?

— Pas du tout; mais fais comme si je la connaissais : ce sont des détails qui donnent du prix à ton récit. A quelle distance était-il de la terre la plus voisine?

— Il en était loin comme du grand figuier de Giacomo à la vigne de Giovani.

— Quelle peut être cette distance, mon ami? Soyez précis; vos réponses sont de la plus grande importance.

— La distance est à peu près la même que de l'église à l'escalier qui mène à Caprée.

— Cospetto! fais ton évaluation en milles si tu veux gagner honorablement ton ducat; était-ce à deux, six ou vingt milles de ton île?

— Signor, répondit Raoul, cela m'est impossible à dire. Je sais seulement que le navire en question était hier au soir à la hauteur de Caprée, qu'il avait le cap sur Ischia, et qu'il doit y être arrivé pendant la nuit, attendu qu'une bonne brise de terre a régné depuis la vingt-troisième jusqu'à la cinquième heure.

— Cela s'accorde avec le rapport qui nous a été transmis, dit Griffin seulement on nous faisait savoir que le corsaire doublait le cap sud pour entrer dans le golfe de Salerne.

Raoul tressaillit et s'applaudit intérieurement d'être venu à bord, afin de dépister des ennemis aussi bien informés.

— Signor, reprit-il sans se déconcerter, je voudrais bien savoir qui a pu confondre ainsi le sud-est avec le nord-ouest. Nous n'avons pas de pilote ou de batelier capable de commettre une pareille bévue. Vous... signor, qui êtes officier, et par conséquent expert en navigation, vous savez certainement qu'Ischia est au nord-ouest de Caprée.

— C'est incontestable, répondit Griffin, et il est également vrai que le golfe de Salerno est situé au sud-est de ces deux localités.

— A la bonne heure, s'écria Raoul d'un air de triomphe parfaitement joué : j'étais sûr que Votre Excellence reconnaîtrait combien il est absurde de prétendre qu'un navire en allant de Caprée à Ischia gouverne autrement qu'au nord-ouest !

— Ce n'est pas la question, mon ami! nous connaissons à merveille le gisement de ces deux îles ; mais il s'agit de savoir quelle route suivait le lougre.

— Je croyais vous avoir dit qu'il avait le cap sur Ischia, repartit Raoul d'un air d'innocence.

— Cet homme nous dirait-il la vérité ? demanda Cuffe trompé par la feinte simplicité du corsaire. En ce cas, nous aurions tort de doubler Campanella et d'entrer dans le golfe de Salerne. Les Français occupent encore Gaëte, et il est possible que maître Yvard ait voulu avoir sous le vent un port ami.

— Vous oubliez, capitaine Cuffe, que l'amiral Nelson a déjà envoyé un croiseur de ce côté, et que *le Feu Follet* n'oserait pas se montrer devant un de nos bâtiments réguliers.

— Hum! je n'en suis pas sûr, monsieur Griffin. *La Proserpine* est un bâtiment très-régulier, et *le Fiou Folly* s'est montré devant elle. En vérité, il est bien nommé, et j'aimerais mieux poursuivre un feu follet dans les îles de Sicile, que de courir après ce drôle ! D'abord il est ici, ensuite là, et à présent il n'est nulle part. J'avais dit à Nelson qu'il me fallait un autre vaisseau, car si ce Roul, Rule, Raoul... Comment appelez-vous ce pirate ?

— Raoul Yvard, capitaine Cuffe ; le prénom est tout Français, et correspond à Rodolphe.

— J'avais dit à Nelson que si ce Raoul se mettait à rôder autour des îles, autant voudrait jouer aux quatre coins toute la journée, que de chercher à le lancer au large. Son lougre tourne comme une diligence dans une cour d'auberge !

— Sa Seigneurie aurait dû écouter ces observations, et vous donner un sloop pour vous seconder.

— Bah! comptez là-dessus! Nelson enverra bien un vaisseau anglais contre deux français ; mais il ne consentira sous aucun prétexte à envoyer deux anglais contre un français.

— Mais, Monsieur, il s'agit non pas de combat, mais de chasse ; et un français va plus vite que deux anglais.

— Peste! murmura Raoul.

Le vice-gouverneur, qui se trouvait auprès du faux lazzarone, entendit seul ce mot.

— C'est vrai, répondit Cuffe ; quoi qu'il en soit, nous sommes livrés à nous-mêmes, et si ce *Fiou Folly* se porte entre Ischia et Procida, il sera aussi difficile de le débusquer que de déterrer un renard. Quant à une expédition en canot, je crois que vous en avez assez ?

— Je présume que notre équipage ne s'en soucie pas, répliqua Griffin avec la franchise et la sincérité d'un homme vraiment brave ; il faut leur laisser le temps d'oublier leur dernier échec.

— *Bon!* murmura Raoul, sans songer qu'on pouvait l'entendre.

— Nonobstant, Griffin, il faut l'attraper, au risque d'user nos souliers à la chasse.

Raoul avait suivi attentivement cette conversation, et n'en avait pas perdu une syllabe. Le vice-gouverneur n'y avait rien compris ; mais les deux exclamations de Raoul avaient éveillé dans son esprit une vague défiance.

Les deux magistrats n'étaient montés à bord de *la Proserpine* que pour se soustraire aux railleries des Elbains, et pour se dérober, en contribuant à capturer le corsaire, à l'humiliation d'en avoir été dupes. Cuffe, dans un moment d'abandon, leur avait offert deux cadres dans sa cabine et deux places à sa table. La proposition avait été acceptée avec empressement, mais Andréa n'avait pas tardé à s'apercevoir que sa présence était parfaitement inutile, et il rêvait nuit et jour aux moyens de faire au moins preuve de bonne volonté. Cette tension continuelle d'esprit le rendait plus soupçonneux et plus clairvoyant que de coutume.

Au moment où le colloque des deux officiers venait de finir, Andréa s'approcha de Griffin et lui murmura quelques mots à l'oreille.

— Là! là! s'écria le lieutenant en anglais ; si le vice-gouverneur ne s'abuse pas, notre besogne est à moitié faite.

— Ce vice-gouverneur est un brave homme, après tout, dit le capitaine ; mais il ne mettra jamais la baie de Naples en feu. Qu'a-t-il à me dire?

Le lieutenant prit Cuffe à part, et après quelques instants d'entretien secret, ils descendirent précipitamment dans la cabine, en donnant des ordres à l'officier de quart.

CHAPITRE XXII.

Pendant ces pourparlers mystérieux, Raoul feignait de regarder avec ébahissement les canons, les cordages, et les ornements de la poupe. Il n'était pas rassuré, et commençait à se repentir de son audace; mais il croyait encore son incognito impénétrable.

On vint l'avertir que le capitaine désirait le voir dans la cabine. En descendant l'échelle pour obéir à cette invitation, qui ressemblait à un ordre, Raoul remarqua qu'il était suivi par les deux Elbains.

La lampe de la cabine était allumée, et dès que le corsaire eut franchi le seuil de la pièce, il se trouva exposé à une forte clarté. Cuffe et Griffin étaient debout près de la table; le vice-gouverneur et le podestat s'y installèrent également. Ces dispositions avaient un appareil judiciaire d'assez mauvais augure.

— Ne vous déconcertez pas, dit Griffin, et veuillez mettre cette cravate noire.

La cravate noire, à cette époque, était le signe distinctif d'un militaire. Elle tendait à remplacer l'ancien col, mais elle ne fut généralement adoptée plus tard que par suite de la monomanie belliqueuse qui s'empara de l'Europe à la fin de la guerre générale. Une cravate noire autour du cou, relevée par la blancheur du linge, indiquait, même en costume bourgeois, que celui qui l'avait adoptée portait les armes. Raoul le savait, et comprenait qu'il se perdait en obéissant; mais il pensait qu'il s'exposerait davantage par un refus.

— Votre Excellence, dit-il, veut faire un prince d'un humble batelier, et ma femme s'imaginera voir quelque grand général quand je reparaîtrai devant elle.

— Pour ajouter à l'illusion, reprit Griffin, ayez la complaisance de mettre cet habit.

Et il présenta au corsaire, qui était à peu près de la même taille que lui, un de ses habits de petite tenue.

Il n'y avait plus à se méprendre sur les intentions des officiers anglais; néanmoins, sans rien perdre de son sang-froid, Raoul mit l'habit, de sorte qu'il avait la partie supérieure du corps ornée d'un uniforme anglais, et la partie inférieure revêtue du costume de pêcheur napolitain.

— Eh bien! vice-gouverneur, reprit Griffin, qu'en dites-vous maintenant?

— Je dis que Monsieur m'a fait l'honneur de me rendre plusieurs visites à ma maison de Porto-Ferrajo, mais qu'il n'a jamais été aussi bienvenu qu'aujourd'hui Signor Smith, vous avez la passion des mascarades, et vous faites carnaval toute l'année. Vous trouverez sans doute dans les ouvrages de votre illustre compatriote sir Cicéron, des arguments pour convaincre ces braves Anglais que tout ceci n'est qu'une innocente plaisanterie.

— Messieurs, dit Raoul en se dépouillant de ses plumes d'emprunt, il est inutile de feindre plus longtemps. Si je suis Raoul Yvard, je ne suis certes pas *le Feu Follet*.

— Vous savez, Monsieur, dit Griffin en français, que vous êtes prisonnier de Sa Majesté Britannique.

— Sa Majesté Britannique n'a pas remporté là une victoire aussi brillante que celle d'Aboukir, reprit Raoul avec ironie; mais enfin elle me tient. Ce n'est pas la première fois que j'ai l'honneur d'être son prisonnier de guerre.

— Ce n'est point la qualité à laquelle vous devez prétendre, monsieur Yvard.

— Je ne suppose pas que vous m'arrêtiez comme ami; les relations que nous avons eues ensemble à l'ouvert de Porto-Ferrajo et à l'embouchure du Golo ne vous donnent aucun droit à ce titre.

— Epargnez-nous vos railleries, Monsieur; la fortune vous favorisait alors, nous en convenons, mais maintenant nous vous arrêtons comme espion.

— Espion! répéta Raoul en tressaillant, c'est un métier que je n'ai jamais fait. Vous vous plairez sans doute à reconnaître, Monsieur, que c'est sur votre invitation que je suis venu à bord de *la Proserpine*. Ce serait une infamie que de prétendre le contraire.

— Personne ne vous accuse, monsieur Yvard, d'être venu à bord comme espion; mais quand on trouve un ennemi déguisé tout au milieu de la flotte anglaise, dans une baie appartenant aux alliés de l'Angleterre, on peut sans scrupule le déclarer espion et le punir comme tel.

Ce raisonnement était si concluant, que le malheureux jeune homme comprit alors combien sa situation était délicate. En venant dans la baie, il n'avait assurément pas d'autre intention que de chercher Ghita; mais il ne pouvait se dissimuler qu'il aurait profité sans hésitation, comme corsaire, de tous les renseignements que le hasard lui aurait fournis. En cédant à sa passion, il s'était donc exposé à toute la rigueur des lois militaires, et il se trouvait dans l'impossibilité de faire valoir des circonstances atténuantes.

— Que dit-il, Griffin? demanda le capitaine, qui, malgré son antipathie pour les Français, était touché du malheur d'un aussi généreux adversaire. Ne le tourmentez pas trop; a-t-il des raisons pour excuser son déguisement?

— La raison ordinaire sans doute, le désir de servir la République une et indivisible.

— Messieurs, dit Raoul en anglais, nous pouvons nous passer d'interprètes; je parle votre langue assez bien pour me faire comprendre.

— Je suis fâché de votre situation, monsieur Yvard, dit le capitaine ; j'aurais mieux aimé m'assurer de vous après un combat en règle.

— En ce cas, reprit Raoul en souriant, le *Feu Follet* serait également tombé en votre pouvoir ! Mais ne perdons pas de temps à causer. Je suis votre prisonnier, et il faut que j'en passe par là. Il n'est pas nécessaire pourtant que d'autres soient victimes de mon imprudence, et je vous demande comme une faveur de laisser les braves gens qui m'accompagnent continuer leur route. Il se fait tard, et nous devons nous trouver par le travers de Sorrente, où ils désirent aborder.

— Vos compagnons ne sont donc pas Français? monsieur Yvard.

— Non, monsieur le capitaine, je vous en donne ma parole d'honneur.

— Nous pouvons nous en assurer par nous-même, dit Griffin. Des ordres ont été donnés pour les amener à bord.

— Capitaine, interrompit Raoul avec vivacité, il y a dans la yole une jeune femme pour laquelle je réclame vos égards.

— Nous les lui accorderons, monsieur Yvard, puisqu'elle semble vous inspirer de l'intérêt. Il importe maintenant de vous mettre sous la garde d'une sentinelle, et pour vous rendre cette nécessité moins désagréable, cette cabine vous servira de prison. Monsieur Griffin, donnez des ordres en conséquence au commandant des soldats de marine.

Peu d'instants après, un factionnaire fut placé auprès de Raoul, et les officiers remontèrent sur le pont.

Cependant Ithuel et ses compagnons restaient livrés à leurs réflexions, qui n'étaient pas des plus riantes. L'arrestation s'était accomplie si tranquillement, qu'ils ignoraient ce qui s'était passé ; mais ils étaient assiégés, Ghita surtout, de sinistres pressentiments. La frégate les avait remorqués si vite, qu'ils se trouvaient, comme Raoul l'avait dit, par le travers de leur point de débarquement, toutefois elle ne ralentissait point sa marche, et personne ne se montrait sur la galerie pour arraisonner l'embarcation.

Enfin on entendit un commandement sur le pont, et le vaisseau diminua de voiles. On cargua la misaine et la voile de brigantine, les perroquets et les cacatois furent ferlés, et *la Proserpine* demeura réduite à ses trois huniers et à son foc. Sa manœuvre était terminée, lorsque Cuffe reparut sur le pont. On mit la barre à bâbord, la frégate vint au vent en courant la bordée de tribord, et la grande voile de hune fut mise sur le mât. Aussitôt un matelot descendit dans la yole, qui était bord à bord, et sous le vent du navire, et attacha à l'embarcation les palans d'étai et de bouts de vergue ; et au commandement du maître de manœuvre, la yole avec tous ceux qu'elle portait fut enlevée à la hauteur des filets de bastingage. Grâce au jeu des palans, elle fut déposée dans la coursive avec autant de précautions que si elle eût été de verre.

Ghita poussa un faible cri lorsqu'elle se trouva en l'air; et se couvrant le visage, elle attendit avec terreur la fin de son ascension. Le mouvement tira Carlo Giuntotardi de sa torpeur habituelle; mais il y retomba bien vite. Quant à l'Américain, il eût pris le parti de se jeter à la mer pour gagner la côte à la nage, s'il n'avait eu la certitude d'être poursuivi par les canots de la frégate. Il se résigna donc à monter à bord de son ancienne prison et de courir le risque d'être traité comme déserteur. Chose inouïe! cet étranger forcé de servir une nation détestée pouvait être condamné à mort, parce qu'il s'était hâté de fuir la persécution dès qu'il en avait eu les moyens.

Les assistants examinèrent naturellement les nouveaux venus avec curiosité; mais Ghita attira l'attention au point de faire oublier complètement ses compagnons. Les clartés de la lune donnaient à sa douce physionomie quelque chose de si séduisant, que tout le monde en subit l'influence.

— En vérité, maître Yvard, dit le capitaine Cuffe en anglais, si vous venez incognito dans le camp ennemi, c'est en excellente compagnie; la jeune fille est Italienne, Winchester, et elle semble remplie de modestie.

— C'est la petite Ghita! s'écria le podestat de Porto-Ferrajo. Qui vous a amenée ici, et en si mauvaise compagnie?

Ghita était en larmes, mais ne sachant jusqu'à quel point Raoul était compromis, elle fit un effort sur elle-même pour répondre au podestat.

— Signori, dit-elle, c'est une consolation pour moi de rencontrer ici des compatriotes et d'anciennes connaissances tels que vous et le vice-gouverneur. Ce n'est pas une mauvaise compagnie pour une orpheline que celle d'un oncle qui lui a toujours servi de père.

— En effet, reprit le podestat, voici Carlo Giuntotardi, homme qui vit avec les saints, et qui daigne rarement communiquer avec la terre. Mais ignorez-vous, Ghita, qu'un des bateliers n'est autre que Raoul Yvard, le fléau des côtes d'Italie, le plus terrible corsaire qui soit jamais sorti de France?

— Raoul Yvard! répéta Ghita avec un étonnement si naïf en apparence, que Vito-Viti ne put s'empêcher de le partager un peu. Êtes-vous sûr, signor podestat, de ce que vous avancez?

— C'est lui qui me l'a avoué.

— Lui! signor?

— Lui-même, Ghita! Votre batelier, votre homme de Caprée, votre lazzarone, a reconnu qu'il n'était ni plus ni moins que cet instrument d'iniquité qu'on appelle *le Feu Follet*.

— *Le Feu Follet* fait donc plus de mal que les autres croiseurs de l'ennemi ? demanda la jeune fille ; mais craignant de commettre quelque inconséquence, elle s'arrêta brusquement.

— Je crois, dit le capitaine Cuffe à Winchester, que voilà le vieillard et la jeune fille qui sont venus ce matin dans la cabine de Nelson pour lui parler du pauvre prince qu'on a exécuté dans la journée.

— Que pouvaient-ils avoir de commun avec Caracciolli ?

— Je n'en sais rien ; c'est la reine de la flotte qui les a reçus, et elle leur a parlé en italien, langue qui est de l'hébreu pour moi. Demandez à cette jeune fille si ce n'est pas celle que j'ai eu le plaisir de voir à bord du *Foudroyant*.

Cette question fut adressée, et Ghita répondit affirmativement sans hésitation.

— Puisqu'il en est ainsi, priez-la d'expliquer comment elle se trouve dans la société de Raoul Yvard.

— Signori, répondit Ghita avec un accent de vérité, car elle n'avait rien à cacher, nous demeurons sur le mont Argentaro, où mon oncle est gardien des tours de vigie. Vous savez que les pirates algériens font souvent des excursions sur nos côtes ; ils étaient devenus plus entreprenants l'année dernière, pendant l'armistice de la France et de l'Angleterre. Un de ces pirates nous avait fait prisonniers, mon oncle et moi, et nous emmenait en captivité, quand nous fûmes délivrés par un lougre françois. Depuis ce moment, le capitaine est devenu notre ami, et il s'est souvent arrêté près des tours pour nous rendre visite. Aujourd'hui nous l'avons retrouvé dans une barque, auprès du vaisseau amiral anglais, et en sa qualité d'ancienne connaissance, il nous a offert de nous conduire à la côte de Sorrente, où nous allons voir la sœur de ma mère.

Ce fut Griffin qui traduisit ce récit, et il n'hésita pas à se porter garant de la véracité de Ghita.

— Vous êtes tous les mêmes, répondit le capitaine ; vous autres jeunes gens, vous êtes toujours prêts à faire des serments. Celle-ci du moins semble honnête et pleine de réserve, malgré la société qu'elle fréquente. Dites-lui qu'elle n'a rien à craindre, mais que nous ne voulons pas nous priver si vite du plaisir de la voir. On lui donnera jusqu'à demain une chambre à bâbord, où elle et son oncle seront mieux que dans leurs pigeonniers du mont Argentaro ; je connais ce promontoire, il est près de la côte des États romains, et on y compte les tours par demi-douzaine.

Après cet entretien, on s'occupa de Raoul ; il fut mis dans une pièce tendue de toile ; on enleva toute espèce d'instruments tranchants, y compris les rasoirs, et l'on mit une sentinelle à la porte. Toute évasion était impossible au prisonnier ; un suicide seul était à craindre.

— Pauvre diable ! dit Cuffe lorsque cette question s'agita : il sera pendu; et s'il était lui-même son exécuteur, il nous épargnerait le désagrément d'un supplice à bord. Nelson va probablement donner l'ordre de l'attacher comme une poulie à notre bras de vergue de misaine; il ferait mieux d'employer pour cela une des frégates napolitaines; elles ne sont bonnes qu'à cet usage.

— Je crois plutôt, capitaine Cuffe, qu'on pendra Raoul à bord de son lougre, si nous réussissons à nous en emparer.

— Par saint Georges, vous avez raison, Griffin, et c'est un motif de plus pour rechercher ce *Flou Folly*. Il aurait mieux valu les brûler tous deux ensemble à la hauteur de Golo !

Ce fut à la suite de cette conversation que l'on prit contre le condamné les précautions dont nous avons parlé. On mit Ghita et son oncle dans une grande chambre vide, où l'on étendit des matelas. Ensuite le capitaine et ses deux hôtes se retirèrent dans l'arrière-cabine, où Griffin fut invité à les accompagner. Le capitaine se souvint alors qu'il y avait un quatrième individu dans la yole, et il l'envoya chercher.

Ithuel, remarquant que Ghita et son oncle absorbaient l'attention générale, s'était glissé dans son embarcation, et s'y était étendu tout de son long, moins pour dormir que pour se dérober aux regards. Il se promettait *in petto* de sauter à la mer, si la frégate se rapprochait assez de la terre pour lui offrir des chances d'évasion après le coucher de la lune.

On fit sortir l'Américain de son gîte, et on le conduisit dans la cabine.

Ithuel n'avait pas voulu s'aventurer à proximité de *la Proserpine* sans se revêtir des nombreux déguisements dont Raoul était pourvu. Il avait mis sur ses cheveux jaunâtres une perruque noire bouclée, il avait teint ses favoris et ses sourcils, et avait complété sa transformation en adoptant l'habit ou plutôt le déshabillé d'un batelier napolitain. Le plus grand obstacle à cette mascarade avait été certaine queue qu'Ithuel avait apportée des Etats-Unis, huit ans auparavant, soigneusement enveloppée dans une peau d'anguille. Il choyait cette queue comme un monument des jours meilleurs; il la déroulait et la peignait une fois par semaine; le reste du temps, elle formait une masse solide d'un pouce de diamètre, de deux pieds de long, aussi dure et aussi compacte qu'une corde.

La toilette hebdomadaire de cette magnifique queue venait d'être faite, quand Raoul annonça l'intention d'aller à Naples dans la yole. C'eût été bouleverser toutes les les habitudes de l'Américain que de le forcer à défaire, avant que la semaine eût accompli son tour, l'œuvre qu'il venait d'achever; il avait donc caché la queue sous la perruque noire, autant que l'avaient permis la forme et la solidité de ce débris des modes antiques.

Ithuel fut laissé dans l'antichambre de la cabine, et son arrivée fut annoncée au capitaine.

— C'est sans doute, dit le capitaine anglais d'un ton de compassion, quelque pauvre diable appartenant à l'équipage du *Feu Follet*, et nous ne pouvons songer à le pendre pour avoir obéi à ses instructions. Il faut donc l'interroger en français, Griffin, le considérer comme prisonnier de guerre, et l'envoyer à bord d'un ponton par le premier bâtiment qui retournera en Angleterre.

A ces mots, nos quatre personnages allèrent au-devant du prisonnier, qui avait entendu ce que venait de dire le capitaine, et auquel l'idée d'être interrogé en français causait une sueur froide. Dans cette extrémité, l'unique moyen de salut qui s'offrit à son esprit fut de contrefaire le muet.

— Ecoutez, mon ami, dit Griffin en assez bon français, il faut ne pas mentir, et vous vous en trouverez bien. Vous appartenez à l'équipage du *Feu Follet?*

Ithuel secoua la tête d'un air d'indignation et essaya de produire un son qui ressemblât aux efforts d'un muet pour prononcer le mot Napoli.

— Que signifie cela? dit le capitaine; est-il vraisemblable que cet homme ne comprenne pas le français? Questionnez-le en italien, et voyons ce qu'il répondra.

Griffin répéta sa demande en italien, et reçut pour toute réponse les mêmes sons inarticulés, les officiers se regardèrent avec surprise; mais malheureusement pour le plan d'Ithuel, il avait apporté de son pays natal une disposition incurable à faire passer par le nez toutes les modulations de sa voix. Les tentatives qu'il fit pour produire des sons étouffés augmentèrent cette intonation nasale et enlevèrent aux mots qu'il prononça la mélodie caractéristique de la langue italienne.

Andréa avait été frappé au cabaret de Benedetta de la prononciation toute particulière de l'Américain, et il se rappela subitement les rapports de Raoul avec ce singulier individu. Enhardi par un premier succès, le vice-gouverneur marcha d'un pas ferme vers Ithuel, enleva la perruque, et permit à la queue couverte de peau d'anguille de reprendre sa position naturelle sur le dos de celui qui la possédait.

— Oh! oh! vice-gouverneur, s'écria Cuffe en riant, vous dépistez cette nuit tous les renards. Il me semble, Griffin, que ce gaillard ne m'est pas inconnu. N'est-ce pas celui qui tenait la barre de *la Voltigeuse* quand on la prit à l'abordage?

— Non, Monsieur, répliqua Griffin, il est deux fois plus grand, et pourtant je reconnais aussi sa physionomie. Permettez-moi d'envoyer chercher un de nos aspirants, ils sont on ne peut plus habiles à dévisager les gens.

L'autorisation fut accordée, et l'on fit venir M. Roller, un des plus anciens aspirants, qui se trouvait être de quart.

— Monsieur Roller, lui dit Griffin, examinez cet homme, et dites-nous si vous le reconnaissez.

— C'est le lazzarone que nous avons laissé ce soir avec la yole.

— Assurément; mais nous croyons l'avoir vu auparavant. Pourriez-vous aider nos souvenirs?

Roller s'approcha de l'impossible objet de toutes ces observations, et se dit à son tour que cet être bizarre ne lui était pas étranger; dès qu'il eut aperçu la queue, il frappa sur l'épaule d'Ithuel en s'écriant :

— Vous voilà revenu parmi nous, mon garçon; j'espère que vous vous retrouverez dans la hune aussi bien que par le passé... Capitaine, c'est Bolt, le gabier de misaine qui déserta pendant notre dernière relâche en Angleterre; on le rattrapa et on le mit sur un ponton, d'où il s'évada dans un canot avec quelques prisonniers français. Vous rappelez-vous, monsieur Griffin, que le drôle prétendait être Américain?

Ithuel, complètement démasqué, jugea que le meilleur parti à prendre était de se soumettre. La figure de Cuffe s'assombrit; il avait une espèce d'horreur pour les déserteurs, par esprit de corps, et surtout pour ceux au service desquels l'Angleterre n'avait d'autre droit que celui de la force; sa conscience lui disait qu'il avait commis une injustice en enrôlant un citoyen des États-Unis, et cette conviction redoublait son ressentiment. Ce qu'il éprouvait n'a rien d'extraordinaire, car les hommes coupables de tyrannie cherchent ordinairement à se justifier en tâchant de se persuader que leurs victimes méritent les mauvais traitements qu'ils leur font subir.

— Osez-vous nier ce que vient de dire M. Roller? demanda le capitaine. Je me souviens de vous maintenant; vous êtes Bolt, le gabier de misaine, qui s'est enfui à Plymouth.

— Si vous aviez été à ma place, capitaine Cuffe, vous vous seriez enfui, quand même le vaisseau eût été à Jéricho.

— Assez, Monsieur, pas d'impudence! Monsieur Griffin, envoyez chercher le capitaine d'armes, et faites mettre ce drôle aux fers; demain nous examinerons son affaire.

Ces ordres furent exécutés, et Ithuel fut placé dans cette partie du bord où le capitaine d'armes règne en souverain. Cuffe donna congé au lieutenant, et se retira dans la cabine inférieure pour rédiger une dépêche au contre-amiral. Il passa près d'une heure à écrire une lettre à son idée; mais il y réussit enfin : il raconta comment le célèbre corsaire Raoul Yvard était tombé entre ses mains, et demanda ce qu'il devait faire du prisonnier. Après avoir rendu compte de cette importante capture, il exprima l'espoir de se saisir du lougre, qui devait n'être pas loin, et sur lequel Bolt lui fournirait des renseignements précis. Il expliqua la situation spéciale du déserteur, et présenta la mise en jugement immédiate des deux condamnés comme le plus sûr moyen d'arriver à prendre *le Fiou Folly*. Il termina sa lettre en réclamant le concours d'une autre frégate, dont le capitaine lui serait subordonné, et d'un sloop fin voilier qui croisait à la hauteur de Naples.

Quand cette belle épître fut cachetée, Cuffe remonta sur le pont. Il était alors neuf heures, et Winchester restait presque seul sur le gaillard d'arrière. Tout était calme, il y avait peu de vent, et la baie présentait une surface sans rides. Des flammes jaillissaient par intervalles du Vésuve, enveloppé d'une brume mystérieuse; les roches de Caprée se dressaient comme une masse noire à quelques milles sous le vent, et l'on apercevait confusément au loin le profil de l'île d'Ischia.

Les ordres de Cuffe mirent tout le monde en mouvement. On eut de nouveau recours aux palans d'étai et de bouts de vergue, et le premier cutter hissé par-dessus les filets de coursive. On planta les mâts, et Roller, qui devait s'y embarquer, vint recevoir les instructions du capitaine.

— Mettez à la voile, lui dit Cuffe, et portez sur la côte nord. Quand vous serez en face du palais de la reine Jeanne, prenez vos rames et longez la terre. Rejoignez-nous par le premier vaisseau qui sortira, et s'il n'en sort pas, revenez à bord du cutter à la faveur de la brise du matin.

— Bien, bien, Monsieur, dit Roller suivant l'habitude, et l'embarcation s'écarta. Dès qu'elle fut sous le vent du vaisseau, on déploya les deux voiles, et une demi-heure plus tard elle avait disparu dans les ténèbres. Cuffe resta encore une heure à se promener sur le pont avec son premier lieutenant; et prévoyant que la nuit serait favorable, il descendit en donnant l'ordre de mettre la frégate en panne jusqu'au lendemain matin.

Roller accosta *le Foudroyant* à minuit. Nelson était encore debout, et il écrivait dans sa cabine. La dépêche lui fut remise; il manda son secrétaire et deux commis qui se tenaient sans cesse à la disposition de ce génie actif; des ordres furent écrits, copiés, signés, expédiés à leur destination respective, afin que les vaisseaux auxquels ils s'adressaient pussent profiter de la brise du matin. Ce fut à deux heures seulement que les employés se recouchèrent.

Après avoir soupé de bon appétit dans la cabine de Nelson, Roller quitta le vaisseau amiral et monta à bord de *la Terpsichore*, petite frégate de trente-deux canons de douze, dont le capitaine avait ordre de le recevoir. Deux heures plus tard, ce vaisseau, accompagné du *Ramier*, de dix-huit, quittait le mouillage, toutes voiles dehors, bonnettes à bâbord et à tribord, et mettait le cap sur l'île de Caprée.

CHAPITRE XXIII.

Quand le soleil reparut, *la Proserpine*, qui s'était dirigée pendant la nuit vers la côte septentrionale de la baie, vira de bord et changea ses amarres. Les vigies grimpèrent dans les hunes avec des longues-vues, et examinèrent les coins et recoins de la baie, dans l'espoir d'y rencontrer le maudit *Feu Follet*. Ce magnifique bassin est tellement vaste et environné de sites tellement grandioses, que les plus grands vaisseaux se perdent dans cette immensité. Il eût été possible au *Feu Follet* de mouiller pendant une semaine entière dans une des criques de cette côte accidentée, sans attirer l'attention des croiseurs, à moins qu'un avis ne leur arrivât de la terre.

A sept heures, Cuffe se présenta sur le pont, et après avoir promené les yeux autour de lui, il adressa la parole à Griffin, qui commandait le quart.

— J'aperçois deux vaisseaux qui descendent la baie, monsieur Griffin. Ils n'ont pas encore fait de signaux?

— Non, Monsieur, autrement on vous en aurait prévenu. La frégate est *la Terpsichore*, et je reconnais à ses cacatois neufs le sloop de guerre *le Ramier*. Cette frégate, capitaine Cuffe, se vante d'être la plus fine voilière de la flotte.

— Je parierais un mois de solde que *le Fiou Folly* la distance d'un nœud sur dix. C'est ce qu'il fait avec *la Proserpine*; à plus forte raison le ferait-il avec madame *Terpsichore*. Ah! les voilà qui font des signaux... Que disent-ils, quartier-maître?

— L'un des bâtiments a montré le numéro de *la Proserpine*, et l'autre celui du *Ramier*.

— Répondez-leur, et ayez l'œil au guet; ce n'est que le début des négociations.

Quelques minutes plus tard *la Terpsichore* exprima le désir de parler à *la Proserpine*. Cuffe fit éventer le grand hunier, et orienta au plus près du vent. Une heure après, les trois navires étaient à portée de la voix : les deux capitaines, auxquels Cuffe était supérieur par droit d'ancienneté, mirent leurs canots en mer, et vinrent à bord de *la Proserpine*. Roller les suivit sur le cutter, que *la Terpsichore* avait remorqué.

Le commandant de cette frégate était sir Frédéric Dashwood, jeune baronnet plein d'activité, qui préférait les péripéties de la vie maritime aux loisirs d'une existence de riche propriétaire foncier. Pour le récompenser de son humeur entreprenante, on lui avait confié à vingt-deux ans la direction d'une belle frégate.

Le capitaine du *Ramier*, Écossais nommé Lyon, était âgé de soixante ans ; il avait conquis son grade par de longs et pénibles services, et il avait obtenu sa dernière promotion après la bataille du cap Saint-Vincent, à laquelle il assistait en qualité de premier lieutenant.

Ces deux officiers se présentèrent ensemble sur le gaillard d'arrière de *la Proserpine*, où ils furent reçus conformément au cérémonial par le capitaine de l'état-major.

— Bonjour, Cuffe, dit sir Frédéric en jetant un regard d'admiration et de critique sur le vaisseau : depuis quand avez-vous ces ornements de cuivre à votre cabestan ?

— Depuis hier seulement, sir Frédéric, c'est le fruit de nos économies.

— Nelson les a-t-il vus ? je présume que non ; on assure qu'il est l'ennemi déclaré de tous ces colifichets... A propos, Cuffe, quel triste spectacle nous avons eu hier au soir ?

— C'est une mauvaise affaire, et en ma qualité d'ancien marin de *l'Agamemnon*, je donnerais un an de grade pour qu'elle n'eût jamais eu lieu.

— Un an de grade ! c'est beaucoup ; si je l'abandonnais je serais presque au niveau du vieux Lyon que voici. J'étais lieutenant il y a huit ans à peine, et je ne compte que six mois du rang de capitaine. Mais vous autres de *l'Agamemnon*, vous aimez Nelson comme un père, n'est-ce pas, Lyon ?

— Nous avons des raisons pour cela, sir Frédéric, répondit le vieil Écossais. Si vous aviez été premier lieutenant sur un vaisseau de ligne à la bataille du cap Saint-Vincent, le 14 février 1797, vous partageriez nos sentiments. Nous n'avions en tout que quinze voiles, le vent...

— Épargnez-moi votre récit, mon cher Lyon ; je l'ai déjà entendu dix-sept fois !

— S'il en est ainsi, c'est juste une fois par an depuis votre naissance, en mettant de côté les mois de nourrice.. Mais nous ne sommes pas venus ici pour entretenir le capitaine Cuffe de ces détails.

— En effet, Messieurs, vous devez avoir un rapport à me faire.

— Pardon, capitaine, reprit Dashwood, j'oubliais ma mission : voici des ordres que je vous apporte. Le lieutenant qui me les a transmis m'a dit qu'il s'agissait d'un espion à juger et d'un lougre à capturer. En savez-vous quelque chose, Lyon ?

— Non, sir Frédéric ; n'étant pas curieux, je sais peu ce qui se passe dans la flotte. Mes ordres sont de me rendre auprès du capitaine Cuffe, et de me mettre à sa disposition.

— Eh bien ! Messieurs, voici pour vous un complément d'instructions. Ordre est donné de composer une cour martiale composée du capitaine Richard Cuffe, de *la Proserpine*, président; du capitaine sir Frédéric Dashwood, baronnet, de *la Terpsichore*; de Lyon, de Winchester; de Springs, votre premier lieutenant, sir Frédéric, pour juger Raoul Yvard, citoyen français, prévenu d'espionnage, et Ithuel Bolt, prévenu de désertion. Tout est en règle, Messieurs, et voici vos ordres respectifs.

— Je ne m'en étais pas douté! s'écria Lyon, auquel cette partie des devoirs d'un officier inspirait une forte répugnance. Je croyais qu'il ne s'agissait que de courir avec un Français.

— Je le voudrais, capitaine Lyon; mais nous sommes malheureusement chargés de juger un espion et un déserteur. Retournez à vos bâtiments, Messieurs, et suivez-moi. Mon intention est d'aller mouiller sur une seule ancre auprès de Caprée. Nous y resterons pendant le calme, et nous expédierons les deux affaires. Marchons, de peur de manquer la brise. Je vous avertirai par un signal de l'heure à laquelle le tribunal entrera en séance.

Les deux visiteurs se retirèrent, et *la Proserpine* éventa ses voiles. Les trois vaisseaux se mirent en route et mouillèrent à la hauteur du chef-lieu de l'île de Caprée. A deux heures dix minutes, *la Proserpine* tira un coup de canon, et hissa le pavillon qui indiquait la tenue d'une cour martiale.

Les membres du tribunal se rassemblèrent dans la cabine avec tout l'appareil nécessaire pour commander le respect. Les officiers étaient en grand uniforme; ils prêtèrent serment d'un air grave, et celui qui remplissait les fonctions de prévôt reçut l'ordre d'introduire les accusés.

Raoul Yvard et Ithuel Bolt furent amenés en même temps, mais on ne les laissa pas communiquer entre eux. Lorsque tout le monde eut pris place, on leur lut l'acte d'accusation. Comme on voulait juger en premier lieu le corsaire français, et qu'Ithuel pourrait être appelé en témoignage, on reconduisit ce dernier hors de la cabine.

— Maintenant, dit l'officier chargé des fonctions de ministère public, nous allons faire prêter serment au signor Andréa Barrofaldi. Monsieur, si vous voulez bien m'accepter comme interprète, je vais vous lire la formule du serment en italien.

Le vice-gouverneur prêta le serment qu'on lui demandait; on lui adressa diverses questions sur sa profession, son pays, etc. Puis le vice-gouverneur procéda à l'interrogatoire du témoin.

— Signor vice-gouverneur, connaissez-vous de vue le prévenu?

— Oui, j'ai eu l'honneur de le recevoir dans une maison de l'île d'Elbe.

— Sous quel nom et dans quelles circonstances s'est-il présenté à vous?

— Il se faisait passer pour sir Smith, capitaine au service de Sa Majesté Britannique.

— Quel bâtiment prétendait-il commander?

— Le *Wing-and-Wing*, lougre que j'ai lieu de croire être *le Feu Follet*, corsaire sous pavillon anglais. Monsieur m'a rendu deux visites à Porto-Ferrajo, en prenant le nom de sir Smith.

— Et vous savez maintenant que c'est Raoul Yvard, capitaine du corsaire français?

— Hé hé, je sais qu'on dit que c'est le signor Yvard, et que *le Wing-and-Wing* est *le Feu Follet*.

— Cela ne suffit pas, signor Barrofaldi; n'est-ce pas à votre connaissance personnelle?

— Non, signor.

L'audience fut suspendue; on envoya chercher Vito-Viti, et il prêta serment.

— Aviez-vous déjà vu le prévenu, signor Viti? demanda le ministère public.

— Oui, malheureusement, car jamais de graves magistrats n'ont été aussi complètement mystifiés que le gouverneur et moi. Hélas! Messieurs, les plus sages sont comme des enfants à la mamelle, quand un nuage passe sur leur intelligence.

— Racontez à la cour, signor podestat, les détails de cette aventure.

— Signori, voici les faits. Andréa Barrofaldi est, comme vous le savez, vice-gouverneur de Porto-Ferrajo, et je suis son indigne podestat. Il est de notre devoir de nous occuper de tout ce qui intéresse le bien public, et notamment des étrangers qui viennent dans notre île. Or il y a trois semaines qu'on aperçut un lougre ou felouque...

— Etait-ce un lougre ou une felouque? demanda l'avocat général en prenant la plume pour écrire la réponse.

— Tous les deux à la fois, signor.

— Il y avait donc deux navires?

— Non, signor, mais cette felouque était un lougre. Tommaso Tonti a voulu m'induire en erreur à ce sujet: mais ce n'est pas pour rien que je suis depuis si longtemps podestat dans un port de mer, et je sais qu'il y a des felouques de toute espèce, vaisseaux-felouques, bricks-felouques et lougres-felouques.

Les membres de la cour ne purent s'empêcher de sourire lorsque cette réponse leur eut été traduite, et Raoul Yvard rit aux éclats.

— En définitive, signor podestat, reprit l'avocat général, l'accusé est entré à Porto-Ferrajo sur un lougre?

— On me l'a dit, signor; je ne l'ai pas vu de mes yeux à bord de ce bâtiment, qu'il nommait *le Wing-and-Wing*.

— Et comment se nommait-il lui-même?

— Sir Smith, capitaine au service du roi d'Angleterre.

— Savez-vous maintenant que ce lougre était le fameux corsaire français *le Feu Follet*, et que le prévenu est Raoul Yvard?

— Comment le saurais-je? s'écria Vito-Viti ; je ne fréquente pas d'habitude des corsaires.

L'avocat général et les juges se regardèrent gravement. Ils étaient certains que le prévenu était Raoul Yvard; mais il fallait en administrer la preuve légale avant de le condamner. On demanda à Cuffe si l'accusé avait avoué son identité. Mais on ne pouvait citer de lui une déclaration positive, quoique le fait résultât de sa conversation. La justice se trouvait dans un embarras où elle tombe assez fréquemment. Elle n'avait aucun moyen d'établir un point dont personne ne doutait. Enfin Cuffe se souvint de Ghita et d'Ithuel, et il écrivit leurs noms sur un morceau de papier qu'il fit passer au ministère public. Celui-ci fit un signe de tête pour avertir le président qu'il avait compris, et il dit ensuite au prévenu qu'il pouvait interroger le témoin.

Raoul avait pour lui sa conscience, mais il savait qu'il s'était compromis, et que ses ennemis ne manqueraient pas de le perdre s'ils pouvaient le faire avec une apparence de légalité. Jusqu'à ce moment, l'idée de nier son identité ne s'était pas offerte à son esprit; mais voyant les juges embarrassés, faute de renseignements, il résolut de tirer parti de la circonstance. Il se tourna vers le podestat et lui adressa des questions en anglais, pour qu'elles fussent soumises à la même interprétation que le reste de l'interrogatoire.

— Vous dites, signor podestat, m'avoir vu à Porto-Ferrajo?

— Oui, dans une ville dont j'ai l'honneur d'être une des autorités.

— Vous prétendez que je commandais pour Sa Majesté Britannique une felouque appelée le *Wing-and-Wing*?

— Précisément; vous vous disiez le capitaine de cette felouque.

— Vous avez déclaré, interrompit Lyon, que ce navire était un lougre, monsieur le podestat.

— C'était une felouque-lougre, seigneur capitaine, ni plus ni moins.

— Tous ces honorables officiers, reprit Raoul d'un ton railleur, savent qu'il existe une notable différence entre une felouque-lougre et *le Feu Follet*, si je m'en rapporte aux descriptions qu'on m'en a faites. Maintenant, signor, m'avez-vous jamais entendu dire que je fusse Français?

— Non; nous n'avez pas eu la maladresse de faire une déclaration pareille à un homme qui déteste le nom de la France. Cospetto! si tous les sujets du grand-duc avaient pour ses ennemis autant d'aversion que moi, ce serait le plus puissant prince de l'Italie.

— Je n'en disconviens pas; mais souffrez que je vous demande si vous m'avez entendu donner à cette felouque le nom de *Feu Follet*?

— Jamais! cependant...

— Répondez-moi catégoriquement, je vous prie. J'appelais ma felouque *le Wing-and-Wing* et je me nommais le capitaine Smith, n'est-il pas vrai ?

— Rien de plus exact, et vous ajoutiez que vous apparteniez à une illustre famille anglaise.

Raoul sourit à ce souvenir, car s'il s'était vanté de la noblesse de sa race, c'était sans dessein prémédité, et à la suite des propos tenus par les deux Italiens.

— Si un jeune homme a la vanité de se faire passer pour noble, reprit Raoul avec calme, cela prouve sa folie ; mais cela ne prouve pas qu'il soit un espion. Vous ne m'avez jamais entendu dire que je fusse Français ; mais ne vous ai-je pas déclaré que j'étais né à Guernesey ?

— C'est vrai, et j'avoue que je n'avais jamais entendu parler de cette île. Je connais la Sicile, la Sardaigne, Caprée, Ischia, l'Irlande, l'Angleterre, l'Ecosse, Malte, Capraja, Pianosa, Gorgona ; mais j'ignorais l'existence de Guernesey. Nous autres Elbains, signori, nous sommes des gens simples et sans prétentions ; cependant, si vous voulez interroger le vice-gouverneur sur ce point, il vous étalera des trésors de science. Je doute qu'il ait son égal en Italie, surtout dans la connaissance des îles !

— A merveille, signor podestat, mais pouvez-vous affirmer à ces officiers, sur la foi du serment, que j'aie le moindre rapport avec la felouque *le Wing-and-Wing* ?

— Je ne le sais que par votre propre déclaration, vous portiez un uniforme pareil à ceux de ces officiers, et vous prétendiez commander *le Wing-and-Wing*... A propos, signori, en parlant des îles, j'ai oublié de mentionner Palmarola et Ponza, devant lesquelles nous avons passé en venant de l'île d'Elbe.

— Bien ; il faut toujours préciser les faits, quand on a prêté serment. En somme, signor podestat, le résultat de votre déposition, c'est que vous ignorez si la felouque en question est *le Feu Follet*, si je suis Français, et plus encore, si je suis Raoul Yvard. Vous savez seulement, sur mon affirmation, que je suis de Guernesey, et que je m'appelle Jack Smith ?

— Oui, signor ; mais je vous ai vu tirer le canon sur les embarcations de cette frégate, après avoir hissé le pavillon français. C'est une preuve que vous étiez ennemi de l'Angleterre.

Raoul sentit que le coup portait juste et il essaya de le parer

— Mais vous ne m'avez pas vu diriger le combat, vous avez vu seulement *le Wing-and-Wing* engagé avec les canots de la frégate ?

— C'est vrai, mais vous m'aviez dit que vous étiez commandant du *Wing-and-Wing*.

— Entendons-nous, interrompit l'avocat général, l'intention du prévenu est de nier qu'il soit Français et ennemi.

— Mon intention, Monsieur, est de nier tout ce qui n'est pas prouvé.

— Mais votre accent, votre tournure attestent que vous êtes Français.

— Pardonnez-moi, Monsieur, il y a beaucoup de pays où l'on parle français, sans qu'ils appartiennent à la France : par exemple, la Savoie, Genève, le canton de Vaud, la Belgique ; l'Angleterre a des sujets qui parlent français au Canada, à Jersey et à Guernesey. Ferez-vous pendre un homme parce qu'il n'a pas l'accent d'un habitant de Londres ?

— Accusé, dit le capitaine Cuffe, nous vous traiterons avec impartialité, et nous vous accorderons le bénéfice de ce qui ne sera pas éclairci. Toutefois, il est bon de vous apprendre que, suivant l'opinion générale, vous êtes Raoul Yvard, corsaire français. Si vous pouvez nous démontrer le contraire, donnez-nous des preuves concluantes.

— Comment l'honorable cour en attendrait-elle de moi? j'ai été arrêté hier dans une yole, et l'on expédie mon procès aussi vite que celui de Caraccioli. Accordez-moi du temps pour réunir mes témoins, et je vous ferai connaître qui je suis.

Ces paroles, prononcées avec le sang-froid d'un homme sûr de son innocence, produisirent certaine impression sur les juges, car un appel aux principes invariables du droit trouve rarement des oreilles indifférentes. Néanmoins comme tous les membres de la cour étaient persuadés de l'identité du prévenu, sa requête ne servit qu'à leur inspirer un plus vif désir de dissiper tous leurs doutes.

— Accusé, demanda le président, avez-vous d'autres questions à adresser au témoin?

— Pas pour le moment, Monsieur.

— Qu'on appelle Ithuel Bolt, dit l'avocat général en lisant le nom du nouveau témoin sur une liste placée devant lui.

Raoul tressaillit, car il n'avait pas songé que l'Américain serait appelé à déposer contre lui. Ithuel parut, fut admis à prêter serment, et prit place en face des juges.

— Vous vous nommez Ithuel Bolt? dit l'avocat général.

— C'est ce qu'on prétend ici, répondit froidement le témoin ; mais, pour ma part, je n'ai pas à répondre à une pareille question.

— Niez-vous votre nom, Monsieur?

— Je ne nie rien, je n'ai besoin de rien dire, et je n'ai rien à démêler ni avec ce procès ni avec ce vaisseau.

Raoul respira plus librement, car, il faut dire la vérité, il n'avait pas grande confiance dans le désintéressement d'Ithuel, qu'il supposait capable de s'être laissé corrompre par une promesse de pardon.

— Rappelez-vous que vous déposez sur la foi du serment, et que je vais requérir contre vous, si vous refusez de répondre.

— Nous connaissons les lois, nous autres Américains, reprit Ithuel en passant la main sur sa queue, pour s'assurer qu'elle était bien à sa place : je me suis moi-même occupé de jurisprudence en qualité de défenseur officieux près des justices de paix ; nous sommes généralement d'avis qu'un témoin ne doit jamais déposer à son détriment.

— C'est donc de peur de vous accuser que vous faites des réponses aussi vagues?

— Je refuse de répondre à cette question, dit l'Américain d'un air de dignité.

— Connaissez-vous le nommé Raoul Yvard?

— Que vous importe? Je suis né aux Etats-Unis, et j'ai le droit de faire des connaissances en pays étrangers, quand j'y suis porté par mon intérêt ou par mes sympathies.

— Avez-vous jamais servi à bord des vaisseaux de Sa Majesté?

— Quelle Majesté? en Amérique on ne connaît de Majesté que celle qui est dans les cieux.

— Songez que vos réponses sont consignées et peuvent servir contre vous dans une autre occasion.

— Ce ne serait pas légal, on ne peut forcer un témoin à faire des dépositions qui seraient ensuite invoquées contre lui.

— On ne peut l'y forcer, certainement ; mais il peut les faire de son plein gré.

— Dans ce cas, le devoir de la cour est de le prévenir qu'il se compromet. Tels sont les principes que nous observons en Amérique.

— Avez-vous jamais vu un bâtiment appelé *le Feu Follet*?

— Comment voulez-vous qu'un marin se rappelle tous les vaisseaux qu'il a rencontrés sur l'immensité des mers?

— Avez-vous servi sous pavillon français?

— Je refuse de vous initier à mes affaires privées : étant libre, je suis libre de servir où il me plaît.

— Il est inutile d'interroger plus longtemps le témoin, fit observer Cuffe d'un ton placide ; cet homme est bien connu à bord, et sa cause sera probablement entendue après celle-ci.

Ithuel obtint la permission de se retirer : sa rébellion fut traitée avec l'indifférence que la force montre parfois à l'égard de la faiblesse.

Cependant on manquait de preuve légale pour convaincre l'accusé. Personne ne doutait de sa culpabilité, et l'on avait lieu de croire qu'il avait combattu les embarcations de la frégate même où siégeait la cour martiale ; mais ces présomptions ne suffisaient pas, et l'exécution récente de Caraccioli avait fait tant de bruit, que peu de juges auraient osé prononcer une sentence incomplètement motivée. Dans sa perplexité, le tribunal leva la séance pour délibérer. Cuffe exposa à ses collègues que si le lougre poursuivi était *le Feu Follet*, il en avait seulement la certitude morale. Ce lougre avait arboré le drapeau tricolore; mais il avait aussi porté le pavillon anglais. Comment tirer de ces faits une conséquence plausible, puisque la frégate elle-même avait successivement hissé les couleurs des deux nations? On était sur le point d'ajourner les débats, lorsque le capitaine Cuffe proposa un dernier expédient.

L'audience fut reprise, et M. Medford, qui remplissait les fonctions de ministère public, dit, après avoir consulté ses notes :

— Qu'on fasse venir la jeune personne connue sous le nom de Ghita!

CHAPITRE XXIV.

Les mots que l'avocat général venait de prononcer troublèrent un moment Raoul, mais il reprit bientôt son impassibilité! Ghita fut introduite, et échangea avec lui un regard; puis la nouveauté de sa position, la solennité du serment qu'on exigeait d'elle, absorbèrent complètement ses facultés. Si elle n'eût pas été prise à l'improviste, si elle eût prévu les conséquences de ses actions, elle aurait refusé de répéter la formule sacramentelle que lui dictait le ministère public; mais ne comprenant rien à tant d'appareil, elle se soumit passivement, baisa la croix avec dévotion, et offrit même de se mettre à genoux pour donner plus de force à ses déclarations. Tout cela fut pénible à l'accusé, car il pressentait facilement ce qui pouvait en résulter. Pourtant l'innocence et la pureté de Ghita lui inspiraient tant de respect, qu'il n'aurait pas voulu se permettre un seul geste, un seul regard, pour ébranler ce profond amour de la vérité qui formait la base du caractère de la jeune fille.

— Votre prénom est Ghita, lui dit l'avocat général; quel est votre nom?

— Ghita Caraccioli, signor, répondit-elle avec tant de douceur, qu'elle se concilia tous les suffrages.

Ces mots produisirent une surprise unanime, tant parmi les juges que parmi les officiers qui, n'étant pas de service, étaient venus en curieux dans la salle d'audience.

Caraccioli! répéta l'avocat général : c'est le nom d'une grande famille italienne! Avez-vous la prétention d'en être issue?

— Signor, je n'ai point de prétention, car je ne suis qu'une humble fille, habitant avec son oncle les tours du mont Argentaro.

— Comment se fait-il, signorina, que vous portiez le nom distingué de Caraccioli?

— Glissez là-dessus, monsieur Medford, dit le capitaine Cuffe en anglais, peut-être ne sait-elle même pas d'où lui vient ce nom. En Italie on n'y regarde pas de si près.

— Signor, reprit Ghita après avoir respectueusement laissé parler le capitaine, je porte le nom de mon père, comme c'est l'usage ; mais c'est un nom sur lequel pèse depuis hier le déshonneur. Mon grand-père a été offert en spectacle aux Napolitains, et son cadavre est encore suspendu à la vergue d'un vaisseau.

— Vous seriez donc la petite-fille du pauvre amiral ?

— Je me suis toujours considérée comme telle. Que son âme repose en paix ! Celui que vous regardez sans doute comme criminel était le père de mon père ; mais peu de personnes se souviennent qu'il a été prince et grand officier de la couronne.

Un profond silence suivit cette révélation, dont l'effet fut rehaussé par l'air de sincérité de la jeune fille.

— L'amiral passait pour n'avoir point d'enfants, dit Cuffe à voix basse. Le père de cette jeune personne est probablement le fruit d'une union illégitime.

— S'il y a eu, dit le capitaine Lyon, une promesse devant témoins, faite en termes convenables, elle est, conformément aux lois écossaises, aussi valable que le serait en Angleterre un mariage béni par l'archevêque de Canterbury.

— Nous sommes en Italie, repartit Medford, et il n'est pas vraisemblable que les mêmes lois y soient observées... Rappelez-vous, poursuivit-il en s'adressant à Ghita, que vous vous engagez à dire la vérité, toute la vérité, rien que la vérité. Connaissez-vous Raoul Yvard, corsaire français, capitaine du *Feu Follet ?*

Le cœur de Ghita battit avec violence, et des angoisses instinctives firent monter l'incarnat à ses joues ; elle n'avait jamais comparu devant un tribunal, et le but de cette question lui était inconnu ; mais elle fut rassurée par sa conscience, et elle se dit qu'elle n'avait aucun motif pour rougir de ses sentiments.

Les regards de tous les juges étaient fixés sur elle.

— Signor, dit-elle en baissant les yeux, je connais Raoul Yvard ; c'est lui qui est assis entre ces deux canons. Il est Français et il commande le lougre appelé *le Feu Follet.*

— Je savais bien que cette déposition serait concluante ! s'écria Cuffe enchanté de son triomphe.

Raoul se leva.

— Messieurs, dit-il, voulez-vous me permettre de parler ? C'est une scène cruelle, et plutôt que de la prolonger, plutôt que de donner à cette chère enfant d'inévitables regrets, je vous prie de lui accorder l'autorisation de s'éloigner. Je m'engage à vous donner tous les éclaircissements que vous pourriez obtenir par elle.

Les juges se consultèrent, et le ministère public invita la jeune à se retirer; mais l'expression des traits de Raoul avait redoublé ses alarmes, elle n'avait pas compris ce qu'il avait dit en anglais, et ignorant ce qui se passait, elle hésitait à sortir.

— Mes paroles sont-elles de nature à te nuire, Raoul? demanda-t-elle avec anxiété. J'ai juré par la croix sainte, sur le livre divin; si j'avais prévu qu'il pouvait en résulter un malheur pour toi, toute la puissance de l'Angleterre ne m'aurait pas contrainte à prêter un serment aussi solennel, et j'aurais eu la liberté de garder le silence.

— Peu importe la manière dont la vérité est connue, dit le corsaire; je t'expliquerai tout en temps et lieu... Maintenant, Messieurs, poursuivit-il quand la porte se fut refermée derrière Ghita, la dissimulation devient inutile entre nous. Je suis Raoul Yvard, comme vous l'avez deviné. J'ai combattu vos embarcations, capitaine Cuffe, j'ai évité votre brûlot, et je vous ai promené autour de l'île d'Elbe. J'ai trompé le signor Barrofaldi et son ami le podestat, et j'ai fait tout cela par amour pour la modeste fille qui vient de quitter la cabine. Aucun autre motif ne m'a amené à Porto-Ferrajo ou dans la baie de Naples; je le jure sur mon honneur de Français!

— Hum! murmura le capitaine Lyon, il faut avouer que l'accusé prend un drapeau qu'on peut montrer avec orgueil.

Dans une autre circonstance les juges auraient souri de cette saillie, mais l'accent de franchise de Raoul, sans inspirer une confiance absolue, commandait du moins le respect et imposait silence à l'antipathie nationale.

— Nous pouvons suspendre l'audition des témoins, dit Cuffe, puisque le prévenu se décide à faire des aveux. Il importe toutefois, monsieur Yvard, de vous en montrer les conséquences. Vous êtes sous le coup d'une accusation capitale, attendu qu'étant en guerre ouverte avec la Grande-Bretagne, vous êtes venu déguisé à bord d'un vaisseau anglais, ou plutôt au milieu de la flotte anglaise.

— Je suis Français, Monsieur, et je sers mon pays, repartit Raoul avec dignité.

— Nous ne prétendons point vous disputer le droit de servir votre pays, mais vous n'ignorez pas que l'espionnage est contraire aux lois de la guerre chez toutes les nations civilisées. Vous êtes averti maintenant, et si vous avez des raisons à faire valoir, nous sommes prêts à les entendre.

— Messieurs, j'ai peu de chose à dire, reprit le corsaire : que je suis votre ennemi, comme je le suis de tous ceux qui méditent l'abaissement de la France, c'est ce que je n'essayerai pas de nier, je n'ai pas non plus à m'en disculper; de braves Anglais doivent comprendre l'amour qu'un Français porte à son pays. Si je suis monté à bord de *la Terpsichore*, vous ne pouvez me le reprocher, j'y suis venu sur votre invitation, et les droits de l'hospitalité sont sacrés chez toutes les nations...

Les membres de la cour échangèrent entre eux des signes d'intelligence, et il y eut un silence de quelques minutes.

— Accusé, reprit M. Medford, pour que vos déclarations aient leur effet légal, il faut qu'elles soit nettement formulées ; autrement nous serions forcés de faire entendre d'autres témoins. Vous convenez que vous êtes Raoul Yvard, étranger, armé contre le roi d'Angleterre?

— Oui, Monsieur.

— Vous êtes accusé d'être venu déguisé à bord du vaisseau de Sa Majesté *la Proserpine*, et de vous être donné pour un batelier de Caprée.

— C'est vrai ; mais, comme je l'ai établi, j'ai été invité à venir à bord.

— Vous êtes encore accusé d'avoir, sous le même déguisement, conduit une barque au milieu des vaisseaux de Sa Majesté, mouillés actuellement dans la baie de Naples, et commandés par le contre-amiral lord Nelson, duc de Bronte en Sicile. Vous auriez eu l'intention de faire des observations comme espion, et de profiter des renseignements ainsi obtenus au préjudice des sujets de Sa Majesté, et à l'avantage de la nation que vous servez.

— Monsieur, cela n'est pas, *ma parole d'honneur !* je ne suis entré dans la baie que pour y chercher Ghita Caraccioli, qui possède toute mon affection, et que je voulais décider à m'épouser. Si je portais le costume de lazzarone, c'était pour n'être pas reconnu et arrêté.

— C'est un fait important, si vous pouvez en fournir la preuve. Il ne suffirait pas à votre acquittement, mais il pourrait vous valoir une influence sur le commandant en chef, quand il aura à se prononcer sur l'arrêt de cette cour.

Raoul hésita. Il était persuadé que Ghita, après avoir déposé involontairement contre lui, déclarerait qu'il n'avait eu, à sa connaissance, qu'un seul motif pour venir à Naples. Mais il lui répugnait de la ramener devant le tribunal, de l'exposer aux regards et aux commentaires des juges. Il ne pouvait supporter l'idée de dévoiler au public des sentiments qui lui semblaient devoir être aussi sacrés pour les autres que pour lui.

— Raoul Yvard, reprit Medford, pouvez-vous fournir la preuve de ce que vous avez avancé?

— Monsieur, je crains que ce ne soit pas en mon pouvoir. Il y a une personne ici... mais il n'y faut pas songer. Seulement, je vous prierai d'interroger de nouveau mon compagnon, celui qui a déjà comparu devant vous.

— Vous voulez parler d'Ithuel Bolt ; nous consentons à ce qu'il soit entendu comme témoin à décharge, mais la cour se réservera le droit d'apprécier la valeur de sa déposition.

L'Américain reparut et prêta le serment qu'on lui demanda en homme qui était au fait de ces formalités.

— Vous êtes bien Ithuel Bolt? lui dit le ministère public.

— Oui, dit-il, on me nomme ainsi ; mais si je dois être témoin, qu'on me laisse un peu de liberté.

En disant ces mots, Ithuel montra les menottes que le capitaine d'armes avait refusé de lui ôter et que les membres de la cour n'avaient point remarquées. Cuffe exprima sa désapprobation par un geste, et les fers de l'Américain tombèrent.

— Maintenant, reprit-il, je puis répondre plus consciencieusement. Lorsqu'un homme sent l'étreinte des chaînes, il est enclin à dire tout ce qu'il croit agréable à ses maîtres.

— Vous paraissez être Anglais, demanda Medford.

— En vérité ? alors je parais ce que je ne suis pas. Je suis natif de l'État de Granit, dans l'Amérique du Nord. Mes ancêtres y ont émigré, il y a bien longtemps, par attachement pour leurs idées religieuses.

— Connaissez-vous le prévenu, Raoul Yvard?

Cette question ne laissa pas que d'embarrasser Ithuel. Malgré les opinions qui avaient amené ses pères dans le désert, il considérait le serment comme une espèce d'obligation verbale, et qui pouvait se modifier sous l'empire des circonstances. Il avait attesté devant les employés de la douane l'authenticité d'une foule de fausses factures, et il ne craignait pas de se parjurer pour servir un ami ; mais il avait peur de se rendre suspect, et de se priver ainsi des moyens d'être plus tard utile à Raoul. Il existait entre lui et le corsaire français une différence morale bien remarquable. L'Américain, tout en se vantant du puritanisme de ses aïeux et de son éducation religieuse, avait la conscience singulièrement élastique. Raoul, qui était presque athée, aurait au contraire reculé devant le plus simple mensonge quand son honneur était en jeu. Le jeune capitaine aimait les ruses de guerre, et il y déployait une rare subtilité ; mais dès qu'il avait jeté le masque, il reprenait sa dignité naturelle, et la mort même ne lui eût pas arraché une parole équivoque. Ithuel avait un penchant invétéré pour le mensonge, surtout lorsqu'il s'agissait de nuire à un ennemi, et il s'arrangeait pour concilier sa fausseté avec la foi profonde dont il faisait profession. Dans la circonstance présente, il ne prit une résolution qu'après avoir essayé de lire dans les yeux de son commandant.

— Monsieur l'avocat, répondit-il, je connais le prévenu, et c'est un maître homme ! S'il y avait eu un Raoul Yvard à bord de chacun des vaisseaux de la République, Nelson pourrait bien ne pas se féliciter de l'issue de la bataille d'Aboukir.

— Témoin, interrompit le président, renfermez-vous dans les faits de la cause.

Ithuel avait pour son ancien capitaine une déférence qui lui ôta l'envie de faire une objection.

— Vous connaissez l'accusé, reprit Medford, pour être Raoul Yvard, commandant du lougre corsaire français *le Feu Follet*?

— J'ai lieu de croire... tout me porte à supposer...

L'Américain débutait par ces mots incohérents, quand il aperçut un signe d'assentiment dans les regards de Raoul.

— Ah! certes, ajouta-t-il avec vivacité, il n'y a pas la moindre incertitude à ce sujet. Il est capitaine du lougre, et il le mène crânement!

— Vous étiez déguisé quand vous êtes entré hier dans la baie de Naples?

— Moi déguisé, monsieur l'avocat! à quoi bon? Je suis Américain; j'exerce plusieurs professions; je pratique tantôt celle-ci, tantôt celle-là; mais appartenant à une nation neutre, je n'ai besoin de déguisement nulle part. Je ne cesse d'être moi-même que lorsque je suis vent dessus vent dessous, ce qui arrive parfois aux gens de mer.

— Vous n'avez pas besoin de dire des choses qui vous sont désavantageuses. Savez-vous quels motifs ont amené Raoul Yvard dans la baie de Naples?

— Franchement, je l'ignore, répliqua Ithuel, incapable de comprendre les liens mystérieux qui unissaient Raoul à Ghita. Le capitaine Raoul aime à descendre à terre, sans qu'on puisse deviner pourquoi, témoin notre expédition dans l'île d'Elbe.

Cette allusion fit ricaner Ithuel, qui n'était pas totalement dépourvu de bonne humeur.

— Nous n'avons pas à nous occuper de ce qui s'est passé dans l'île d'Elbe, reprit l'avocat général. Accusé, voulez-vous interroger le témoin?

— Ithuel, demanda Raoul, ne savez-vous pas que j'aime Ghita Caraccioli?

— Oui, capitaine Raoul, je sais que vous le croyez et que vous le dites: mais ce sont pour moi des affaires inexplicables.

— N'ai-je pas souvent débarqué sur la côte ennemie, dans le seul but de la voir et de passer quelque temps auprès d'elle?

En ce moment, l'Américain, pour lequel ce qui se passait était une énigme, finit par saisir sa réplique.

— Assurément, dit-il; vous y avez débarqué au moins cent fois, et toujours malgré moi.

— Mon seul but en venant hier dans la baie n'était-il pas de trouver Ghita?

— Précisément. C'est aussi vrai, Messieurs, qu'il est vrai que voilà le Vésuve fumant comme un four à plâtre !

— Vous venez de dire tout à l'heure, interrompit le capitaine Lyon, que vous ignoriez les motifs qu'avait eus l'accusé pour entrer dans la baie de Naples. C'étaient, selon vous, des affaires inexplicables.

— Je le soutiens toujours, Monsieur. Je savais que l'amour était le mobile de la conduite du capitaine ; mais, à mes yeux, l'amour n'est pas un motif, et c'est en même temps une passion inexplicable. Voilà ma déposition bien expliquée.

— La cour appréciera le motif en lui-même, reprit Medford : comment avez-vous appris qu'en entrant dans la baie, la seule intention de Raoul Yvard fût de voir la jeune personne qu'il aimait ?

— En tenant compagnie au capitaine. Je suis allé avec lui chercher miss Ghita chez sa tante, sur le promontoire qui est là-bas. Ne l'ayant pas trouvée, nous l'avons suivie en canot jusqu'à Naples, et de cette manière j'ai pu savoir parfaitement quel était le gibier qu'il chassait.

Comme ces détails étaient de la plus grande exactitude, Ithuel les donna d'un ton naturel et susceptible de convaincre ses auditeurs. Dans l'espoir d'obtenir de lui une réponse plus utile, Cuffe lui demanda d'un air d'indifférence d'où il était parti pour se rendre chez la tante de Ghita.

— Cela dépend de l'époque à laquelle vous voulez remonter, répliqua Ithuel : je pourrais dire que je suis parti soit des Etats-Unis, où je demeurais il y a quelques années, soit de Nantes, où *le Feu Follet* a été armé.

— Vous étiez à bord du lougre

— Oui, capitaine.

— Où l'avez-vous laissé, en débarquant ?

— Nous ne l'avons laissé nulle part, capitaine. Il était sous voiles, et dès que notre embarcation eut démarré, il nous planta là.

— Où cela est-il arrivé ?

— En mer, bien entendu ; il eût été difficile que cela se passât à terre.

— Je le comprends ; mais vous avez déclaré que l'accusé avait quitté son bâtiment pour rendre visite à la tante de Ghita, et qu'il s'est ensuite mis en route pour la baie, où il comptait trouver la jeune fille. C'est un fait essentiel, d'où peut dépendre la vie du prévenu. Il faut qu'il soit complètement éclairci. Dites-nous donc où Raoul Yvard a laissé son lougre avant de monter au promontoire.

— Je ne crois pas, capitaine Cuffe, que vous rapportiez exactement ce que j'ai dit. Si le capitaine Raoul est monté sur la montagne, c'était moins pour voir la tante que pour voir la nièce chez la tante. Pour bien finir une histoire, il faut la bien commencer.

— Monsieur le capitaine, interrompit Raoul, j'ai laissé *le Feu Fol-*

lée à deux encâblures de la place où est actuellement votre frégate. C'était pendant la nuit, les bonnes gens de Caprée dormaient, et ils ignoraient ma visite. Vous voyez que le lougre n'est plus là.

— Êtes-vous prêt à confirmer, sous la foi du serment, ce que vient de dire l'accusé? demanda Cuffe au témoin, ne devinant guère que celui-ci était prêt à confirmer ainsi tout ce qui lui paraîtrait à propos.

— Oui, Messieurs, le lougre était tout au plus à deux encâblures d'ici.

— Et où est-il à présent? ajouta Cuffe, dévoilant ainsi le but de toutes ses questions, tant il avait hâte d'en apprendre davantage.

Ithuel n'était pas homme à se laisser mener si facilement; il répondit en feignant une sorte de timidité puérile : — En vérité, capitaine Cuffe, il me serait impossible de vous répondre sous la foi du serment. Personne ne peut dire où est *le Feu Follet*, excepté ceux qui sont dedans.

Cuffe fut passablement déconcerté, et laissa la parole au capitaine Lyon, qui avait assez bonne opinion de lui-même pour se croire capable de triompher des subterfuges de l'Américain.

— Témoin, dit-il, nous ne vous demandons pas de déterminer par la latitude et la longitude, ou par les quarts du compas, la position exacte du navire appelé par les uns *le Fiou Folly*, et par les autres *le Fiou Follay*. Elle ne peut être connue, comme vous l'avez fait observer avec raison, que par ceux qui sont actuellement à bord; mais vous devez savoir où il a été convenu que Raoul Yvard et son équipage se retrouveraient, après sa périlleuse excursion?

— Je m'oppose à cette question, comme contraire à la loi! s'écria Ithuel avec impétuosité. En Amérique, quand on peut prouver un fait par le témoignage même de la personne qui en est l'auteur, on ne s'adresse jamais à un tiers.

— Cette distinction serait admise, si la personne n'était pas accusée et mise en jugement, dit l'avocat général : vous êtes tenu de répondre!

— Il est inutile de le tourmenter, interrompit Raoul. J'ai laissé mon bâtiment près de Caprée; et si j'avais fait des signaux pendant la nuit dernière des hauteurs de Santa-Agata, il serait venu me prendre aux rochers des Sirènes. Comme l'heure est passée, mon lieutenant a dû se diriger vers un autre rendez-vous que le témoin ne connaît pas, et que je refuse de révéler.

Raoul montrait tant de dignité et d'énergie que ses paroles produisaient toujours de l'impression. Les juges n'insistèrent pas, et le ministère public passa à d'autres questions. Il y avait d'ailleurs peu de points douteux à éclaircir; le prévenu convenait de son identité, les circonstances de sa captivité étaient connues, et il ne restait à entendre que la défense.

En se levant pour parler, Raoul éprouva une poignante émotion, mais il s'en rendit bientôt maître, et s'exprima d'un ton calme et ferme, avec un accent qui n'était point sans charme.

— Messieurs, dit-il, je ne nierai ni mon nom ni mon genre de vie. Je suis Français, par conséquent en guerre avec votre nation, ainsi qu'avec le roi de Naples, sur le territoire duquel vous m'avez trouvé. J'ai nui à son commerce et au vôtre; qu'on me mette à bord de mon lougre, et je recommencerai. Quiconque est ennemi de la France est aussi l'ennemi de Raoul Yvard; d'honorables marins comme vous doivent comprendre cela. Je suis jeune, j'aime Ghita Caraccioli, et depuis un an je sollicite sa main; elle me l'a refusée à cause de mes opinions politiques et religieuses, et elle a quitté le mont Argentaro pour se soustraire à mes instances. Je l'ai suivie, car il y a en elle un aimant qui m'attire, et pour la retrouver je me suis aventuré au milieu de la flotte ennemie. Qui de vous n'aurait pas fait de même, Messieurs? Vous êtes de braves Anglais, et je sais que vous n'auriez pas hésité. Messieurs, je n'ai plus rien à dire; vous savez le reste. Si vous me condamnez, que ce soit comme un infortuné dont le cœur a eu des faiblesses, et non pas comme un vil espion.

L'ardeur et la franchise avec lesquelles Raoul s'énonçait produisirent une vive impression, et il eût été acquitté à l'instant si sa destinée eût dépendu de sir Frédéric; mais le capitaine Lyon n'entendait rien à l'amour, et avait un esprit d'opposition qui lui faisait prendre le contre-pied de presque toutes les propositions. L'avocat général n'était guère plus sentimental, en sa qualité de jurisconsulte pratique. Quant au capitaine Cuffe, touché du malheur d'un ennemi généreux, il aurait volontiers rendu Raoul à son lougre, et lui aurait donné une avance convenable pour avoir le plaisir de lui donner la chasse. Mais c'était un trop grand sacrifice que d'abandonner à la fois le lougre et le prisonnier. Raoul fut congédié, les portes de la cabine se fermèrent, et la cour entra en délibération. Elle rapporta au bout d'une heure un arrêt qui condamnait Raoul Yvard comme espion, et ordonnait qu'il serait pendu le lendemain à la vergue du vaisseau que désignerait le commandant en chef.

Raoul s'attendait à cette sentence, qu'il écouta sans sourciller. Il salua la cour avec résolution et courtoisie, puis on l'emmena pour le mettre aux fers, suivant l'usage.

CHAPITRE XXV.

On n'instruisit pas le procès de Bolt, on ne pouvait prononcer contre lui que la peine de mort, et, outre que cette condamnation eût privé l'Angleterre d'un excellent marin, elle aurait pu entraîner de graves difficultés. Il était impossible de contester à Ithuel sa qualité d'Américain; il avait l'accent et les manières de son pays; aussi le capitaine Cuffe résolut de ne pas mettre en jugement le prétendu déserteur. Une copie de la sentence rendue contre Raoul fut immédiatement expédiée à Nelson. Les membres de la cour reprenant leurs fonctions habituelles, s'occupèrent aussitôt des moyens de capturer *le Feu Follet*. Tous étaient persuadés que le lougre était dans les environs, mais où pouvait-il être? On envoya des officiers sur les hauteurs de Caprée; un cutter doubla Campanella, tandis qu'un autre traversait l'embouchure de la baie, pour explorer la mer au nord d'Ischia; mais toutes ces perquisitions furent inutiles, et les émissaires revinrent les uns après les autres, désappointés et accablés de fatigue.

Cuffe était à causer avec ses deux collègues sur le gaillard d'arrière, lorsque l'officier qui avait exploré la côte d'Ischia arriva et lui apprit qu'il avait complètement échoué.

— Où peut-il être? dit le capitaine Cuffe. On assure que ce Raoul Yvard a eu l'audace d'entrer dans plusieurs de nos ports sous pavillon anglais ou neutre, et qu'il y a passé deux ou trois jours sans exciter le moindre soupçon. Se serait-il par hasard rapproché de la ville? Il y a tant de navires autour du môle, qu'un petit lougre n'y serait pas remarqué, surtout si l'on en avait changé la peinture. Qu'en pensez-vous, Lyon?

— C'est une loi naturelle, capitaine Cuffe, que les petits objets disparaissent en face des grands, et le lougre serait certainement mieux caché au milieu de cent vaisseaux qu'isolé et seul dans une rade. Pour vivre dans la retraite, sir Frédéric, il faut se loger au centre des quartiers les plus populeux; mais si vous vous installez dans un village, vous y êtes connu comme le loup blanc.

— C'est possible, répondit le baronnet, mais j'ai peine à croire qu'un Français, grand ou petit, aille jeter l'ancre sous le nez de Nelson.

— Ce n'est pas vraisemblable, reprit Cuffe... Monsieur Winchester, n'est-ce pas notre canot qui arrive par le travers du *Ramier*?

— Oui, Monsieur, il revient de Naples... Quartier-maître!...

— Hé! quartier-maître, à quoi pensez-vous? interrompit Cuffe d'un ton sévère. Voici notre canot qui nous aborde, et vous ne nous communiquez pas cette intéressante nouvelle, Monsieur!

Ce mot Monsieur, dans la bouche d'un supérieur qui s'adresse à un subalterne, implique un reproche ou même une menace; et ce qu'a de mieux à faire la personne interpelée, c'est de ne rien répliquer. Le quartier-maître le savait, et il garda le silence. Le canot accosta; Cuffe s'empara avec empressement des pièces qu'on lui rapportait, et alla les ouvrir dans sa cabine en présence des deux capitaines. On lisait au bas de la sentence :

« Approuvé. Ordre que la sentence sera mise à exécution demain, entre le lever et le coucher du soleil, à bord du vaisseau de Sa Majesté *la Proserpine*, capitaine Cuffe.

» NELSON, duc de BRONTE. »

C'était là ce que Cuffe avait prévu, et même ce qu'il désirait. Il n'était ni vindicatif ni cruel, mais il comptait se servir de l'arrêt de mort pour arracher au prisonnier l'aveu des ordres qu'avait reçus l'équipage du lougre, et pour obtenir ensuite une commutation de peine. Cuffe avait mauvaise opinion de la moralité des corsaires, et il supposait que Raoul Yvard s'empresserait de sauver sa vie en livrant son secret. Lyon et sir Frédéric étaient du même avis; ils délibéraient sur la manière de réaliser leur projet, lorsque Griffin entra précipitamment dans la cabine.

— Qu'avez-vous, monsieur Griffin? lui dit Cuffe d'assez mauvaise humeur; on dirait que vous êtes emporté par une trombe.

— Pardon, si je me présente avec aussi peu de cérémonie, répondit le lieutenant hors d'haleine, mais la vigie que nous avons placée sur les hauteurs de Campanella vient de nous signaler le lougre au sud-est, près de la pointe de Piana : pour comble de bonheur, la brise de terre se fait sentir ce soir plus tôt que de coutume.

— Bonne nouvelle! s'écria Cuffe en se frottant les mains; remontez vite sur le pont, et dites à Winchester de désaffourcher. Maintenant, Messieurs, la partie est à nous ; dans quelques heures il fera nuit, et nous pourrons agir sans être vus. *La Proserpine* est peut-être la plus fine voilière de...

Ici Lyon leva les yeux d'un air étonné, et sir Frédéric sourit ironiquement.

— Je vais donc m'avancer sous le vent, et prendre le large, en ayant le cap au nord-est, comme si je voulais entrer dans le détroit de Bonifacio; quand l'obscurité sera complète, je loferai au sud, puis au sud-est, et vous me trouverez demain matin à la hauteur de Piana. Vous, sir Frédéric, vous vous tiendrez dans mes eaux, et vous mettrez en panne à minuit; vous serez alors par le travers du golfe de Salerne, à moitié chemin entre les deux caps, un peu au sud-ouest de Campanella. Vous, Lyon, restez ici jusqu'à la nuit close, passez entre Caprée et le cap, gouvernez au sud pendant deux heures et mettez en panne; de cette façon, nous surveillerons l'entrée et la sortie du golfe.

— Tout est réglé à votre satisfaction, demanda Lyon en prenant une énorme prise de tabac, mais que décidez-vous relativement aux évolutions subséquentes?

— Chaque bâtiment devra rester à son poste jusqu'au jour. S'il arrive, comme je l'espère, que *le Fiou Folly* soit entre nous et la côte, nous porterons sur lui, et nous le forcerons à remonter la baie. Il entrera naturellement dans les bas-fonds; alors nous jetterons l'ancre, et protégées par nos batteries, nos embarcations le prendront à l'abordage.

Le plan est parfaitement conçu, capitaine; mais si par hasard le mécréant se trouvait au large?

— En ce cas, il faudrait lui donner la chasse. Allons, Messieurs, je ne veux pas manquer aux devoirs de l'hospitalité, mais *la Proserpine* doit appareiller; elle a une longue route à faire, et dans cette saison les vents ne se soutiennent pas plus d'une heure.

Cuffe paraissait tellement pressé, que ses hôtes le quittèrent sans plus de cérémonie : on avait mis du monde au cabestan, et l'une des ancres était déjà caponnée quand le capitaine de *la Proserpine* parut sur le pont. La seconde fut levée; les trois huniers furent cargués et bordés à joindre, toutes les voiles furent successivement déployées, et la frégate mit le cap à l'ouest-nord-ouest, comme pour aller en Sardaigne. Le vent était à l'est, la brise était bonne, et la marche du vaisseau promettait de répondre au vœu de son capitaine.

Lorsque les ténèbres se répandirent sur la Méditerranée, *la Proserpine* prit le vent par le travers et gouverna au sud, après avoir rentré ses petites voiles; un des derniers objets qu'on aperçut du fond, entre les montagnes de la côte et l'onduleuse fumée du Vésuve, fut *la Terpsichcore* qui se tenait dans les eaux de l'autre frégate.

En arrivant à son bord, le premier soin de sir Frédéric avait été de hâter le dîner et d'inviter le chirurgien et le capitaine des soldats de marine, connus tous deux pour d'excellentes fourchettes. Après avoir donné des ordres au premier lieutenant, il s'était mis à jouer de la flûte en attendant l'heure du repas; puis il s'était mis à table avec ses amis, sans s'occuper davantage de la frégate qu'il commandait. Heureusement, il avait de bons officiers, qui exécutèrent ses instructions avec une précision irréprochable. Le capitaine du *Ramier*, de retour sur son sloop, avait fait seul un repas très-frugal, et ordonné de raccommoder de vieilles voiles, qu'on rapetissait pour la huitième ou la neuvième fois. A la chute du jour, il mit à la voile et passa selon ses instructions entre Caprée et la pointe de Campanella. En y arrivant, il envoya prier son premier lieutenant de venir le trouver dans sa cabine.

— Approchez, Mac Bean, dit-il en lui montrant la carte étendue sur la table, le capitaine Cuffe doit être à la hauteur de Piana; sir Frédéric le suit et n'a pas de chances plus favorables. Savez-vous si ce que l'on dit dit est vrai, que ce lougre sera de bonne prise? Il doit contenir de l'or, dont les corsaires sont très-avides. En comptant la coque, les voiles, l'armement et les épluchures des équipets, je ne m'étonnerais pas que la valeur totale s'élevât à dix mille livres sterling. Ce serait un beau denier pour un sloop, mais ce sera bien peu de chose s'il faut le partager entre les officiers de trois vaisseaux, après avoir déduit la part de l'amiral. A quoi songez-vous, Archibald?

— A ce que vous dites, capitaine; ce serait diviser par trois la part de chaque officier.

— Justement, Archibald; ainsi donc, veillez avec soin toute la nuit. Il n'est pas absolument nécessaire d'aller aussi loin que le recommande le capitaine Cuffe, car une fois dans la baie, le lougre se dirigera vers ce cap, où nous l'attendrons; vous comprenez?

— A merveille! il s'agit d'avoir le lougre à nous tout seuls.

— C'est cela; ce serait dommage, monsieur Mac Bean, de diviser en trois une somme qu'on peut garder en totalité.

Telles étaient les idées avec lesquelles les trois commandants accomplissaient leur mission. Lyon guignait le gros lot; sir Frédéric Dashwood ne songeait qu'à ses plaisirs; Cuffe était à la fois préoccupé de l'honneur de son pays et du désir de venger ses pertes.

Avant de rentrer, ce dernier envoya chercher son premier lieutenant.

— Bonsoir, Winchester, lui dit-il d'un ton amical, prenez une chaise, et buvez un coup de ce vin de Caprée.

— Merci, capitaine; on l'aime à la sainte-barbe, et nous en avons fait acheter un baril ce matin pendant l'audience... Il paraît que lord Nelson a signé la sentence, et que ce Français doit être exécuté demain?

— Son arrêt est sur le papier, Winchester, mais on pourra lui faire obtenir sa grâce, s'il consent à donner des renseignements sur son navire. En tout cas, le lougre nous appartiendra, même sans sa participation.

— J'aimerais mieux cela, dit Winchester; il m'est désagréable de voir un homme vendre ses camarades.

— Vous avez raison, et j'espère que nous pourrons nous en passer. Je vous ai fait venir pour vous parler de ce Bolt.

— Sa désertion est évidente, capitaine, et elle est même aggravée par la trahison. J'aimerais mieux pendre dix individus comme lui qu'un seul comme le Français.

— Vous n'avez donc pas de rancune, vous avez donc oublié Porto-Ferrajo et votre déconfiture?

— C'était un combat régulier, et loin d'en vouloir à ce monsieur Yvard, je l'en estime davantage. Il n'en est pas de même de ce Bolt, qui sert à bord d'un corsaire ennemi, au lieu de défendre son pays?

— Voilà le hic! êtes-vous sûr que ce soit son pays?

— Il se prétend Américain; mais si cela est vrai, nous ne pouvons guère aggraver nos torts envers lui. Pour moi, je regarde tous ces matelots qui se disent Américains comme autant d'Anglais mécontents, et je les traite en conséquence..

— C'est un moyen de se mettre la conscience en paix, Winchester; mais il faut y regarder à deux fois quand il est question de pendre un homme. S'il est réellement citoyen des États-Unis, il ne peut avoir commis ni désertion ni trahison. Traitons-le donc avec douceur; sans être un marin exceptionnel, il sait tant de métiers, qu'il se rend aussi utile que le maître d'équipage, et qu'il ne sera pas de trop sur une frégate dont l'effectif est insuffisant.

— Je ne voudrais point commettre une injustice, Monsieur; quel est votre bon plaisir dans cette affaire?

— Mon bon plaisir est de reprendre Bolt, dont Nelson a laissé le sort à ma discrétion. S'il parvient à prouver qu'il n'est pas Anglais, nous lui donnerons son congé dans un ou deux ans, quand la frégate sera désarmée : Bolt acceptera sans doute ces conditions.

— Je le suppose; mais nos matelots, qui raisonnent plus qu'on ne le croirait, ne seront-ils pas étonnés en voyant la désertion rester impunie?

— J'y ai réfléchi, Winchester; mais vous savez que l'on accorde toujours sa grâce à celui qui dénonce ses complices. Bolt a déposé dans le procès de Raoul, et quelques insinuations glissées à propos sauveront toutes les apparences.

— Mais, alors, ce pauvre hère passera pour un traître, et tout l'équipage le repoussera?

— Cela vaut toujours mieux que d'être pendu; faites donc dire au capitaine d'armes de lui ôter ses fers, et inscrivez-le sur le rôle avant de vous coucher.

Ainsi fut arrangée provisoirement l'affaire d'Ithuel. Le capitaine Cuffe ne put se résoudre à le congédier, et il n'osa pousser l'injustice jusqu'à le faire condamner. Il était impossible de révoquer en doute la nationalité de l'Américain; son langage seul aurait suffi pour prouver son origine; mais il régnait dans la flotte anglaise un esprit de corps qui rendait les vaisseaux rivaux les uns des autres, et comme la supériorité de chacun tenait essentiellement à la valeur des matelots, on ne consentait à relâcher même un seul homme qu'avec la plus grande répugnance. Si la cause du citoyen de New-Hampshire eût été instruite devant l'amiral anglais, celui-ci l'aurait congédié sans difficulté. Nelson, quand il n'était pas soumis à la pernicieuse influence de la femme qui l'avait captivé, avait l'esprit juste et le caractère chevaleresque. Il n'aurait pas souffert qu'un étranger pressé comme Anglais restât au service de Sa Majesté Britannique. Malheureusement Ithuel était tombé entre les mains d'un homme qui n'avait pas les éminentes qualités de l'amiral, et qui voulait assurer par de bonnes recrues la suprématie de sa frégate.

Winchester réveilla le capitaine d'armes, et lui enjoignit d'amener Ithuel Bolt sur le gaillard d'arrière.

— D'après ce qui s'est passé ce matin, dit le premier lieutenant assez haut pour être entendu de tous les assistants, le capitaine Cuffe m'a ordonné de vous relâcher et de vous faire reprendre votre service. Vous apprécierez cette indulgence sans aucun doute, et vous montrerez plus de zèle que jamais; n'oubliez pas que vous avez eu pour ainsi dire la corde au cou. Demain on vous assignera un poste.

Ithuel avait trop de circonspection pour répliquer. Il comprit parfaitement pourquoi il avait échappé au châtiment, et il entrevoyait la possibilité de profiter de sa position pour s'évader. La seule chose qui lui déplût, c'était l'idée de passer pour un dénonciateur.

Après avoir congédié son homme, Winchester s'entretint quelques instants avec Yelverton, qui était de quart, et finit par regagner son cadre, où il tomba bientôt dans un profond sommeil.

CHAPITRE XXVI.

Dès le point du jour, les trois capitaines furent réveillés, car sir Frédéric lui-même avait donné l'ordre que l'officier de quart vînt lui faire son rapport. Cuffe monta dans la hune avec Griffin, pour examiner l'horizon, et à son grand désappointement il ne vit rien du côté de la terre.

— Monsieur, lui dit le second lieutenant, j'aperçois bien un point blanc dans la direction de ces ruines, que nos aspirants sont allés visiter en canot; mais ce doit être tout bonnement un spéronare.

— Que voyons-nous au nord-ouest, Griffin?

— C'est sans doute *la Terpsichore;* elle est précisément à l'endroit où elle doit se trouver, conformément à vos instructions, mais je distingue près de la côte septentrionale une voile qui pourrait bien être un lougre.

— Mais vrai! c'est *le Fiou Folly*, il se sera tenu caché dans les environs d'Amalfi! descendons, et mettons toutes voiles dehors!

En deux minutes, Griffin fut sur le pont; on fit servir les bonnettes, et *la Proserpine* courut au nord-ouest avec une vitesse de quatre nœuds à l'heure; mais on ne tarda pas à s'apercevoir qu'on suivait une fausse piste, et que le navire signalé n'était autre que *le Ramier*. Jaloux de capturer le lougre sans l'intervention des autres vaisseaux, le capitaine Lyon s'était avancé dans la baie, et avait ainsi induit en erreur le commandant de *la Proserpine*.

Les officiers commencèrent à croire que la vigie placée sur les hauteurs de Campanella avait pris une felouque pour un lougre. L'observateur qu'on supposait être en défaut était pourtant Clinch, le master en second, marin habile et expérimenté, qui aurait eu depuis longtemps le grade de lieutenant, sans son malheureux penchant pour la boisson. Il revint de son excursion au moment où le capitaine venait de reconnaître *le Ramier*. Suivant la coutume qu'il avait dans ses accès de mauvaise humeur, Cuffe descendit dans sa chambre après avoir recommandé qu'on lui envoyât maître Clinch.

Cinq minutes plus tard, le second master montrait à la porte de la cabine ses traits rouges, hâlés, mais d'une régularité remarquable.

— Eh bien! Monsieur, s'écria le capitaine avec aigreur, à quelle chasse aux oies sauvages nous avez-vous envoyés? Le vent du sud baisse déjà; dans une demi-heure le goudron fondra sur nos ponts, et la prochaine bise arrivera de l'ouest, pour nous emporter à quatre ou cinq lieues sous le vent!

Clinch savait par expérience qu'il fallait s'incliner devant la tempête et ne pas essayer de la braver. Toutes les fois qu'il recevait une semonce, sa physionomie prenait une expression comique d'étonnement mêlé de contrition. Il avait l'air de dire : « Qu'ai-je donc fait? si j'ai eu tort, vous voyez que je m'en repens. » Ce fut avec cette expression qu'il aborda son commandant irrité.

— Expliquez cette affaire, s'il vous plaît, reprit Cuffe un peu radouci.

— Que voulez-vous que je vous explique? repartit Clinch avec un redoublement de surprise.

— Voilà une question bien extraordinaire, monsieur Clinch! je vous prie d'expliquer le signal que vous avez fait des hauteurs de Campanella. N'avez-vous pas annoncé d'abord que vous aperceviez *le Fiou Folly* au sud?

— Précisément, répondit Clinch avec assurance, et j'apprends avec plaisir que mon signal a été compris.

— Ah! comment vouliez-vous qu'il ne le fût pas! vous avez hissé une boule noire pour dire que le lougre était en vue, ensuite trois boules noires pour nous faire savoir qu'il portait droit au sud de Caprée. Le nierez-vous?

— Non, sans doute; seulement, je n'ai pu vous indiquer la distance, parce que M. Winchester ne m'avait pas donné de signaux pour cela.

— Et vous avez répété ces signaux de demi-heure en demi-heure, jusqu'au départ de *la Proserpine*?

— Je ne faisais que me conformer aux ordres que j'avais reçus, capitaine Cuffe, comme M. Winchester vous le dira; je devais répéter les signaux toutes les demi-heures, tant que le lougre serait en vue et que le jour durerait.

— Mais vous n'aviez pas reçu l'ordre, Monsieur, de nous faire courir après une ombre ou de prendre pour un lougre français quelque chebec des îles grecques.

— Aussi m'en suis-je bien gardé, capitaine Cuffe; je n'ai signalé que *le Feu Follet*, je vous en donne ma parole.

Cuffe regarda fixement le second master pendant une minute, et sa colère diminua par degrés.

— Clinch, dit-il, il y a trop longtemps que vous servez, pour ne pas savoir ce que vous faites; si vous avez vu le corsaire, ayez la bonté de me dire ce qu'il est devenu.

— Je n'en sais rien, capitaine Cuffe; mais je l'ai vu de mes propres yeux. Vous vous rappelez qu'un de nos boulets avait avarié son mât d'artimon; il en avait établi un neuf, qui inclinait à l'avant, et que j'avais eu occasion de remarquer dans le canal de Piombino. Je l'ai reconnu hier au soir, de manière à ne pas m'y méprendre, et lorsque j'ai signalé *le Feu Follet*, il était réellement à quatre lieues au sud du cap.

— Quatre lieues! je pensais qu'il devait être à huit ou dix au moins, et j'ai fait mes dispositions en conséquence. Pourquoi ne m'avoir pas instruit de la distance?

— Je n'avais pas de signaux propres à vous la faire connaître.

— Il fallait m'envoyer un canot.

— Je n'avais pas d'ordre à cet égard, et puis...

— Achevez, dit le capitaine.

— Et puis, je ne devinais pas qu'on croirait à bord qu'il fût possible d'apercevoir un lougre à huit ou dix lieues, même du haut de la montagne où j'étais posté. Quoi qu'il en soit, je suis aussi sûr d'avoir vu *le Feu Follet*, que je suis sûr d'être dans cette cabine.

— Qu'est-il donc devenu? vous voyez qu'il n'est pas dans la baie.

— Je présume qu'il a rallié la terre, et qu'il a repris le large après le coucher du soleil. Les ténèbres lui auront permis de passer entre les deux frégates.

Cette conjecture était assez plausible pour satisfaire le capitaine; cependant elle n'était pas fondée. Jules Pintard, premier lieutenant de Raoul, s'attendait à voir un signal de son capitaine partir de l'endroit même où Clinch avait établi son poste. Il s'était par conséquent tenu en vue de Caprée; mais après la chute du jour, ne voyant pas s'allumer le moindre feu de conserve, il avait mis le cap au large, afin de gagner la pleine mer avant le lendemain matin. Il y avait vingt minutes que Lyon venait de traverser la passe entre Caprée et Campanella, lorsque *le Feu Follet* doubla les rochers, n'ayant dehors que le foc et la voile de tape-cul.

Après avoir suffisamment disserté sur la manière dont le lougre avait pu s'esquiver, Cuffe offrit au second pilote un verre de grog, et lui demanda où il avait passé la nuit.

— Dans un petit village nommé Santa-Agata, chez une vieille et excellente Italienne, qui s'appelle Giuntotardi, et qui m'a traité admirablement.

— Vous savez l'italien, je crois ?

— J'ai tant couru le monde, répondit Clinch, que je parle un peu toutes les langues ; ce qui est très-commode pour demander à boire et à manger. Ma vieille hôtesse m'a débité une longue histoire, son frère et sa nièce, qui étaient à Naples, et qu'elle attendait avant-hier au soir, n'étaient pas encore de retour, et la pauvre femme était dans la désolation.

— Clinch, vous touchiez au port ! Notre condamné a fréquenté les parages où vous vous trouviez, et si vous aviez questionné la vieille, vous auriez eu peut-être le fil de toutes ces manœuvres... J'espère que vous vous êtes séparés bons amis ?

— Les meilleurs amis du monde, capitaine Cuffe. Quiconque me nourrit et me loge bien n'aura jamais en moi un ennemi.

— Voilà pourquoi vous êtes un si fidèle sujet, mon cher Clinch !

La figure du second pilote s'assombrit, et il ne put s'empêcher de songer avec amertume à l'ancienneté de ses services et au peu d'avancement qu'il avait obtenu.

— J'aime Sa Majesté, dit-il après avoir vidé son verre, et je ne lui attribuerai jamais mon infortune ; cependant, en dépit de tous mes efforts, je me rappelle parfois ce que je suis et ce que j'aurais pu être.

— Nous avons débuté ensemble, répondit Cuffe avec bienveillance, et personne ne connaît votre histoire mieux que moi. Ce ne sont pas les amis qui vous ont manqué, mais vous avez un ennemi avec lequel vous persistez à vivre, quoiqu'il nuise surtout à ceux qui l'affectionnent le plus.

— Oui, capitaine, je comprends ce que vous voulez dire ; mais c'est une vie dure à supporter que celle qui se passe sans espoir. Fils d'un honorable négociant de Plymouth, je suis entré au service dans l'espoir de parvenir, et me voici, à trente-deux ans, relégué encore dans le faux-pont ; pourtant ma mère et la femme à laquelle j'ai donné mon affection se flattent depuis longtemps de voir dans ma poche une commission de Sa Majesté.

— Voilà du nouveau pour moi, Clinch, repartit le capitaine avec intérêt : l'idée que vous songez à vous marier ne s'était jamais offerte à mon esprit.

— Je n'y songe pas, capitaine Cuffe, dans ma position actuelle ; jusqu'à ce qu'elle s'améliore, Jeanne et moi avons résolu de vivre dans le célibat.

— Est-il juste, reprit le capitaine d'un ton de reproche, de tenir en suspens une pauvre jeune fille, à l'âge où elle a des chances pour contracter un mariage avantageux ?

Clinch regarda fixement son commandant, et ses yeux se remplirent de larmes. Il n'avait pas porté le verre à ses lèvres depuis que la conversation avait pris cette tournure; et ses traits ordinairement sévères étaient animés par de vives émotions.

— Ce n'est pas ma faute, reprit-il en baissant la voix; il y a plus de cinq ans que je la presse de renoncer à moi. Un très-honorable attorney a voulu l'épouser, et je l'ai même priée d'accepter; mais c'est la seule fois qu'elle m'ait regardé d'un air mécontent; elle m'a dit que je lui conseillais une infamie, et qu'elle mourrait fille si elle n'était pas la femme d'un marin.

— Elle est peut-être un peu romanesque, dit le capitaine Cuffe.

— Elle, Jeanne Weston! non, Monsieur; mais elle est tout cœur. J'ignore comment j'ai pu conserver son affection, mais je désespère de pouvoir jamais l'en récompenser.

Clinch était encore un bel homme; malgré les ravages de la fatigue, sa physionomie était franche, ouverte et prévenante. Elle exprimait en ce moment une douleur réelle et le sentiment profond de sa position. Cuffe en fut touché, et serra avec effusion la main de son ancien camarade, après avoir eu la précaution d'éloigner de lui la bouteille, à laquelle il savait que le second master avait trop souvent recours dans ses accès de désespoir.

— Mon cher Clinch, lui dit-il, il y a de l'étoffe en vous. On vous regarde comme le meilleur marin de *la Proserpine*, surtout pour gouverner un vaisseau ou le tirer d'un mauvais pas. Vous êtes en outre brave comme un lion. Faites donc un effort énergique, et d'ici à quelques mois vous pourrez vous trouver en état d'épouser votre Jeanne, et de répondre aux vœux de votre vieille mère.

Il y a des instants dans la vie où quelques paroles amicales suffisent pour arracher un homme à sa perte; mais il est nécessaire d'apprécier toute l'influence d'un rang supérieur à bord d'un vaisseau de guerre, si l'on veut se rendre compte de l'effet produit par l'allocution du capitaine. Des larmes coulèrent des yeux de Clinch, et il étreignit presque convulsivement la main de son commandant.

— Que puis-je faire, Monsieur? s'écria-t-il : je n'ai jamais négligé mon service; mais on éprouve parfois un tel découragement, qu'on cherche malgré soi des consolations dans l'ivresse.

— Loin de nous soutenir, Clinch, les boissons alcooliques nous sont funestes; prenez le parti de vous en abstenir complètement, refusez même vos rations; affranchissez-vous. Un jour de résolution peut vous donner la force de vaincre votre penchant. Votre excursion vous a été utile, et le peu que vous venez de prendre ne vous fera pas de mal. Nous accomplissons maintenant une mission intéressante, et je trouverai moyen de vous y employer d'une manière avantageuse. Une fois que votre nom aura figuré honorablement dans une dépêche, votre avancement est assuré. Nelson en donne volontiers aux vieux marins, et je m'estimerai heureux de pouvoir vous servir auprès de lui. La visite que vous avez faite à cette vieille Italienne peut avoir pour vous de bons résultats, mais ayez soin de vous tenir sur le chemin de la fortune.

— Merci, merci, mille fois merci, capitaine! répondit Clinch d'une voix entrecoupée. Je m'efforcerai de suivre vos conseils, et si vous pouvez m'indiquer le moyen de retrouver un peu du terrain que j'ai perdu, ma reconnaissance sera éternelle.

— En voici un. Nelson attache autant d'importance à la prise du *Feu Follet* qu'à la rencontre d'une flotte. L'officier qui se distinguera dans cette circonstance est certain de réussir. Allez vous habiller de votre mieux; ayez bonne tenue, et préparez-vous à partir en canot. Je vous tiens en réserve une mission qui peut être le commencement d'une meilleure fortune.

Le second master parut renaître. Depuis plusieurs années, il avait été mis de côté, excepté quand l'imminence des dangers exigeait le concours de ses connaissances pratiques; mais un rayon de soleil venait d'éclairer les ténèbres de son avenir. Le capitaine fut frappé de la joie que témoignait Clinch, et il se reprocha d'avoir si longtemps négligé les intérêts d'un homme qui avait quelques droits à son amitié. La différence de leurs positions n'avait d'ailleurs rien d'inusité. Favorisé par sa famille et par ses amis, Cuffe n'avait jamais eu lieu de s'abandonner au désespoir, tandis que son ancien camarade, faute de protections et d'occasions de se signaler, s'était insensiblement dégradé.

Au bout d'une demi-heure, Clinch, en grande toilette, se montra sur le gaillard d'arrière, où il mettait rarement les pieds. Les officiers furent surpris de l'y voir, mais ils ne se permirent aucune objection, la discipline étant un article de foi à bord d'un bâtiment de l'Etat. Le second pilote s'enferma pendant quelques minutes avec le capitaine, reçut ses instructions, et descendit dans le canot major, qui était la meilleure embarcation de la frégate; il démarra et se dirigea vers la pointe de Campanella, distante d'environ trois lieues. Tout le monde ignorait le but de cette traversée, mais on supposait généralement qu'elle devait exiger la prudence et le sang-froid d'un marin consommé.

Le capitaine avait manifesté jusqu'à ce moment une vague inquiétude; il parut plus rassuré quand il vit le canot s'éloigner avec une vitesse qui promettait une prochaine arrivée à Naples.

CHAPITRE XXVII.

Il était certain que *le Feu Follet* n'était pas dans la baie de Salerne. Toute la côte avait été explorée du haut des hunes à l'aide de longues-vues, et l'on n'avait pu le découvrir. Comme Cuffe attendait le vent d'ouest, il continua sa route au nord, dans l'intention de se rendre à la hauteur d'Amalfi, et d'interroger les pêcheurs qu'il pourrait rencontrer. Nous le laisserons marcher dans cette direction, pour nous occuper des prisonniers.

Ghita et Carlo avaient été traités avec égards. La femme du canonnier qui était à bord avait recueilli auprès d'elle la jeune fille, et l'oncle avait été installé dans une chambre voisine. On ne les regardait nullement comme des criminels, et l'on avait l'intention de les mettre à terre le plus tôt possible.

Ithuel avait repris son service, et il avait passé la moitié de la matinée dans la hune de misaine. La barque, qui gênait sur le pont, avait été remise à l'eau, et on la remorquait à l'arrière en attendant le moment de la rendre à Carlo Giuntotardi et à sa nièce. Leur départ ne pouvait avoir lieu que lorsque la frégate aurait doublé Campanella, car il eût été cruel de les laisser en dérive loin de la côte où ils voulaient débarquer.

Raoul Yvard, sous la surveillance d'une sentinelle, attendait dans la batterie le moment terrible de l'exécution. Les condamnations, les morts violentes et autres accidents de la vie maritime étaient trop multipliés pour que son sort excitât beaucoup d'intérêt; cependant quelques-uns s'étaient occupés de lui. Winchester, plein d'humanité et incapable d'éprouver le moindre ressentiment de sa défaite, avait fait tout ce qui dépendait de lui pour améliorer la position du condamné : il l'avait placé entre deux sabords ouverts, où l'air circulait librement, et il avait fait disposer autour de lui une cloison de toile. Ainsi Raoul n'était pas exposé à la chaleur du climat, et il avait un lieu de retraite pour se livrer à ses méditations. On lui avait ôté ses fers comme inutiles, en lui retirant tout ce qui aurait pu servir à un suicide. Le premier et le second lieutenants avaient craint un moment qu'il ne sautât par un sabord; mais il avait l'air si calme que cette supposition était invraisemblable. Les deux officiers s'étaient contentés de recommander la vigilance aux factionnaires. Vu la lenteur avec laquelle marchait le vaisseau, il était toujours facile de repêcher le condamné, s'il se jetait à la mer ; et en définive on aimait mieux le voir noyé que suspendu à la vergue de misaine.

Raoul passa la nuit et la matinée dans cette étroite prison. Dire qu'il était étranger à toute émotion, ce serait lui supposer un stoïcisme contre nature ; mais il rassemblait ses forces afin de mourir comme un Français. Les nombreuses exécutions par la guillotine avaient mis en quelque sorte le courage à la mode. Ce qui pouvait ébranler l'intrépidité de Raoul, c'était son amour, dont toutes les espérances étaient à jamais détruites. Il se croyait perdu sans ressource, moins pour son crime imaginaire qu'à cause du mal qu'il avait fait au commerce anglais. Il détestait la nation avec laquelle il était en guerre et disposé à croire toutes les accusations que l'on portait contre elle, il pensait que son existence serait sacrifiée sans scrupule à l'ascendant et aux intérêts de la Grande-Bretagne. Quoique sa profession portât le caractère de la spéculation, il se trouvait très-supérieur aux Anglais, qu'il qualifiait de nation de boutiquiers ; il leur refusait les qualités honorables dont il avait lui-même donné tant de preuves. En somme, Raoul ne comprenait pas plus le capitaine Cuffe que celui-ci ne comprenait Raoul. On en jugera par la conférence que nous allons rapporter.

Dans la matinée, le prisonnier reçut plusieurs visites, entre autres celle de Griffin, qui, connaissant plusieurs langues, crut devoir employer son savoir à consoler le prisonnier. Celui-ci montra un sang-froid et une fermeté qui empêchèrent la conversation de prendre une tournure sombre et lugubre. Winchester, pour accroître l'étendue de la prison, avait laissé les deux canons en dedans de la cloison de toile, après les avoir retirés des sabords. Raoul fit allusion à cette circonstance lors de la seconde visite de Griffin.

— Vous me trouvez, dit-il, entre deux pièces de dix-huit, comme il convient à un marin qui va mourir. Si la mort devait me venir de la bouche de vos canons, elle ne serait avancée pour moi que de quelques mois ou peut-être de quelques jours.

— Nous avons tous une vive sympathie pour vous, répondit le second lieutenant avec émotion, nous voudrions vous voir à bord d'une bonne frégate, et vous livrer combat en soutenant chacun l'honneur de son pays.

— La fortune de la guerre en a décidé autrement ; mais vous ne vous asseyez pas, monsieur le lieutenant ?

— Excusez-moi ; le capitaine Cuffe m'envoie vous prier de vouloir bien vous rendre dans sa cabine aussitôt que vous le jugerez convenable.

Touché de la générosité avec laquelle on le traitait, Raoul se leva et dit à Griffin qu'il était prêt à le suivre.

Cuffe l'attendait dans la cabine de l'arrière ; il l'invita poliment à s'asseoir, et pria le second de ne pas s'éloigner, afin de servir au besoin d'interprète.

— Je regrette sincèrement, monsieur Yvard, dit le capitaine en anglais, la sentence prononcée contre vous. Nous avons rendu hommage à votre valeur et à vos talents pendant les tentatives que nous avons faites pour nous emparer de vous. Mais les lois de la guerre sont nécessairement rigoureuses, et nous avons un chef d'escadre qui tient à les faire observer.

— Monsieur, répondit Raoul, un Français sait mourir pour la cause de la patrie.

— Je n'en doute pas, Monsieur; pourtant il n'est pas indispensable que vous fassiez le sacrifice de votre vie. L'Angleterre sait récompenser les services aussi bien que venger les injures, et il serait possible de trouver un biais pour conjurer le sort qui vous menace.

— Je ne prétends pas me poser en héros, monsieur le capitaine; si l'on m'offrait un moyen honorable de me tirer d'affaire, on aurait des droits à toute ma reconnaissance.

— C'est parler sensément, et j'espère que nous parviendrons à nous entendre..... Griffin, servez-vous un verre de vin et d'eau : c'est une boisson très-rafraîchissante... Monsieur Yvard, je vous prie d'en faire autant. Ce vin n'est pas mauvais; il vient de Caprée, et quelques personnes le préfèrent au lacryma-christi.

Griffin se rendit à l'invitation; mais sa physionomie était loin d'exprimer la satisfaction qui rayonnait sur celle de Cuffe. Quant à Raoul, il refusa l'offre, et attendit des explications avec un intérêt qu'il ne chercha pas à dissimuler. Cuffe parut désappointé et il hésita; mais comme ses deux compagnons gardaient le silence, il fut obligé de faire sa proposition.

— Oui, Monsieur, reprit-il, l'Angleterre a le pouvoir de se venger, mais elle pardonne aisément. Vous êtes à même en ce moment critique de vous faire absoudre du délit que l'on punit toujours le plus sévèrement en temps de guerre.

— De quelle manière, monsieur le capitaine? Je ne suis pas de ceux qui dédaignent la vie, surtout quand elle est sur le point de se terminer par une mort ignominieuse.

— Je me félicite, monsieur Yvard, de vous trouver dans des dispositions qui m'aideront à remplir un pénible devoir et ont aplani bien des difficultés. Vous n'êtes pas sans connaître le caractère de notre illustre amiral, lord Nelson?

— Son nom est connu de tous les marins, Monsieur, répondit Raoul avec amertume, car ses antipathies naturelles étaient loin d'être tempérées par les difficultés de sa position; il a écrit son nom sur les bords du Nil en caractères de sang!

— Oui, ce qu'il a fait là ou ailleurs ne sera pas facilement oublié. C'est un homme d'une volonté de fer; quand il se propose un but, il ne recule devant rien pour l'atteindre, surtout s'il peut y arriver par des voies légitimes. Bref, Monsieur, il désire avoir votre lougre, *le Feu Folly.*

— Oh! s'écria Raoul avec un sourire ironique, Nelson n'est pas le seul amiral anglais qui ait eu cette envie. *Le Feu Follet* possède assez de charmes pour avoir des admirateurs.

— Et lord Nelson est un des plus ardents; aussi, pourvu que vous consentiez à mettre ce lougre entre nos mains, vous obtiendrez votre grâce, et vous serez traité comme prisonnier de guerre.

— Monsieur, Nelson vous autorise-t-il à me faire cette proposition? demanda Raoul d'un ton grave.

— Assurément : chargé des intérêts de sa patrie, il oubliera ce que vous avez fait contre elle, s'il parvient à priver l'ennemi de ses moyens de défense. Livrez-nous le lougre, et vous serez envoyé à bord d'un ponton, faites-nous seulement savoir où il est, et nous nous arrangerons pour le capturer.

— Monsieur, Nelson ne fait que son devoir, répondit Raoul avec autant de calme que de noblesse; il est dans ses attributions de veiller à la sûreté du commerce anglais, et par conséquent de négocier un pareil marché; mais nous ne sommes pas dans d'égales conditions, puisque je n'ai aucun pouvoir pour agir.

— Vous avez le pouvoir de parler; il vous suffit pour nous initier aux ordres que vous avez donnés en quittant votre bâtiment, et pour nous révéler sa position actuelle.

— Non, Monsieur, je n'en ai pas le pouvoir; je n'ai pas le droit de me couvrir d'infamie. Ma langue est soumise à des lois que je n'ai point faites, dès qu'il s'agit de trahison.

Si Raoul eût pris un ton dramatique, comme on devait s'y attendre, il aurait vraisemblablement produit peu d'effet sur le capitaine de *la Proserpine*; mais la fermeté, les manières simples du jeune homme étaient de nature à porter la conviction dans tous les cœurs. Cuffe fut stupéfait de rencontrer de la résistance, quand il s'attendait à un prompt acquiescement, et il eut un moment envie de railler Raoul sur des principes qu'il trouvait inconciliables avec le métier de corsaire. Il faut reconnaître toutefois qu'il était trop généreux pour abuser envers un condamné des avantages de sa position.

— Vous ferez bien d'y réfléchir, monsieur Yvard, dit-il après une minute entière de silence; il y va pour vous de la vie, et il est possible que vous changiez d'avis.

Raoul se leva comme pour prouver qu'il dédaignait les politesses du tentateur, et il répondit d'un ton sévère :

— Monsieur Cuffe, je vous pardonne, si vous pouvez vous pardonner à vous-même. Je sais que vous n'avez guère bonne opinion des corsaires; mais un officier qui occupe une position honorable devrait hésiter longtemps avant de provoquer un homme à une mauvaise action. Il suffit qu'un prisonnier soit condamné à mort pour ne pas essayer d'exploiter ses terreurs ou d'ébranler ses convictions.

Pourtant, je vous le répète, je vous pardonne, si vous vous pardonnez à vous-même.

Cuffe demeura confondu, son sang reflua à son cœur, et sembla chercher une issue par les pores de son visage ; un fier ressentiment l'anima d'abord ; puis, redevenu maître de lui, il envisagea les choses plus froidement.

— Monsieur Yvard, reprit-il après s'être promené quelque temps dans la cabine, j'accepte cordialement le pardon que vous m'offrez. Si je vous avais mieux apprécié, je ne me serais jamais permis de vous faire une proposition humiliante pour tous deux. Nelson est également incapable de blesser la susceptibilité d'un ennemi honorable ; mais nous ne vous connaissions pas. Tous les corsaires ne partagent pas votre manière de voir, et voilà ce qui a causé notre erreur.

— *Touchez là !* dit Raoul en lui tendant la main. Monsieur le capitaine, nous aurions dû nous rencontrer face à face, chacun sur une bonne frégate ; et quelle qu'eût été l'issue du combat, il eût signalé le début d'une éternelle amitié ! J'ai passé assez de temps dans *votre Angleterre*, pour savoir que vous connaissez peu *notre France; mais n'importe !* les braves gens s'entendent partout, et nous serons amis pendant le peu de temps qui me reste à vivre.

Cuffe serra la main de Raoul avec effusion, et une larme vint encore humecter sa paupière.

— Quelle malheureuse affaire ! dit-il aussitôt qu'il fut remis de son émotion : je ne veux plus en entreprendre de semblable, dût-on m'offrir en récompense le commandement d'une flotte !

— J'étais persuadé dès le principe que votre démarche échouerait, capitaine Cuffe ; vous autres Anglais, voyez-vous, vous n'accordez pas aux peuples du continent, et surtout aux Français, l'estime qu'ils méritent.

Cuffe réitéra ses excuses ; et après de nouvelles protestations amicales, Raoul regagna sa petite chambre. Il refusa l'offre que lui faisait le capitaine de lui donner une cabine plus spacieuse.

Griffin rentra dès qu'il eut reconduit le prisonnier, et la conversation se continua entre les deux officiers.

— Tout cela m'est bien pénible, reprit Cuffe. Sans doute que ce monsieur Yvard est coupable aux yeux de la loi, mais je ne doute pas le moins du monde de l'exactitude de sa version. Cette Ghita Caraccioli a l'air de la vérité même ; elle était avant-hier dans la chambre de Nelson, et les motifs de sa visite, autant que je les ai compris, prouvent la franchise et la simplicité de son caractère. Son récit s'accorde avec celui du corsaire ; le vice-gouverneur et ce vieux pansu de podestat affirment aussi qu'ils ont vu Ghita à Porto-Ferrajo, et commencent à croire que le Français n'est venu que pour elle.

— J'ai la conviction, capitaine Cuffe, que lord Nelson lui accorderait un sursis, et même grâce entière, si l'affaire lui était bien expliquée.

Quelques semaines auparavant, Griffin avait voulu faire périr Raoul dans les flammes, et il cherchait maintenant à lui sauver la vie. Telle est l'inconséquence humaine; tels sont les sentiments hétérogènes que la guerre inspire.

— Ce qu'il y a de plus fâcheux, repartit le capitaine, c'est que la sentence est approuvée, qu'ordre est donné de la mettre à exécution entre le lever et le coucher du soleil; qu'il est déjà midi, et que nous sommes au sud de Campanella, trop loin du vaisseau amiral pour en attendre des signaux.

Le second lieutenant tressaillit; les habitudes du service ne permettaient pas d'éluder un ordre de cette gravité, et le mal paraissait sans remède.

— Ne pourrait-on, dit Griffin, envoyer un exprès?

— J'y ai songé, et j'ai chargé Clinch de cette commission.

— Clinch!... pardonnez-moi, Monsieur; mais il fallait, pour l'accomplir, un officier actif et tempérant!

— Clinch est assez actif, et je sais qu'il ne cédera pas aujourd'hui à son maudit penchant. Je lui facilite le moyen d'obtenir une lieutenance, et personne n'est capable d'aller à Naples plus vite que lui, s'il veut s'en donner la peine. Nous sommes convenus ensemble d'un signal qui peut m'instruire du résultat de sa démarche, même à la distance de huit à dix milles.

— Lord Nelson ne vous a donc laissé aucune latitude?

— Aucune, à moins que Raoul Yvard ne consentît à livrer son lougre. Dans ce cas, j'étais autorisé à différer l'exécution jusqu'à ce que j'eusse communiqué directement avec le commandant en chef.

— Comme tout cela tourne mal! Et vous ne prévoyez rien, Monsieur, qui puisse vous mettre à même d'user de cette latitude?

— J'en userais si j'étais irresponsable comme vous, monsieur Griffin, répondit Cuffe avec un peu d'aigreur; mais j'aimerais mieux pendre quarante Français que d'être bousculé par Nelson pour indiscipline!

Le capitaine employait des expressions un peu trop fortes; elles disaient plus qu'il ne voulait; mais le commandant d'un vaisseau de guerre ne mesure pas toujours ses paroles quand il daigne discuter avec un inférieur. Cette réponse modéra l'ardeur du second lieutenant, qui reprit avec moins de véhémence :

— Nous voudrions tous, ainsi que vous, Monsieur, détourner ce malheur de notre vaisseau. Avant-hier, dans la batterie, où des officiers du *Vanneau* nous rendaient visite, nous disions avec orgueil qu'il n'y avait jamais eu d'exécution à bord de *la Proserpine*, quoiqu'elle porte depuis près de quatre ans le pavillon anglais et qu'ol.e ait vu sept fois le feu.

— Dieu fasse que Clinch trouve l'amiral, et qu'il revienne à temps!...

Ainsi finit l'entretien. Griffin alla où ses devoirs l'appelaient, et le capitaine s'assit pour parcourir de nouveau les instructions de l'amiral.

C'était la neuvième ou la dixième fois qu'il les relisait.

CHAPITRE XXVIII.

Le jour avançait, et l'inquiétude que Cuffe éprouvait avait les plus sérieux fondements. Incapable de se tenir en place, il monta sur le pont, et vint se placer sur le gaillard d'avant, auprès de Strand, le maître d'équipage, qui s'était installé au pied du beaupré pour admirer les sites de la baie.

Les marins sont, de tous les hommes, les plus blasés. Ils se font même un point d'honneur de l'indifférence, et l'on dirait que leur profession exige qu'ils se montrent supérieurs aux naïves impressions. Toutefois, en voyant se dérouler sur le passage de la frégate des montagnes ardues, des plateaux surmontés d'édifices, des villas à demi cachées dans les massifs de verdure, des rochers de formes étranges, les marins de *la Proserpine* ne purent se défendre d'avouer leur émotion. Strand, presque seul, dissimulait la sienne. Maître d'équipage, il se croyait obligé par son grade de conserver une attitude impassible. Anglais, et né à Londres, il n'estimait rien en dehors de son pays.

— Voilà une belle côte, monsieur Strand, lui dit le capitaine, qui ne dédaignait pas de causer à l'occasion avec le vieux marin.

— Pardonnez-moi, capitaine, mais je ne suis pas de votre avis. Je disais tout à l'heure à M. Catfall, mon second, qu'il y avait, dans les parcs des gentilshommes anglais, d'aussi belles montagnes faites à mains d'hommes.

— En vérité! et qu'a-t-il répondu?

— Il n'avait rien à répondre. C'était une preuve sans réplique de la supériorité des Anglais sur les Italiens.

— Votre opinion, maître Strand, est bien exagérée. Regardez donc ces pentes couvertes de maisons!

— Eh bien! que sont ces habitations comparées à celles d'une rue de Londres? Entrez par exemple dans le quartier de Cheapside, et comptez les maisons; vous en verrez plus en une demi-heure qu'il n'y en a sur toutes ces collines. J'ai bien voyagé, mais je regarde Londres comme la plus belle ville de l'univers.

— C'est possible, maître Strand ; mais en fait de côte, on peut se contenter de celle-ci... Je n'y découvre pas la moindre crique où puisse se cacher un bâtiment comme *le Fiou Folly*.

Le maître d'équipage sourit d'un air entendu, et l'expression de sa physionomie fut celle d'un homme qui ne se soucie pas de divulguer ses secrets. Il répondit cependant, par égard pour son supérieur :

— Il n'est pas vraisemblable, capitaine, que nous retrouvions jamais *le Fiou Folly*.

— Pourquoi cela ? *La Proserpine* persévérera dans ses recherches.

— Sans doute, reprit Strand ; mais jamais on ne retrouve un navire quand on l'a déjà vu trois fois. Tout marche par trois dans le monde, et j'ai toujours regardé une troisième poursuite comme définitive. Il y a trois classes d'amiraux, et trois sortes de pavillons ou vaisseaux à trois mâts et trois ponts quand il est de grandes dimensions : en outre, il y a trois planètes.

— Comment comptez-vous, Strand ?

— Le soleil, la lune et les étoiles. Cela fait juste trois.

— Mais vous oubliez Jupiter, Saturne, Vénus et la Terre.

— Je les comprends parmi les étoiles. Si vous regardez autour de vous, vous remarquerez encore que tout est par trois. Nous avons trois huniers, trois focs et trois perroquets.

— Et deux basses voiles, dit le capitaine, pour lequel cette théorie était nouvelle.

— C'est vrai, Monsieur, mais faites attention que la brigantine n'est qu'une basse voile gréée à un mât, au lieu de l'être à une vergue comme autrefois.

— Cependant, maître Strand, on ne trouve sur un vaisseau ni trois capitaines ni trois maîtres d'équipage.

— C'est vrai ; ils se gêneraient les uns les autres, mais il y a trois lieutenants. Au reste, quand même quelques détails insignifiants contrediraient mon opinion, il n'en est pas moins positif qu'une quatrième chasse ne réussit jamais.

— Je voudrais pourtant bien la tenter, reprit le capitaine avec émotion, j'aimerais mieux voir le prisonnier à bord de son lougre que dans la batterie de notre frégate.

— Nous sommes tous du même avis, capitaine, car rien ne porte malheur à un bâtiment comme une exécution.

Ces mots rendirent Cuffe rêveur et taciturne, il s'éloigna la tête baissée et les mains derrière le dos. Tous ceux qui l'environnaient respectèrent sa mélancolie, et l'on s'écarta sur son passage comme sur celui d'un homme déclaré *tabou* dans l'Océanie. Winchester lui-même n'osa l'aborder, quoiqu'il eût une requête à lui présenter.

Andréa Barrofaldi et Vito-Viti étaient toujours à bord de la frégate, ils avaient nécessairement appris la situation de Raoul, et ils désiraient, par humanité, lui prouver qu'ils ne conservaient contre lui aucun ressentiment. Ils avaient demandé la permission de le voir à Winchester, qui pensa qu'il fallait en référer au capitaine. Aussitôt que celui-ci sortit de sa rêverie, le premier lieutenant l'aborda.

— Monsieur, lui dit-il, nos deux Italiens désirent s'entretenir avec le condamné. Mais je n'ai pas cru devoir autoriser cette communication sans vous avoir consulté préalablement.

— Pauvre homme! il a peu de temps à vivre, à moins que Clinch ne donne de ses nouvelles, et nous ne risquons rien en le traitant avec indulgence. Agissez donc comme vous l'entendrez, et qu'il voie tous ceux auxquels il désirera faire ses adieux.

Winchester courut donner des ordres à la sentinelle, et lui recommanda de laisser entrer tous les individus que le condamné consentirait à recevoir.

Une morne tristesse régnait à bord. On y était généralement persuadé que Clinch n'aurait pas le temps d'arriver au *Foudroyant*, d'y prendre des instructions, et d'arriver assez tôt pour empêcher le supplice. Le soleil allait se coucher dans trois heures; tous les yeux étaient tournés de son côté, et les minutes semblaient s'écouler avec une rapidité inusitée. L'esprit humain est fait de telle sorte que l'incertitude ajoute à ses sensations, et que l'appréhension de la mort excite souvent une émotion plus vive que la mort même. S'il n'y avait eu aucun espoir d'éviter l'exécution, les officiers de *la Proserpine* se seraient résignés à un malheur inévitable; mais la faible chance qui restait causait une agitation fiévreuse. Nous ne dépassons pas les bornes de la vérité en disant que les vicissitudes de la guerre n'avaient jamais produit chez les marins de la frégate une aussi terrible impression.

Le zéphyr était revenu à son ordinaire; mais il était faible, et des montagnes empêchaient *la Proserpine* d'en éprouver l'influence. Elle était plus sensible à bord des autres vaisseaux. *Le Ramier* avait gagné le large, et *la Terpsichore* faisait route entre Ischia et Caprée.

A cinq heures et demie, *la Proserpine* était par le travers des célèbres îlots des Sirènes; comme dans cette saison le soleil se couche quelques minutes après six heures, il ne restait donc qu'une demi-heure pour exécuter la sentence. Cuffe n'avait pas quitté le pont, et il tressaillit en entendant la cloche piquer le premier. Winchester l'interrogea des yeux, car tout avait été convenu entre eux, et il reçut pour toute réponse un geste significatif. Des ordres furent donnés; un mouvement s'opéra parmi les gabiers de misaine et sur le gaillard d'avant, une corde fut passée dans les poulies du bras de vergue de misaine; on posa un caillebotis en guise de plate-forme. C'était autant de signes précurseurs de l'exécution prochaine.

Accoutumé à braver des dangers de toute espèce et à voir la souffrance à tous les degrés, ces intrépides marins étaient pris d'un étrange sentiment d'humanité. Raoul était leur ennemi, et ils avaient eu pour lui une haine acharnée; mais elle avait fait place à de plus généreuses pensées. D'abord, il y avait une grande différence entre un adversaire triomphant et un prisonnier qui était complètement à leur merci; de plus, l'extérieur du jeune corsaire avait quelque chose de séduisant; mais ce qui lui conciliait principalement tous les cœurs, c'était l'idée qu'on ne pouvait le considérer comme un misérable espion. Ajoutez à ces considérations la répugnance qu'inspire toujours à des matelots une exécution à bord, et vous vous expliquerez comment deux ou trois cents ennemis déclarés s'étaient, par un revirement subit, transformés presque en amis.

Dans ces dispositions d'esprit, on voyait de mauvais œil le travail des gabiers de misaine; néanmoins l'invisible main de l'autorité comprimait toute manifestation. Le capitaine donna à regret ses dernières instructions, et descendit dans sa cabine, comme pour se cacher à tous les yeux.

Les dix minutes suivantes furent sinistres. Tout l'équipage avait été réuni sur le pont; tout était prêt, et Winchester n'attendait que le retour de Cuffe pour faire placer le condamné sur le caillebotis. On envoya un aspirant dans la cabine, et le commandant remonta à pas lents sur le gaillard d'arrière. Les matelots étaient rangés sur le gaillard d'avant et dans la coursive; la garde marine se tenait sous les armes; les officiers étaient groupés autour du cabestan. Telle était l'attente universelle, qu'on entendait le moindre bruit de pas.

Andréa et son ami s'étaient placés auprès du couronnement de la poupe, mais on ne vit ni Carlo Giuntotardi ni sa nièce.

— Nous avons encore vingt-cinq minutes de soleil, monsieur Winchester, dit Cuffe en observant avec anxiété l'horizon doré par les clartés de l'orbe du jour.

— Pas plus de vingt minutes! murmura le premier lieutenant d'une voix étouffée.

— Cinq minutes suffiraient, reprit le capitaine; et il alla demander au chirurgien-major combien de temps pouvait durer au minimum la vie d'un homme pendu au bras de vergue d'une frégate. La réponse ne fut pas conforme à ses désirs, et il fit signe d'amener le condamné.

Raoul fut conduit sur le pont par le capitaine d'armes et le prévôt. Il était vêtu de son costume de lazzarone, et portait le bonnet phrygien. Quoique sa figure fût pâle, on ne pouvait découvrir le moindre frémissement dans les muscles herculéens que sa toilette négligée exposait à la vue. Il salua courtoisement le groupe d'officiers, et regarda le bras de vergue fatal à l'homme qui en comprend la destination... Il éprouva une secousse momentanée; mais il se remit promptement, ôta son bonnet devant le capitaine, et s'avança vers le lieu du supplice d'un pas assuré, sans montrer toutefois de bravade ni d'affectation.

Le silence du tombeau régna, pendant que des matelots lui passaient la corde au cou et le plaçaient sur le caillebotis. Le nœud de la corde fut abraqué à la main, et l'ordre fut donné d'étendre sur le pont l'instrument de mort.

— Soyez parés à hisser à courir, mes enfants, dit Winchester à voix basse, et halez de toutes vos forces. En des cas pareils, la promptitude est de l'humanité.

— Bon Dieu! murmura Cuffe : un homme peut-il mourir de cette manière, sans prières, sans même lever les yeux vers le ciel!

— Hélez encore une fois la vigie, monsieur Winchester, dit Cuffe d'une voix entrecoupée.

— Ohé! de la vergue de petit perroquet!

— Plaît-il?

— Apercevez-vous un canot? regardez bien dans la baie de Naples.

La vigie fit un geste négatif. Winchester interrogea des yeux le capitaine, qui monta sur un canon, et examina attentivement la mer du côté du nord.

— Tout est prêt, dit le premier lieutenant au bout d'une minute.

Cuffe allait lever la main, ce qui eût été le signal du supplice, lorsqu'un coup de canon se fit entendre dans la direction de Naples.

— Arrêtez! s'écria le capitaine craignant trop de précipitation de la part des matelots qui tenaient la corde. Maître d'équipage, à bas les sifflets!... encore deux coups, Winchester, et je suis l'homme le plus heureux de la flotte de Nelson.

Comme il disait ces mots, un second coup retentit, et au bout d'une demi-minute il fut suivi d'un troisième, sourd mais distinct.

— C'est peut-être un salut, Monsieur? dit Griffin.

— Non, si cette détonation est la dernière. Écoutez!

Tout le monde prêta l'oreille; Cuffe consulta sa montre; deux minutes se passèrent sans que le canon tonnât de nouveau, la figure de Cuffe se dérida, et il leva la main d'un air de triomphe.

— Tout va bien, Messieurs, dit-il. Premier lieutenant, reconduisez le condamné dans sa prison. Dépassez la corde. Monsieur Strand, donnez un coup de sifflet pour faire descendre l'équipage.

Raoul fut emmené; quand il passa par l'écoutille d'arrière, tous les officiers le saluèrent, et il n'y eut pas à bord un seul homme auquel ce sursis ne causât de la joie.

CHAPITRE XXIX.

Raoul Yvard dut la vie à la précision de Clinch. Sans les trois coups de canon tirés à propos par *le Foudroyant*, l'exécution n'aurait pas été ajournée ; et sans la sollicitude du second master, les coups de canon n'auraient pas été tirés.

Voici l'explication du fait.

Pendant que le capitaine Cuffe donnait des instructions à son envoyé, celui-ci demanda ce qu'il y aurait à faire, dans le cas où il éprouverait un retard. Cuffe trouva l'expédient des coups de canon, et il en parla dans sa lettre au commandant en chef.

Nelson était à Castellamare, au palais de Qui-si-Sane. Clinch alla l'y rejoindre par terre, et lui remit ses dépêches. Le plus grand plaisir de l'amiral anglais était de se montrer miséricordieux, et l'adhésion qu'il donna au supplice de Caraccioli fait exception dans son existence. Le repentir de la conduite qu'il avait si récemment tenue, et qui était contraire à son caractère, le disposait probablement à plus d'indulgence.

— Votre capitaine, dit Nelson au second master, me mande qu'en définitive Raoul Yvard n'est pas un espion, et qu'il a été amené dans la baie par le désir de voir sa fiancée.

— Telle est l'opinion que nous avons tous, milord, répondit Clinch; il avait avec lui un vieillard et une charmante jeune fille, qui, d'après ce que dit le capitaine Cuffe, ont rendu visite à Votre Seigneurie, il y a quelques jours.

Nelson tressaillit, et sa figure se couvrit de rougeur. Il prit une plume, et de la seule main qui lui restât, il griffonna une lettre qui enjoignait de surseoir à l'exécution jusqu'à nouvel ordre. Il la signa, et la présenta à Clinch en disant :

— Retournez à votre embarcation, Monsieur, et faites force de rames vers *la Proserpine*. A Dieu ne plaise qu'un homme soit puni injustement !

— Je vous demande pardon, milord, mais il me serait impossible d'arriver au vaisseau avant le coucher du soleil. Le capitaine ne vous indique-t-il pas dans sa lettre un signal particulier ?

— Oui, Monsieur, et c'est en effet le moyen de communication le plus sûr. Avec cette légère brise d'ouest, un coup de canon doit s'entendre très-loin en mer. Prenez la plume, et écrivez.

Clinch saisit la plume, dont Nelson ne se servait qu'avec une extrême difficulté, depuis qu'il avait eu le bras droit emporté à l'attaque de Ténériffe.

Le second master écrivit ce qui suit, sous la dictée de Nelson :

« Monsieur,

» Immédiatement après le reçu de la présente, vous ferez tirer trois coups de canon, à une demi-minute d'intervalle, pour avertir *la Proserpine* qu'elle ait à surseoir à une exécution.

» *A l'officier commandant le vaisseau de Sa Majesté le Foudroyant.* »

Dès que cet ordre fut daté et signé des mots magiques Nelson, duc de Bronte, Clinch se leva pour partir. Il tenait le bouton de la porte, et avait envie de dire quelques mots de ses services personnels, lorsque l'amiral ajouta :

— C'est une affaire importante, et qui m'intéresse vivement. Dites au capitaine Cuffe de vous renvoyer le plus tôt possible auprès de moi, pour me rendre compte de ce qui arrivera.

— Je lui ferai part de vos intentions, milord, repartit Clinch en se rengorgeant et tout joyeux d'avoir en perspective l'occasion de solliciter de l'avancement. Puis-je dire au commandant du vaisseau amiral de se servir des canons du premier pont?

— Il le fera sans qu'on le lui dise, après avoir lu cet ordre. Bonsoir, Monsieur; au nom du ciel, ne perdez pas de temps.

Clinch se conforma littéralement à cette injonction. Quelques instants avant le coucher du soleil, il remettait l'ordre entre les mains du capitaine du *Foudroyant* ; et après de courtes explications, on tirait les trois coups de canon qui sauvèrent notre héros.

Cette péripétie mit en joie tout l'équipage de *la Proserpine*. Cuffe reprit toute sa vivacité, et en se servant de Griffin comme d'interprète, il entama une conversation animée avec les deux Italiens. Ceux-ci n'avaient pu voir le prisonnier, qui avait désiré être seul ; mais ayant renouvelé leur demande d'audience, ils reçurent l'autorisation de se présenter. Ils quittèrent le capitaine, et comme ils n'étaient pas encore habitués au roulis, ils descendirent lentement l'échelle en discutant sur divers points philosophiques.

— Cospetto, dit le vice-gouverneur, nous vivons dans un monde de miracles! le faux sir Smith touchait tout à l'heure à ses derniers moments, et je suis sûr qu'il est actuellement aussi bien portant que nous! C'est à peine si l'on peut dire qu'un homme est mort ou vivant, et je serais presque tenté de partager les doctrines de ces philosophes, qui prétendent que les objets dont nous sommes entourés n'ont point d'existence réelle.

— Quoi! s'écrie le podestat en prenant son ami par un bouton de son habit, comme s'il eût craint d'être abandonné au milieu d'une étrange illusion : est-il possible qu'on ait conçu de pareilles idées! Ainsi je n'existerais, je ne serais podestat qu'en imagination?

— Précisément, répliqua Andréa Barrofaldi.

— L'île d'Elbe ne serait donc pas une île véritable, et notre fer que nous envoyons dans tous les pays du monde ne serait que l'ombre d'un métal?

— Oui, les philosophes soutiennent que le monde matériel est purement imaginaire.

— Ce serait une belle théorie à répandre parmi les jeunes gens de Porto-Ferrajo! Où serions-nous, si on leur disait qu'il n'existe pas de Vito-Viti en chair et en os, et qu'ils n'ont pour les administrer qu'un fantôme de magistrat ?

— Je crois, mon cher voisin, que vous ne comprenez pas bien le système, peut-être parce que je l'ai mal expliqué ; mais ajournons la discussion, et occupons-nous du malheureux prisonnier qui doit nous attendre.

Le podestat lâcha le bouton qu'il tenait, et Andréa devenu libre s'achemina vers la petite prison, où la sentinelle le laissa entrer sans difficulté. Raoul reçut ses hôtes avec gaieté, car il n'avait pas assez d'héroïsme pour avoir accepté avec indifférence le sursis qui le dérobait au gibet. Il offrit aux Italiens les tabourets que Winchester avait fait placer dans la chambre, et il s'assit lui-même sur le palan d'affût d'un des canons dont la petite pièce était flanquée. Il faisait nuit close, et le brouillard du soir interceptait la lueur des étoiles ; cependant Raoul n'avait ni lampe ni chandelle, il avait refusé de s'en servir, parce qu'il avait remarqué la veille des curieux qui le regardaient à travers les fentes de la toile, afin d'étudier la physionomie et les occupations d'un condamné à mort. Dans la crainte que les mêmes gens n'éprouvassent le désir de juger des effets d'un sursis sur un criminel, il avait résolu de passer la soirée dans l'obscurité. Seulement deux lanternes allumées dans la batterie jetaient une lueur incertaine, dont quelques rayons traversaient la cloison de toile.

Vito-Viti aurait voulu féliciter immédiatement le corsaire de la grâce qu'il avait provisoirement obtenue : mais le vice-gouverneur, supérieur à son ami par sa position, son éducation et son tact naturel, entama une conversation générale, se réservant d'y introduire incidemment ces congratulations. Cette conduite eut un fâcheux résultat, car dès que le podestat se fut aperçu que l'objet principal de la visite était ajourné, il revint avec empressement à la discussion qui avait été interrompue.

— Sir Smith, dit-il, le gouverneur avance une doctrine que l'Eglise condamnerait assurément, et que repousse la nature humaine.

— Mon brave Vito, interrompit Andréa un peu irrité de cette attaque imprévue, tu n'exposes pas l'affaire exactement. Cette théorie ne m'appartient pas ; elle est de George Berkeley, philosophe et évêque anglais, il l'a consignée dans l'ouvrage intitulé : *Principe des connaissances humaines.*

— C'était un hérétique, n'est-ce pas ?

— J'avoue, répondit le vice-gouverneur, qu'on ne peut le considérer comme un apôtre de la véritable Eglise.

— Je l'aurais juré ! Jamais un catholique n'aurait inventé un tel système, et pour en punir l'auteur, il n'y aurait pas assez de bûchers, de tenailles et autres instruments de torture imaginaires.

— Comment ! s'écria Raoul, un évêque anglais a prêché des doctrines aussi criminelles ?

— Mon voisin n'a pas compris la théorie dont il parle, répondit Barrofaldi, et il est indispensable que je la lui explique avec quelques détails ; je vous en demande la permission, sir Smith.

Raoul répliqua poliment qu'il l'écouterait volontiers, et pour se mettre plus à l'aise, il s'étendit sur le palan d'affût, la tête appuyée contre la paroi d'un sabord, et les pieds sur la roue du canon. Andréa Barrofaldi se mit aussitôt à développer le système de Berkeley, en établissant que la nature, loin d'avoir aucune réalité, n'était qu'un certain assemblage de sensations et d'idées, transportées hors de nous par une illusion de notre esprit. Vito-Viti fit des objections, en s'indignant surtout de la pensée que l'île d'Elbe pouvait bien ne pas exister, et qu'il pouvait ne pas en être réellement le podestat. La discussion s'échauffa, et l'harmonieuse langue italienne prit dans la bouche des ergoteurs les intonations les plus criardes. Quelques officiers attirés par le bruit se groupèrent pour écouter dans la batterie, qui se trouva subitement transformée en une sorte de salle de spectacle. Plusieurs aspirants entendaient passablement l'italien, et Griffin traduisait au bénéfice des ignorants les traits les plus saillants de cette conférence philosophique.

Quant à Raoul, il trouva d'abord moyen de glisser quelques mots ; mais la polémique devint si active, qu'il prit le parti de garder le silence, et d'avancer la tête dans le sabord, pour jouir de la fraîcheur du soir.

Quelle fut sa surprise, quand il sentit une main se poser sur son front !

— Chut ! murmura une voix à son oreille ; c'est l'Américain Ithuel. Du sang-froid ! voici le moment de s'enfuir.

Raoul avait trop d'empire sur lui-même pour trahir son étonnement ; mais toutes ses facultés furent aussitôt surexcitées. Il connaissait Ithuel pour un homme de ressources, aventureux et entreprenant au besoin, mais habituellement circonspect... Il fallait que ce personnage eût le vent bien favorable pour se placer dans une position qui lui eût attiré un châtiment si on l'eût aperçu. Il était à califourchon sur une des chaînes, au bas des grands porte-haubans du vaisseau. Il pouvait n'être pas découvert, grâce à l'obscurité ; mais la place qu'il occupait suffisait pour dénoter de mauvaises intentions.

— Que voulez-vous, Ithuel ? murmura Raoul, voyant que ses compagnons étaient trop occupés pour faire attention à ses mouvements ou à ses paroles.

— L'Italien et sa nièce vont aller à terre ; nous sommes convenus de tout. J'ai pensé que vous pourriez vous échapper par un sabord, à la faveur de la nuit, et descendre dans la barque. Du calme, et nous allons voir.

Raoul savait que son sursis ne lui laissait qu'un avenir très-aléatoire. Il avait d'un côté en perspective un ponton, et de l'autre l'image de Ghita. Il était en proie à d'orageuses émotions; cependant aucune exclamation ne lui échappa.

— A quelle heure, mon cher Ithuel? demanda-t-il d'une voix tremblante malgré tous les efforts qu'il faisait pour se modérer.

— Tout de suite. La barque est dans le passavant, le vieux Giuntotardi y est déjà, et l'on grée une chaise pour y descendre la jeune fille...... Voilà qui est fait..... entendez-vous le commandement?

Raoul entendit en effet le sifflet du maître d'équipage; l'eau clapota sous la barque que l'on rapprochait des flancs du vaisseau, afin de la placer au-dessous de la chaise; le prisonnier put distinguer le bruit des avirons que Ghita dérangeait en allant s'installer à l'arrière; l'officier de quart ordonna de haler la manœuvre, et Carlo Giuntotardi fut laissé paisible possesseur de l'embarcation.

Le moment était excessivement critique. Selon toute probabilité on observait la barque du haut du pont, et quoique la nuit fût sombre, il fallait agir avec la plus grande prudence pour avoir quelque chance de succès.

— Voici l'instant, murmura Ithuel. Le vieux Carlo a ses instructions, et la petite Ghita aura soin qu'il ne les oublie pas. Tout dépend de notre sang-froid et de notre activité. Dans cinq minutes au plus le canot sera sous le sabord.

Le jeune corsaire comprit le plan, mais il le jugea désespéré. Il lui semblait impossible qu'on laissât Ghita s'éloigner sans la suivre avec des yeux avides; et malgré les ténèbres, il croyait ne pouvoir la rejoindre sans être remarqué. Il fut encouragé par un ordre que l'officier de quart communiquait à l'aide du porte-voix, et qui prouvait qu'il était occupé ailleurs. C'était beaucoup; peu de gens devaient oser détourner la tête quand leur chef attirait leur attention sur un point.

La cervelle de Raoul était en feu. Les deux Italiens poursuivaient leur polémique avec véhémence, les officiers réunis dans la batterie les écoutaient en riant. Le bateau se heurtait contre les flancs de la frégate, et tous ces bruits parvenaient ensemble aux oreilles du captif. Toutes les émotions de son cœur, tous les intérêts de son existence, étaient pour ainsi dire concentrés dans ce moment décisif. Ignorant ce qu'on attendait de lui, il interrogea l'Américain.

— Faut-il me jeter à l'eau la tête la première?

— Laissez les Italiens se chamailler, et ne bougez pas avant que je vous avertisse.

Raoul ne pouvait voir l'eau, car il avait encore la tête dans le sabord, et il fallait qu'il s'en rapportât entièrement au sens de l'ouïe.

L'embarcation longeait les flancs du navire, et quand elle fut sous les grands porte-haubans, il n'eût pas été facile de l'apercevoir, quand même on eût été sur le qui-vive. Carlo n'était pas assez étranger aux choses d'ici-bas pour ne pas comprendre ce qu'il avait à faire, et le détachement spirituel qu'on lui supposait contribuait à rendre moins active la surveillance dont il pouvait être l'objet.

— N'y a-t-il rien à bord qui puisse empêcher un mouvement? dit Ithuel à voix basse.

Raoul leva la tête et regarda autour de lui. Des rires étouffés lui révélaient la présence d'un groupe dans la batterie; mais personne ne s'occupait de lui. Comme il n'avait pas parlé depuis quelque temps, il crut devoir élever la voix, en ayant soin qu'elle partît de l'intérieur de sa prison. Il réitéra une des objections qu'il avait déjà faites aux doctrines du vice-gouverneur. Comme il s'y attendait, elle ne fut pas relevée; mais elle fit connaître sa présence aux auditeurs du dehors.

— Tout va bien, dit-il en avançant la tête; que faut-il faire?
— Sortez lentement en vous aidant de vos pieds.

Raoul obéit, et l'Américain lui mit une corde entre les mains en lui disant qu'elle était fortement attachée au porte-hauban. La descente était donc facile, mais trop de précipitation pouvait perdre les fugitifs. La frégate était à une demi-lieue de la pointe de Campanella, et pour qu'on fût dans l'impossibilité de les poursuivre, il leur importait d'avoir un peu d'avance. Ithuel et son ami mirent en conséquence dans leurs mouvements la plus grande circonspection. Raoul dégagea lentement ses jambes, et dès qu'il fut sorti du sabord il voulait descendre dans la barque, mais Ithuel le retint.

— Attendez, murmura l'Américain, que les Italiens crient un peu plus fort.

La controverse était si animée, qu'il ne fut pas nécessaire de perdre beaucoup de temps. Ithuel donna le signal, et le prisonnier, les bras suspendus à la corde et les pieds sur le canon, se laissa bientôt glisser sans bruit dans le canot.

Ithuel y était déjà, et tous deux se blottirent au fond de l'embarcation. Le manteau de Ghita fut jeté sur eux, et Carlo, qui avait l'habitude de conduire des bâtiments de cette espèce, retira sa gaffe accrochée aux porte-haubans. La frégate s'éloigna avec lenteur, et laissa le frêle esquif dans ses eaux à cent pieds en arrière.

Jusqu'alors tout avait merveilleusement réussi. L'obscurité était si profonde, que les deux fugitifs osèrent se relever et prendre place sur les bancs. Ils s'emparèrent des avirons, tandis que Carlo prenait la barre, et Raoul éprouva un transport de joie en sentant la barque frémir sous l'impulsion de sa rame de frêne.

— Du calme, murmura Ithuel : nous sommes encore à portée de la voix; mais dans cinq minutes nous pouvons gagner le longre si cela nous convient.

En ce moment, la cloche de *la Proserpine* sonna huit heures; on releva le quart, et une grande activité régna à bord de la frégate Ithuel parut inquiet.

— Ce n'est rien, dit Raoul ; les matelots montent sur le pont pour faire leur service.

— On ne fait pas habituellement tant de bruit pour changer le quart. Qu'est-ce que cela ?

C'était le bruit des palans qu'on affalait, et il fut suivi de celui d'un canot qu'on mettait à la mer.

CHAPITRE XXX.

Nous avons dit qu'une généreuse sympathie pour Raoul avait succédé aux sentiments hostiles qu'il inspirait. On avait en conséquence eu soin de ne pas l'importuner, et de se borner à jeter un coup d'œil dans la chambre chaque fois que la clochette du vaisseau retentirait. Le soldat de marine qui était de faction, en entendant sonner l'heure, passa respectueusement entre les officiers, et quoique les clameurs des deux Elbains fussent une garantie de la présence de celui qu'ils étaient venus visiter, le groupe s'écarta pour laisser passer la sentinelle : le soldat souleva la tenture ; la lumière de la lanterne placée à la porte de la cabine pénétra dans la prison, et l'on aperçut les magistrats de Porto-Ferrajo gesticulant avec énergie; mais la place de Raoul Yvard était vide !

Yelverton se trouvait par hasard derrière la sentinelle. C'était un jeune homme doué d'une intelligence active, et qui avait toutes les bosses phrénologiques propres à indiquer la perspicacité. Il vit au premier coup d'œil que l'oiseau s'était envolé. Sa première idée fut que le condamné s'était jeté à la mer, et sans rien dire à ceux qui l'entouraient, il courut avertir l'officier de quart. S'embarquer sur un des canots fut pour lui l'affaire de quelques secondes. Ses compagnons agirent avec moins de précipitation, mais ils surent promptement la nouvelle. Sur un ordre de Griffin, l'enceinte de toile fut abattue, et laissa exposés aux regards le vice-gouverneur et le podestat, qui continuaient à discuter.

— Holà ! leur cria brusquement Griffin pensant que la circonstance le dispensait de cérémonie : qu'avez-vous fait du Français? où est Raoul Yvard ?

— Le signor Smith, ou M. Yvard, si vous l'aimez mieux ? Voisin Vito, qu'est devenu l'homme qui était assis là ?

— Cospetto ! suivant votre doctrine, signor Andréa, il n'y avait ici qu'une apparence d'homme, et il n'est pas surprenant qu'elle ait disparu ; mais je proteste contre toutes les inductions que vous pouvez tirer de cet accident. Les Français sont volages, et un rien les emporte ; mais quand un homme comme moi, dont la moralité est solide et le corps substantiel, se sera brusquement évanoui, vous pourrez invoquer sa disparition en faveur de votre théorie.

— Votre obstination, voisin Vito, atteste l'imperfection de...

— Pardon, signor Barrofaldi, interrompit Griffin... il ne s'agit pas à présent de système philosophique; nous autres marins, nous avons des devoirs à remplir. Qu'est devenu Raoul Yvard, celui que vous appelez sir Smith?

— Signor lieutenant, je vous déclare que je n'en sais rien; il y a deux minutes qu'il était assis sur cette pièce de canon, et qu'il écoutait avec attention le développement d'une théorie due à votre compatriote Berkeley. Cette théorie convenablement interprétée... Remarquez bien, voisin Vito, que je dis convenablement interprétée, car la manière dont vous l'envisagez...

— De grâce, interrompit encore Griffin, mettez un terme à la controverse! le Français était ici quand vous y êtes venus?

— Oui, signor lieutenant, et il a paru prendre le plus vif plaisir à notre dissertation.

— Et vous ne l'avez vu sortir ni par la porte ni par le sabord?

— Non! sur mon honneur, je croyais qu'il s'intéressait trop vivement à l'entretien pour nous quitter.

— Oh! s'écria le podestat, c'était un être imaginaire qui est allé rejoindre la grande famille idéale dont il fait partie! Il n'y a ni lougre, ni corsaire, ni mer, ni frégate, et il me semble que nous nous dérangeons pour rien.

Sans questionner davantage les deux philosophes, Griffin monta sur le pont, où il trouva le capitaine.

— Qu'est ce que tout cela veut dire, Messieurs? demanda Cuffe d'un ton sévère; ceux qui ont laissé le prisonnier s'évader auront directement affaire à l'amiral.

— Il n'est pas dans la batterie, Monsieur, répondit le second lieutenant, et j'ai ordonné au maître d'équipage d'appeler tous les chaloupiers.

En effet, les embarcations tombèrent une à une à la mer et rejoignirent le canot dans lequel Yelverton faisait le tour de la frégate pour repêcher l'homme qu'il croyait noyé.

— Le Français doit être passé par le sabord, dit Winchester, et il est peut-être suspendu aux chaînes de hauban que j'ai chargé un de nos aspirants de détacher.

— Où est la yole du vieil Italien et de sa nièce? demanda le capitaine.

Cette question mit tout le monde sur la voie.

— La yole était bord à bord, s'écria Griffin, mais elle ne contenait que Giuntotardi et la jeune fille.

— Excusez, Monsieur, dit un jeune gabier de misaine qui venait de descendre de la hune : j'ai vu le bateau s'arrêter sous les porte-haubans de tribord, et il m'a semblé qu'on y descendait quelque chose par le sabord; ça m'a paru suspect, et notre capitaine m'a chargé de vous raconter la chose.

— Qu'on fasse venir Ithuel Bolt! s'écria le capitaine; il nous donnera des explications.

Il est inutile de dire qu'on ne trouva pas l'Américain, et tous les gens du bord commencèrent à comprendre le mode d'évasion. Les officiers s'élancèrent dans les embarcations, qui partirent au nombre de cinq. En même temps la frégate hissa une lanterne pour leur servir de ralliement.

La Proserpine était par le travers du cap de Campanella, et filait environ trois nœuds; elle se dirigeait vers le détroit qui sépare Caprée du continent. Le temps était trop sombre pour permettre d'apercevoir une yole sur les vagues, mais on distinguait aisément les rochers de l'île et les sinuosités de la côte. Telle était la situation du vaisseau lorsque les cinq embarcations le quittèrent.

Yelverton avait agi sans ordres, comme dans les cas où un homme tombe à la mer. En tournant autour de la frégate, il entrevit la yole, et devinant la vérité, il se mit aussitôt en chasse. Deux autres canots le suivirent, prenant la gigue qu'il montait avec quatre rameurs pour le bateau des fugitifs, tandis que le reste des embarcations explorait la mer du côté du large.

Raoul et Ithuel avaient sur Yelverton une avance d'environ cinquante vergues; mais leurs oreilles exercées leur apprirent bientôt qu'ils perdaient cet avantage. Comme leurs avirons étaient garnis de paillets, ils résolurent de changer de route, dans l'espoir qu'on passerait auprès d'eux sans les découvrir. Ils inclinèrent à l'ouest, du côté où les hauteurs de Caprée jetaient une ombre compacte sur la mer. Ce stratagème obtint un succès complet. Yelverton filait droit devant lui, s'imaginant par intervalle apercevoir la yole qu'il poursuivait, de sorte qu'il la dépassa sans se douter le moins du monde qu'il en était si près. Aucune des embarcations anglaises n'avait de rames à paillets; on entendait au contraire la cadence régulière de leurs avirons, et les deux cutters qui marchaient derrière la gigue de Yelverton, persuadés qu'ils étaient sur les traces des fugitifs, faisaient force de rames pour le rejoindre.

— On croirait, dit Raoul en riant, que le vice-gouverneur et le podestat commandent les embarcations, à en juger par la manière dont elles sont conduites.

— Ah! Raoul, répondit Ghita, pensez au moment terrible que vous venez de passer, et attendez pour plaisanter que vous soyez hors de la portée de vos ennemis.

— Peste! je leur dois de la reconnaissance, car je dois avouer qu'ils m'ont bien traité. Ils ne sont pas, en somme, dépourvus de sentiments généreux.

— Vous leur accordez plus qu'ils ne méritent, répondit Ithuel, les Anglais sont des hommes féroces, qui s'engraissent des misères humaines.

— Cependant, mon bon Ithuel, ils ont cette fois-ci épargné votre dos.

— Parce que leur équipage n'est pas au complet, et qu'ils ne veulent pas estropier un gabier. S'ils n'avaient pas été à court de matelots, ils n'auraient pas laissé sur mes épaules assez de peau pour couvrir une pelote.

— Quant à moi, dit Raoul, je n'ai pas à m'en plaindre, M. Cuffe m'a donné une bonne nourriture, de bon vin, de bonnes paroles, et un sursis très-opportun.

— Cher Raoul, n'avez-vous pas remercié Dieu de cette dernière faveur? dit Ghita d'une voix tendre et douce.

Raoul était embarrassé pour répondre; mais il en fut dispensé par Carlo, que sa taciturnité habituelle rendait plus attentif que ses compagnons.

— Silence! murmura-t-il, voici d'autres embarcations qui viennent du côté du large.

Les deux marins écoutèrent, et reconnurent en effet qu'ils étaient pour ainsi dire pris entre deux feux. Ithuel proposa de s'écarter encore une fois à angle droit pour laisser passer la flottille, mais Raoul émit un avis contraire, pensant que les canots étaient encore assez éloignés pour qu'il eût le temps de gagner le rivage. Après une courte délibération, on adopta un moyen terme, c'était d'entrer dans la passe qui sépare Caprée de Campanella.

— Il ne faut pas, dit Raoul à Ghita, que nous vous laissions partager nos dangers. Nous vous débarquerons à la Marina Grande de Sorrente, d'où vous irez sans peine à Santa-Agata.

— Ne vous occupez pas de moi, Raoul; ne songez qu'à rejoindre votre navire le plus tôt possible. Dieu vous a tiré d'un grand péril, et votre devoir est de vous conformer aux intentions qu'il a manifestées. Peu m'importe de faire quelques lieues de plus ou de moins, pourvu que vous soyez en sûreté.

— Cher ange! tu ne penses jamais à toi! mais je ne t'abandonnerai pas de ce côté de Sorrente. Il ne me faut que deux heures pour atteindre la Marina Grande, et quand je vous y aurai conduite, j'établirai notre petite voile, et nous gagnerons le large en passant entre les deux îles.

Ghita fit de nouvelles représentations, qui furent inutiles, et les deux marins se mirent à ramer avec énergie. Ils s'arrêtaient de temps en temps pour écouter le bruit des avirons de leurs adversaires, et il leur sembla que la flottille se réunissait dans le voisinage du cap de

Campanella. Ils eurent soin de s'en éloigner, et approchèrent rapidement de la Marina Grande. En apercevant les lumières qui indiquaient la situation de Sorrente, Ghita sentit toutes ses craintes se dissiper, quoique l'Américain prétendît entendre de temps en temps des sons étouffés pareils à ceux de rames imparfaitement garnies.

— Aussitôt que nous serons à terre, dit la jeune fille à Raoul, vous me promettez de vous mettre à la recherche de votre lougre, et de quitter ensuite la côte?

— Pourquoi exiger des promesses d'un homme que l'on ne respecte pas assez pour croire qu'il les tiendra?

— Je ne mérite pas ce reproche, Raoul; en ce qui me concerne, tu n'as jamais enfreint aucune promesse.

— Cela n'est pas étonnant, puisque tu ne veux ni en faire ni en accepter. Je n'ai jamais été mis à l'épreuve; mais viens avec moi devant un prêtre, demande-moi tous les serments qu'un homme peut prêter, et tu verras si je les tiens!

— Ohé du canot! s'écria une voix mâle et sonore qui avait la brusquerie caractéristique de celle d'un marin de l'État.

Surpris inopinément, les gens de la yole gardèrent le silence; mais Ithuel, qui comprit la nécessité de dire quelque chose, finit par répondre à la manière italienne.

Clinch, car c'était lui qui retournait à *la Proserpine*, grommela entre ses dents quand il se vit obligé d'employer une langue étrangère. Heureusement, depuis longtemps attaché à la station, il avait eu le temps d'attraper par-ci par-là quelque peu d'italien.

— Venez-vous de Massa ou de Caprée? demanda-t-il.

— Signor, répondit Raoul, qui n'osa confier à Carlo la responsabilité d'un pareil entretien, nous arrivons de Santa-Agata, et nous portons des figues à Naples.

— Santa-Agata! c'est un village sur les hauteurs; j'y ai passé la nuit, chez Maria Giuntotardi.

— Quel peut être cet homme? murmura Ghita; ma tante ne connaît pas l'étranger. A son accent je le reconnais pour un Anglais; j'espère qu'il ne nous demandera pas de figues pour son souper.

Clinch était occupé d'autre chose.

— Avez-vous vu, reprit-il, un lougre d'une allure suspecte gréé à la française et monté par des Français?

— Oui, signor, il allait au nord à l'heure où le soleil s'est couché, et il aura probablement jeté l'ancre dans le golfe de Gaëte, sous le canon de ses compatriotes.

— Bah! reprit Clinch en anglais; nous avons assez de vaisseaux dans ces parages pour le réduire en moins d'une heure aux dimensions d'un petit canot. Avez-vous remarqué ce soir une frégate anglaise, près de la pointe de Campanella?

— Oui. signor, la lumière que vous remarquez là-bas est placée à sa corne d'artimon. Elle a eu la complaisance de nous prendre à la remorque pour nous aider à doubler le cap.

— En ce cas, vous êtes des gens précieux pour moi. Pouvez-vous me dire si un homme a été pendu à bord au coucher du soleil ?

Raoul maudit intérieurement le questionneur, qui lui parut pressé d'apprendre sa propre exécution ; il devina en même temps que c'était là l'embarcation qui avait quitté *la Proserpine* vers midi.

— Si cela peut vous faire plaisir, répondit-il, je vous dirai qu'il n'y a pas eu de supplice. Un homme a été sur le point d'être pendu, mais le capitaine a ordonné qu'on le reconduisît en prison.

— Au moment où on tirait trois coups de canon de Naples, n'est-ce pas ? demanda Clinch avec vivacité.

— Cet homme est peut-être mon sauveur !... Vous dites vrai, signor, c'était juste au moment où l'on a tiré trois coups de canon de Naples ; mais j'ignore quel rapport ces coups de canon avaient avec l'exécution projetée ; pourriez-vous me le dire ?

— C'est moi qui ai mis le feu aux pièces par ordre de l'amiral, pour enjoindre au capitaine d'épargner ce pauvre Raoul Yvard. Je me félicite de savoir que mes efforts n'ont pas été inutiles ; je n'aime pas les pendaisons, monsieur l'Italien.

— Vous faites preuve d'un bon cœur, signor, et vous serez quelque jour récompensé de votre générosité. Je voudrais bien savoir le nom d'un homme aussi humain.

— Mon nom a peu d'importance, ami ; on m'appelle Clinch, et je suis tout simplement le second du master.

Après avoir prononcé ces paroles d'un ton d'amertume, Clinch souhaita le bonsoir au prétendu Italien.

— C'est un *bravo*, dit Raoul ; si jamais je rencontre ce monsieur Clinch, je lui montrerai que je sais reconnaître les services. *Peste !* s'il y avait seulement cent hommes du même genre dans la marine anglaise, nous pourrions l'aimer.

— Ce sont tous des serpents, répliqua Ithuel ; il ne faut pas se fier à leurs paroles mielleuses. Si j'avais seulement voulu m'inscrire sur le rôle d'équipage, il n'aurait tenu qu'à moi de me croire cousin de Sa Majesté. Au reste, ce Clinch est un assez honnête homme, qui n'a pas de plus cruel ennemi que lui-même.

— Ohé du canot ! cria de nouveau le second du master. Raoul et Ithuel cessèrent machinalement de ramer, dans l'idée qu'il avait encore quelque communication à leur faire.

— Ohé du canot ! répéta Clinch, répondez, ou vous aurez de mes nouvelles !

— On y va, dit la voix de Yelverton ; est-ce vous, Clinch ?

— Oui, Monsieur : vous êtes Yelverton, à ce qu'il me semble ?

— Vous l'avez deviné ; mais faites moins de bruit : qui donc avez-vous hélé il y a quelques minutes ?

Ithuel répondit; mais les deux bateaux étaient déjà assez rapprochés pour qu'il fût inutile de continuer la conversation à haute voix. Pendant ce temps, Raoul et l'Américain tenaient leurs rames suspendues et se gardaient avec précaution de toute espèce de mouvement. Les deux bateaux anglais n'étaient pas à plus de cent vergues de la yole, et Ithuel savait que c'étaient des meilleurs de la flotte, à tel point qu'ils avaient remporté le prix dans plusieurs régates.

— Silence! dit Ghita d'une voix altérée; ah! Raoul, ils arrivent! Ils arrivaient en effet avec une effrayante rapidité, comme on en pouvait juger par le bruit de leurs rames, quoique l'obscurité ne permît point de les voir. Justement alarmés, Raoul et son compagnon se remirent en marche, et l'imminence du danger surexcita les facultés de Carlo Giuntotardi. Il gouverna habilement vers les rochers, afin de se cacher sous leur ombre et de débarquer au besoin.

Il devint bientôt évident que les Anglais avaient l'avantage et qu'ils ne tarderaient pas à rejoindre la yole.

— Ah! mon oncle, murmura Ghita en joignant les mains sur sa poitrine comme pour en comprimer les émotions, entrez dans la Caverne d'eau, c'est le seul moyen de le sauver!

La yole doublait les rochers qui entourent la baie sur laquelle est située la Marina Grande de Sorrento. Carlo saisit l'idée de sa nièce, et mit la barre à bâbord en disant à ses camarades de rentrer leurs rames. Ils obéirent, supposant que son intention était de chercher un refuge sur les hauteurs; mais au moment où ils s'attendaient à voir leur nacelle toucher contre un rocher à pic, elle glissa sous une arche naturelle, et entra dans un petit bassin aussi doucement qu'une bulle emportée par le courant. Une minute après, les deux embarcations anglaises doublèrent les rochers : l'une gouverna obliquement par le travers de la baie; l'autre longea la côte, pour empêcher les fugitifs de débarquer. Bientôt elles furent à cent vergues plus loin, et on cessa de les entendre.

CHAPITRE XXXI.

La place où Giuntotardi avait cherché un asile est connue à Sorrente sous le nom de Caverne d'eau. Ce n'est cependant pas une caverne, car, lorsqu'on a franchi la voûte par laquelle on y pénètre, on se trouve dans un bassin à ciel découvert; on dirait que les pêcheurs l'ont taillée dans le roc pour y abriter leurs bateaux, en mettant à profit la disposition du terrain. Quelle que soit l'origine de cette excavation, elle offrit aux fugitifs un refuge assuré dans le moment le plus critique. Ils auraient été cachés, même en plein jour; et sans être instruit de l'existence de cette retraite, personne n'aurait deviné qu'une barque fût, pour ainsi dire, enfouie dans les rochers de ce promontoire. Ghita et son oncle n'éprouvèrent plus de craintes ; mais la première annonça l'intention de débarquer à l'instant même, en assurant qu'elle trouverait facilement le sentier qui menait à Santa-Agata.

La mort à laquelle Raoul avait échappé miraculeusement, la poursuite acharnée dont il venait d'être l'objet, la nécessité de se séparer de sa fiancée, le rendaient sombre et mélancolique. Il ne pouvait demander à Ghita de partager plus longtemps ses dangers ; et cependant il sentait qu'en la laissant s'éloigner il la perdait peut-être pour jamais. Néanmoins il ne fit aucune objection ; confiant à Ithuel la garde de la yole, il aida Ghita à gravir les bords en entonnoir du petit bassin, et se prépara à la mettre sur sa route. Carlo marcha devant le couple, en disant à sa nièce qu'il connaissait près de là une chaumière où ils pourraient se reposer. Les ténèbres étaient assez épaisses pour rendre la marche difficile. Raoul et Ghita montèrent lentement la rampe escarpée. Tous deux éprouvaient également le regret de se séparer ; mais ils avaient des projets d'avenir différents. La jeune fille prit sans hésiter le bras du jeune homme.

— Raoul, dit-elle, il faut que cela finisse. Je ne puis assister de nouveau à des scènes comme celles dont j'ai été témoin, et je ne saurais souffrir que vous couriez d'aussi grands risques. Plus nous nous entendrons vite, plus nous arriverons vite à nous quitter, et mieux cela vaudra dans notre intérêt. Je me reproche d'avoir laissé s'établir entre nous une intimité qui s'est trop prolongée.

— Est-ce là le langage d'une Italienne, d'une fille de dix-huit ans, née dans un pays où l'on prétend que les cœurs sont plus ardents que le soleil, et issue d'une race dont les enfants sacrifient souvent leur pays, leur famille, leur vie même, à l'homme qu'elles ont choisi !

— J'en ferais autant pour vous rendre heureux, Raoul, et le sacrifice me serait facile. Je n'ai point d'asile ; mon pays n'est plus rien pour moi depuis le cruel événement de cette semaine ; je suis sans fortune, et la vie n'a pas de prix pour moi.

— Pourquoi, chère Ghita, ne pas m'accepter pour soutien ? pourquoi ne pas me faire une part de vos chagrins ? Vous ne tenez pas aux dehors, et vous accepterez sans peine un fiancé sous le misérable costume de lazzarone. Donnez-moi le droit de vous réclamer comme ma femme, et nous conviendrons ensemble d'un rendez-vous ; et demain soir je vous emmènerai à bord de mon lougre pour vous conduire dans notre joyeuse Provence, où vous serez reçue comme une sœur.

— N'insistez pas, Raoul, répondit Ghita d'une voix émue, ce que vous demandez est impossible, je vous ai déjà montré l'abîme qui nous sépare; vous ne voulez pas le franchir pour venir à moi, et je ne puis le franchir pour aller à vous.

— Ah! Ghita, si tu m'aimais réellement, rien sur la terre ne pourrait nous désunir.

— Ce qui nous désunit, Raoul, est indépendant de toute considération terrestre. Je ne puis unir mon sort à celui d'un ennemi déclaré de mon Rédempteur.

— Je n'ai point l'intention de te tromper, Ghita. Tu connais mes opinions, et il faut me prendre comme je suis ou me repousser. Tu feras ce que bon te semblera ; mais je sens que si tu persistes dans tes refus, tu me pousseras à quelque acte de désespoir qui me mettra encore à la merci des Anglais.

— Ne parle pas ainsi; sois prudent pour ton pays, pour moi-même.

La jeune fille avait peine à retenir ses larmes, et l'émotion l'empêcha de continuer. Elle s'enfuit rapidement. Le corsaire eut d'abord envie de la suivre ; puis cédant aux conseils de la prudence, il songea à la nécessité de profiter de la nuit pour se mettre en sûreté. Il espérait retrouver plus tard l'occasion de réitérer ses instances avec plus de succès; mais il ne connaissait pas Ghita. Quoiqu'elle avouât sans rougir son attachement pour lui, ses idées religieuses avaient un caractère indélébile, et une foi profonde la rendait invulnérable.

Notre héros trouva Ithuel paisiblement endormi. Prévoyant qu'il aurait à ramer pendant longtemps, l'Américain s'était étendu dans la chambre du canot, et il reposait avec autant de calme que s'il eût été dans son cadre du *Feu Follet*. Il se réveilla difficilement, et reprit l'aviron avec répugnance. Avant de descendre dans l'entonnoir, Raoul avait jeté un coup d'œil sur la mer; mais rien n'était visible dans l'obscurité, et l'on n'entendait aucun bruit. Convaincu que ses ennemis s'étaient éloignés, il se décida à rentrer dans la baie afin d'y chercher son lougre. Comme la yole avait perdu la moitié de son fret, et que la brise de terre était forte, il était possible de s'éloigner des vaisseaux anglais longtemps avant le retour du jour.

— Allons! s'écria Raoul après avoir secoué l'Américain pour la troisième fois. Allons, ami, il est temps de se remuer; la mer est libre.

— Ah! répondit Ithuel en bâillant et en se frottant les yeux, la nature, qui est, dit-on, une bonne ouvrière, n'a jamais fait de plus jolie cachette que celle-ci. Comme on y dort bien! néanmoins je suppose qu'il faut manier le frêne avec activité, sous peine de ne revoir jamais la France. Virez de bord, capitaine : voici le trou, qui est presque aussi difficile à trouver que celui d'une aiguille. Poussez, et nous sortirons!

La yole glissa par l'ouverture, et se balança sur les longues lames de la baie. Les deux aventuriers, en quittant leur asile, ne purent se défendre d'une certaine inquiétude ; mais l'obscurité les rassura. Les flammes que lançait parfois le sommet du Vésuve ressemblaient à des éclairs de chaleur, et auraient suffi pour indiquer la position de cette célèbre montagne quand même on n'en aurait pas distingué les contours.

Nos deux marins se préparaient à gagner le large, lorsqu'ils entendirent devant eux un battement de voiles ; un bâtiment, orienté au plus près, arrivait droit sur eux, dans l'espoir de doubler la pointe en lofant sans virer de bord.

— *Pesto !* murmura Raoul, voilà un hardi pilote qui ne craint pas les rochers. Restons tranquilles, Ithuel, et laissons-le passer ; autrement il pourrait nous inquiéter.

— C'est le meilleur parti à prendre, capitaine, quoique je ne pense pas que ce soit un anglais. Écoutez ! le clapotis de l'eau sous ses bossoirs ressemble au bruit d'un couteau qui entame une pastèque bien mûre.

— Mon *Feu Follet !* s'écria Raoul en se levant et en étendant les bras comme pour étreindre son cher navire. On nous cherche, Ithuel, nous sommes en retard.

Le bâtiment se rapprochait, et lorsque ses profils devinrent visibles, il n'y avait plus de méprise à craindre. Les deux grandes voiles de trou, le tape-cul, la coque presque à fleur d'eau dessinaient vaguement leurs formes féeriques, de même qu'un oiseau au vol rapide révèle par degrés ses couleurs et ses proportions quand il descend des profondeurs du vide. Quelques minutes encore, et le vaisseau allait passer.

— Amis! dit Raoul d'une voix distincte, mais à laquelle il ne donna pas toute sa force.

Les voiles battirent les mâts ; un bruit de pas se fit entendre sur le pont du *Feu Follet*, qui dériva du côté de la yole ; une corde fut jetée par-dessus le bord, et bientôt Raoul se trouva sur son bâtiment.

CHAPITRE XXXII.

Raoul marcha sur le pont de son lougre avec la fierté d'un roi qui monte sur son trône. Ce brave marin, confiant dans son habileté, et sûr des qualités de son bâtiment, s'inquiétait peu des ennemis dont il pouvait être environné. L'heure et la brise étaient propices, et nulle arrière-pensée ne troubla les transports de cet heureux moment.

Les explications qui eurent lieu entre le capitaine et Jules Pintard, son premier lieutenant, se firent en peu de mots. *Le Feu Follet* s'était tenu à la hauteur de Caprée, ayant toutes ses voiles amenées, de manière à n'être pas visible à plus de cinq ou six milles. Il était ensuite entré dans le golfe de Salerne, pour y attendre les signaux qui devaient partir des hauteurs de Santa-Agata. N'en ayant vu aucun, il avait repris le large, et avait longé la côte dans l'espoir d'obtenir des renseignements. Quoiqu'il échappât aux regards de ses ennemis, il avait remarqué les trois croiseurs anglais, et leur présence avait fait faire à l'équipage de fâcheuses conjectures sur le sort des absents. Dans l'après-midi de ce jour, le lougre avait porté au nord-ouest d'Ischia, île qu'il avait doublée à la brune pour aller mouiller dans le port de Baïa, peu fréquenté par les vaisseaux ennemis; mais comme la brise venait de terre, *le Feu Follet* avait laissé arriver, et passant entre Procida et Misène, il était entré dans la baie de Naples environ trois heures avant d'avoir rencontré Raoul.

Jules Pintard avait remarqué le fanal attaché à la caisse d'artimon de *la Proserpine*, et il l'avait pris pour un signal de la yole; afin de s'en assurer, il avait laissé porter jusqu'au moment où les lunettes de nuit l'avaient mis à même de reconnaître la frégate; il avait alors serré le vent, et avait couru deux ou trois demi-bordées pour doubler la pointe où le capitaine était caché, car la Marina Grande de Sorrente était un des rendez-vous indiqués par notre héros dans ses instructions.

Le retour inattendu de Raoul causa une vive émotion, qui se manifesta par des félicitations cordiales et par des cris prolongés de Vive le capitaine! Il avait toutes les qualités nécessaires pour se faire aimer par ses gens. Brave, aventureux, généreux et bienveillant, il inspirait une affection qui n'était pas commune, même dans cette nation chevaleresque. Il y a plus de familiarité chez les marins français que chez leurs voisins les anglais; et Raoul était naturellement libre et franc avec tous, qu'ils fussent au-dessus ou au-dessous de sa condition. Les hommes qu'il avait à diriger n'avaient pas la grossièreté de la race anglo-saxonne, et le caractère de Raoul était fait pour captiver leur admiration et leur attachement. Ils se groupèrent autour de lui sans hésitation et sans réserve, et ce fut à qui lui exprimerait le plus chaleureusement son allégresse.

— Camarades, dit Raoul touché de ces témoignages d'affection, je vous ai laissé jouer avec le feu, mais nous allons maintenant prendre notre revanche. Il y a près de la côte des bateaux anglais qui me pourchassent; nous tâcherons d'en attraper deux ou trois, ne fût-ce que pour leur faire savoir que *le Feu Follet* existe encore.

De nouvelles acclamations lui répondirent, et un vieux quartier-maître qui lui avait donné les premières leçons de navigation se fraya un passage à travers la foule pour lui adresser des questions.

— Mon capitaine, dit-il, vous avez vu de près les Anglais?

— Oui, Benoît, de plus près que je ne l'aurais voulu. Si je ne suis pas rentré plus tôt, c'est que j'ai passé le temps à bord de notre ancienne amie *la Proserpine*; après avoir joui de ma société, les officiers et l'équipage ne voulaient plus s'en priver.

— Quoi ! mon cher capitaine, vous étiez prisonnier?

— A peu près, Benoît; du moins on m'avait placé sur un caillebotis avec une corde autour du cou, et on allait me pendre comme espion, lorsque Nelson fit tirer à propos trois coups de canon. Comme je n'avais aucun goût pour ces divertissements, et que je voulais revoir mon cher *Feu Follet*, j'ai repris ma yole avec le concours d'Ithuel, et je quittai ces Messieurs avec l'intention de revenir pour être pendu quand je n'aurais rien de mieux à faire.

Ce récit nécessitait des explications que Raoul donna brièvement. Ensuite les gens de l'équipage reprirent leur poste respectif. Les voiles furent éventées, amures à bâbord, et *le Feu Follet* porta vers la côte.

— Je vois une lumière qui va et vient près de Caprée, mon capitaine; elle nous annonce sans doute un des bâtiments ennemis, qui sont aussi nombreux que des mouettes autour de la baie.

— Vous avez raison; c'est *la Proserpine*, qui conserve son fanal pour rallier ses embarcations. Elle est trop loin sous le vent, et nous n'avons rien à craindre d'elle..... Tous nos feux sont-ils bien cachés?

— Oui, capitaine, *le Feu Follet* ne se fait voir que pour attirer ses ennemis dans le bourbier.

Raoul sourit, et prononça le mot *Bon !* avec ce ton emphatique qui est particulier aux Français. Comme le lougre approchait rapidement des rochers, il passa sur le gaillard d'avant, afin d'avoir l'œil aux bossoirs. Ithuel était près de lui, suivant son habitude.

La plaine de Sorrente se termine du côté de la baie par des falaises perpendiculaires de tuf, dont la hauteur varie de cent à deux cents pieds. Celles qui avoisinent la ville sont les plus élevées; elles sont couvertes d'habitations dont les fondements sont assis sur des plateaux de roche. Raoul connaissait parfaitement cette côte, qu'il avait souvent visitée pendant la courte durée de la république parthénopéenne. Il savait qu'un bâtiment, grâce à la profondeur de l'eau, pouvait s'approcher des rochers sans danger, et que si les embarcations de *la Proserpine* se trouvaient dans ces parages, elles devaient être près de la terre. En effet, il entendit brusquement héler en anglais.

— Ohé de la felouque!

— Ohé ! répondit Ithuel en faisant un geste pour inviter ses compagnons au silence.

— Quel est ce bâtiment? reprit l'officier anglais.

— Une felouque envoyée par l'amiral pour chercher *la Proserpine*;

ne l'ayant pas trouvée à Caprée, nous retournons au mouillage de la flotte.

— Arrêtez un moment, s'il vous plaît, je vais monter à votre bord ; je vous tirerai peut-être d'embarras, car j'ai des renseignements sur cette frégate.

— Bien ! bien ! dépêchez-vous, car nous voulons profiter du vent.

Lorsque l'esprit prend une fausse direction, il s'égare avec une facilité singulière. L'officier anglais en donna la preuve ; car s'étant figuré qu'il avait devant les yeux une felouque, il n'eut pas un seul instant l'idée que le bâtiment qu'il avait hélé était précisément le lougre après lequel il courait ; sous l'empire de son illusion, il accosta l'ennemi et monta sur le pont.

— Ithuel, dit Raoul, qui était venu sur le passavant, connaissez-vous Monsieur ?

— C'est M. Clinch, le master en second de *la Proserpine*, celui qui nous a parlé quand nous étions dans la yole.

— Comment, s'écria Clinch alarmé, suis-je tombé entre les mains des Français ?

— Oui, Monsieur, répliqua courtoisement Raoul, mais vous n'êtes pas entre les mains d'ennemis. Voici *le Feu Follet*, et je suis Raoul Yvard.

— Alors je dois renoncer à Jeanne pour toujours ! J'avais passé une journée d'activité et de bonheur ; ma visite à Nelson m'avait fait concevoir des espérances, mais ce n'est pas en prison qu'on obtient de l'avancement.

— Entrons dans ma cabine, Monsieur, nous y serons plus à l'aise et nous aurons de la lumière.

Clinch était au désespoir ; peu lui importait où il serait conduit, il se laissa tomber sur une chaise, dans un état de prostration complète. Une bouteille d'eau-de-vie se trouvait sur la table ; il la regarda d'un air farouche, comme un loup affamé peut regarder un agneau avant de sauter dans la bergerie.

— C'est bien la personne dont vous parliez, Ithuel, demanda Raoul quand la lampe de la cabine éclaira la figure du prisonnier, c'est lui qui s'est montré si content de ce que son ennemi n'avait pas été pendu ?

— Lui-même, capitaine Raoul. C'est au fond un excellent homme, qui ne fait de mal qu'à lui-même, et l'on m'a assuré qu'il était allé à Naples dans votre intérêt.

— Bon ! il y a longtemps que vous vous morfondez dans votre canot, monsieur Clinch. Nous allons vous donner un bon souper et un verre de vin, après quoi vous serez libre d'aller rejoindre votre frégate.

Clinch ouvrit de grands yeux, comme s'il n'eût pu croire à ce qu'il entendait, puis il le comprit, et fondit en larmes. Il avait été tout le jour en proie à de vives émotions. Les conseils et les marques de confiance du capitaine Cuffe avaient ranimé ses espérances. Il avait quitté la frégate avec la ferme intention de se corriger de son funeste penchant, de se rendre digne de sa tendre et fidèle fiancée. Il s'était acquitté honorablement de sa mission, et c'était en voulant donner une nouvelle preuve de son zèle qu'il avait été fait prisonnier. Les beaux rêves qui s'étaient offerts à son imagination allaient s'évanouir, lorsque la générosité de Raoul les fit renaître; et dans le trouble où le jetèrent tant d'impressions diverses, il pleura comme un enfant.

CHAPITRE XXXIII.

Raoul eut bientôt pris son parti. Pendant qu'il conversait le second du maître, il avait envoyé Pintard à la recherche de l'autre embarcation; mais on ne la trouva pas, et Ithuel s'efforça vainement d'obtenir des renseignements sur elle de l'équipage du canot capturé. L'*esprit de corps* régnait à bord de *la Proserpine* aussi bien que partout ailleurs; aussi les chaloupiers furent-ils sourds à toutes les insinuations de l'Américain. Forcé de renoncer à ses tentatives, l'homme de l'État de Granit s'écria : « Voilà bien l'entêtement des Anglais ! » Il se serait bien gardé d'attribuer à des motifs honorables la conduite des hommes qui refusaient de trahir leurs camarades; mais il n'était pas le seul à supposer de mauvaises intentions chez ses ennemis. Il est probable qu'on aurait agi de même à bord de la frégate anglaise dans des circonstances analogues.

Certain que la gigue de Yelverton lui avait échappé, Raoul donna l'ordre de courir vent arrière, afin de s'éloigner des croiseurs et de profiter du reste de la nuit. Quand le lougre fut à une lieue du mouillage, on le mit en panne; les prisonniers furent amenés dans la cuisine, et le second du master se rendit sur le gaillard d'arrière.

— Je suis obligé de me priver du plaisir de votre compagnie, monsieur Clinch, lui dit Raoul avec une civilité qu'on pourrait qualifier de nationale. Nous ne pouvons nous rapprocher davantage de votre *belle Proserpine*, et nous désirons revoir notre *belle France*. Avec le vent qui souffle, nous aurons disparu dans deux heures. Ayez la complaisance de présenter mes respects à M. Cuffe, et même à ces *braves Italiens* qui ont tant d'affection pour sir Smith! *Touchez là.*

Raoul se mit à rire en prononçant ces mots, car de gais souvenirs se présentaient à son esprit. Clinch comprit seulement à ce discours, lardé de mots français, que les Français voulaient gagner le large. Il n'éprouvait plus, comme deux heures auparavant, un ardent désir d'être employé contre le célèbre corsaire; mais il avait des devoirs à remplir envers son vaisseau, envers Jeanne, et envers lui-même.

— Capitaine Yvard, dit-il en prenant la main qui lui était offerte, je n'oublierai jamais votre bienveillance. Mon bonheur dépendait de ma liberté; mais je dois vous avouer que, dès que je serai rendu à moi-même, je contribuerai de tous mes efforts à la capture et à la destruction de ce lougre.

— Bon! j'approuve votre franchise, monsieur Clinch, comme vous approuvez mon humanité.

— Il sera de mon devoir, capitaine Yvard, de dire au capitaine Cuffe où j'ai trouvé *le Feu Follet*, où je l'ai laissé, où je suppose qu'il va se rendre. On me demandera des détails sur votre armement, sur votre équipage, et il faudra que je réponde.

— *Mon cher*, vous êtes un honnête garçon. Je voudrais qu'il fût midi; vous seriez à même de mieux voir notre pont. *Le Feu Follet* n'est pas assez laid pour avoir envie de s'affubler d'un voile. Dites tout sans réserve, *mon brave*. Si M. Cuffe veut envoyer une autre flottille contre notre lougre, venez *en personne* dans la première embarcation. Nous aurons toujours du plaisir à voir M. Clinch. Quant à notre destination, vous la connaissez; nous avons le cap du côté de *la belle France*; et il y a de la marge pour nous chasser. *Adieu, mon ami, au revoir!*

Clinch donna une poignée de main à chacun des officiers, les remercia avec effusion de leur bon accueil, entra dans son canot avec ses matelots, et se dirigea vers le fanal qui brillait encore à bord de *la Proserpine*. Au même instant, *le Feu Follet* éventa ses voiles et gouverna à l'ouest, comme s'il eût été réellement en route pour la France; mais l'intention de Raoul n'était pas de s'y rendre: sa croisière n'était pas finie, et sa position actuelle au milieu des ennemis était pleine d'attraits pour un homme de son caractère. Un jour, avant de se déguiser en lazzarone, il avait capturé et envoyé à Marseille un bâtiment chargé d'approvisionnements, et il savait qu'on en attendait un autre d'heure en heure. C'était, aux yeux de ses compagnons, un prétexte pour rester dans ces parages; mais la véritable cause qui le retenait était son amour pour Ghita, dont il se flattait encore de vaincre la résistance.

Aussitôt que l'embarcation de Clinch se fut éloignée, *le Feu Follet* mit le cap du côté des ruines de Pestum, sur le rivage oriental de la baie de Salerne; puis il vira de bord, et gouverna droit vers les falaises que domine le village de Santa-Agata. En prenant cette direction, Raoul avait un double but. Il était à même de capturer, au lever du soleil, les bâtiments anglais qui naviguaient constamment entre la Sicile, Malte et Naples. Ensuite il attendait du moins un signal de Ghita. La passion dominait Raoul comme les hommes les plus faibles et les moins résolus ; ne met-elle pas les héros qui lui cèdent au niveau du commun des martyrs ?

L'équipage avait passé trois jours et trois nuits dans les angoisses; tout le monde avait besoin de repos; Ithuel était couché depuis une heure, et Raoul songea sérieusement à imiter l'Américain. Après avoir donné ses instructions au jeune lieutenant qui avait la surveillance du pont, il alla s'étendre dans son hamac, et fut bientôt étranger aux espérances et aux craintes du présent.

Il y a dans la vie d'un marin des instants de léthargie. Des jours de travail lui amènent des nuits d'assoupissement, et le repos de la nature lui offre un exemple qu'il est tenté de suivre. Les efforts continus entraînent inévitablement une réaction qui ôte à l'homme l'envie de se livrer aux plaisirs, et qui dispose l'esprit aussi bien que le corps à se reposer de ses labeurs. Le murmure des lames qui battent les flancs du navire, doux et monotone comme la chanson d'une berceuse, nous fait regarder le sommeil comme un des bienfaits de la Providence. Il était tout simple que le quart, installé sur le pont du *Feu Follet*, cédât à l'influence de la fatigue. Rien ne rendait la surveillance nécessaire ; le vent était faible, mais favorable ; la mer enveloppée de ténèbres, mais tranquille et sans rides. Toutes les vigies penchèrent successivement la tête ; le jeune lieutenant, assis sur l'équipet aux armes, oublia le présent pour rêver à la Provence et à l'objet de ses premières amours. Le timonier résista seul au sommeil ; le poste qu'il occupait est un de ceux où il faut toujours de la vigilance ; et il arrive souvent, dans les bâtiments où la discipline n'est pas sévère, que les matelots négligent leurs devoirs, parce qu'ils comptent trop sur l'attention constante de l'homme qui tient la barre.

C'était là ce qui arrivait à bord du *Feu Follet*. Le timonier était un des meilleurs marins du lougre, et tous se disaient que, s'il survenait une saute de vent, s'il devenait nécessaire de changer les voiles, Antoine ne manquerait pas de les avertir. Antoine avait des cheveux gris ; il se faisait un point d'honneur de bien faire, ses sens étaient exercés par une longue et périlleuse pratique. Il vit, à l'aspect du pont, que tout le monde s'en rapportait à lui, et il redoubla de vigilance. Il jeta les yeux à plusieurs reprises du côté du cap de Campanella, pour s'assurer qu'aucun ennemi n'était en vue, et n'aperçut que les noirs contours de la côte escarpée. La voilure, la direction du vent ne lui causèrent non plus aucune inquiétude, et pour charmer les ennuis de son isolement il se mit à fredonner une chanson des troubadours en dialecte provençal, qu'il avait apprise dans sa jeunesse. Il passa ainsi le temps jusqu'à ce que les premières lueurs du jour vinssent éclairer la cime des montagnes qui se dressent aux environs d'Eboli. Alors ne voulant pas que la négligence de son jeune supérieur fût révélée aux matelots, il l'appela sans trop élever la voix.

— Hé ! mon lieutenant ! mon lieutenant ! c'est moi, Antoine.

— Hein?... oh ! est-ce toi, Antoine? que désires-tu, mon ami?

— J'entends le ressac, mon lieutenant. Écoutez ! n'est-ce pas l'eau qui bat les roches de la côte?

— *Jamais!* la terre est à un mille de nous, et cette côte n'a point de bas-fonds. Le capitaine nous a dit de la rallier avant de mettre en panne. Comme nous avons marché pendant mon quart! nous voilà à une portée de fusil des hauteurs, et il n'y a pas de vent !

— Pardon, mon lieutenant ! le bruit de ce ressac me déplaît, il est trop près pour être celui du rivage. Voulez-vous avoir la complaisance d'aller examiner les bossoirs? on commence à y voir clair.

Le jeune homme bâilla, étendit les bras et s'avança sur le gaillard d'avant, tant pour se dégourdir que pour dissiper les inquiétudes d'un vieux camarade dont il respectait l'expérience; il ne marchait point plus vite qu'à l'ordinaire, et mit près d'une minute à atteindre le haut des apôtres, mais dès qu'il y fut, il gesticula avec frénésie en criant d'une voix qui retentit dans les coins les plus reculés du vaisseau :

— Bâbord haut! bâbord la barre, Antoine! mollissez les écoutes mes enfants!...

Le Feu Follet s'éleva sur une grosse lame de fond, puis il s'abattit avec une secousse pareille à celle qu'éprouve un homme, lorsqu'en sautant il touche la terre plus tôt qu'il ne s'y attendait. Le bâtiment demeura couché sur un lit de roches, aussi immobile que les pierres qui l'entouraient, et qui bravaient les vagues de la Méditerranée depuis plus de trois mille ans. Bref, il avait touché sur un des fameux îlots des Sirènes, de ces roches chantées par le plus ancien de tous les auteurs profanes, par le divin Homère, et qui sont au bas des hauteurs de Santa-Agata.

Tout le monde fut debout en un clin d'œil. Raoul accourut sur le pont, et montra en ce moment critique la qualité la plus essentielle d'un capitaine de vaisseau, la présence d'esprit. Il ne poussa point d'exclamations, n'adressa de reproche à personne ; le mal était fait; il s'agissait de le réparer, sauf à punir plus tard les infractions à la discipline.

— Mon lieutenant, dit-il à l'officier dont la négligence avait causé l'accident, le bâtiment est planté là aussi solidement qu'une cathédrale. Je ne vois pas à quoi lui servent ses voiles, qu'on les rentre! Elles le pousseraient plus avant sur les roches, si par hasard il se soulevait.

Le jeune homme exécuta l'ordre. La conscience de sa faute l'agitait au point que tout son corps était saisi de mouvements convul-

...rs. Il courut à l'arrière, s'assura d'un coup d'œil de la situation désespérée du lougre, et avec une impétuosité toute française il se précipita dans la mer, où il fut englouti pour toujours.

— Bon ! dit Raoul quand on vint lui apprendre ce triste suicide, s'il s'était tué une heure plus tôt, le *Feu Follet* ne serait pas entre ces rochers comme un vaisseau dans le chantier. *Mais courage, mes enfants !* nous allons voir s'il n'est pas possible de sauver notre lougre !

Il y avait dans cette réponse de l'amertume et du stoïcisme, mais non une cruauté préméditée. Raoul préférait son lougre, après Ghita, à toutes les choses de la terre ; et c'était une faute impardonnable que de l'avoir laissé échouer pendant un calme. Notre héros n'aurait jamais pu se la pardonner, et l'on ne pouvait attendre de la philanthropie une grâce que se serait refusée l'amour-propre.

On sonda les pompes, et l'on acquit la certitude que le lougre avait touché si doucement, qu'il était parfaitement étanché, ce qui permettait encore de le sauver. Raoul ne négligea aucune précaution essentielle. A la faveur des clartés toujours croissantes du crépuscule, il aperçut une felouque qui venait lentement de Salerne ; il chargea Ithuel d'aller s'en emparer, comptant s'en servir pour dégager le *Feu Follet*, ou pour retourner en France au besoin. Au reste, il ne révéla ses intentions à personne, et personne ne les lui demanda. Dans les cas d'urgence, il exerçait un pouvoir dictatorial. Il parvenait même à modérer la volubilité habituelle de ses compatriotes, et le silence qu'il faisait observer à son bord était une des principales causes de ses succès. C'est au défaut de silence et d'attention qu'il faut attribuer les désastres qu'a essuyés sur mer un peuple d'une audace et d'une intrépidité singulières. Ceux qui lui veulent du bien apprendront avec satisfaction qu'il commence à se corriger de ce défaut.

Après le départ de l'embarcation qui devait s'emparer de la felouque, on mit la yole en mer, et Raoul en personne fit des sondages autour du lougre. Les rochers des Sirènes sont assez élevés au-dessus du niveau de la mer pour être visibles à quelque distance ; mais comme ils se trouvent en face de la côte, il eût été difficile aux sentinelles du *Feu Follet* de les distinguer, quand même ils eussent fait bonne garde. Le jour mit les Français à même d'en apprécier la position, et de constater l'importance du sinistre. Le lougre avait été soulevé par une lame de fond et jeté dans une crevasse. La Méditerranée n'ayant pas de marée, on ne pouvait le mettre à flot sans l'alléger. Ce fut ce dont Raoul s'occupa activement. Indépendamment de la chaloupe, qui venait de partir, il avait un cutter, une yole et un petit canot. On se servit de ces embarcations pour décharger le lougre, et les objets qu'on en tira furent déposés successivement sur diverses pointes de rochers. On y plaça successivement des caisses, des cordages, du lest, mais on conserva soigneusement à bord les armes et les munitions.

Les matelots prirent un peu de repos pour déjeuner, et Raoul en profita, en attendant l'arrivée de la felouque qu'Ithuel ramenait, après l'avoir capturée. L'Américain plaça sa prise bord à bord du lougre, et l'y amarra; puis il vint rendre compte de son expédition. Il n'avait rencontré aucun obstacle, mais les matelots de la felouque, convaincus que toute résistance était inutile, s'étaient sauvés dans une barque, et avaient gagné le rivage. Il était donc à craindre qu'ils eussent reconnu *le Feu Follet*, et qu'ils instruisissent les Anglais de sa présence dans le cours de la matinée.

CHAPITRE XXXIV.

A cette fâcheuse nouvelle, Raoul interrompit son déjeuner, et réfléchit aux moyens de se défendre en cas d'attaque. Il fit transporter sur le pont de la felouque quatre pièces de canon, avec une provision suffisante de boulets et de cartouches. Vingt hommes furent placés à bord de ce léger bâtiment, qu'Ithuel avait jugé fin voilier, et le commandement en fut confié à celui qui l'avait capturé. Un second détachement, sous les ordres du premier lieutenant, prit possession d'un des îlots qui était couvert des ruines d'un ancien temple, et y organisa une batterie.

Pendant ces préparatifs, Raoul, assisté du maître voilier, travaillait à dégager le lougre. Il y avait déjà quatre heures que l'accident avait eu lieu, et les fuyards débarqués à Sorrente avaient eu le temps de traverser le bras de mer qui sépare la Marinella de l'île de Caprée. Les vaisseaux anglais devaient donc être informés de son malheur. A la vérité, ils étaient retenus par un calme plat; mais s'il leur était interdit d'appareiller, ils pouvaient du moins mettre en mer des embarcations dont les forces supérieures triompheraient de toute résistance.

Tous les matelots réunis, y compris les mousses, se mirent à virer au cabestan pour haler le câble de l'ancre qu'on avait mouillée presqu'à pic, et dont une patte avait heureusement mordu sur la roche. Malgré les efforts combinés des officiers et des matelots, on ne parvint pas à faire bouger le lougre. Raoul au désespoir eut un moment l'idée d'y mettre le feu, de monter à bord de la felouque et de gouverner au sud assez vite pour éviter la visite des Anglais. Il fit même part de sa proposition aux officiers; mais ils la repoussèrent à l'unanimité, et il ne la soutint que faiblement. Il eût été pénible d'abandonner un bâtiment si parfait tant qu'il restait pour lui la moindre chance de salut.

On retourna au cabestan. La cale littéralement vide, tous les mâts de rechange flottaient entre les rochers, l'eau douce, qu'on pouvait aisément obtenir sur plusieurs points de la côte, avait été pompée jusqu'au dernier gallon. Si l'on ne parvenait à relever le navire ainsi allégé, il fallait y renoncer. L'ancre tenait bon, le câble avait supporté le plus haut degré de tension, tout le monde se mit aux barres, et le capitaine, placé sur le couronnement, dirigeait la manœuvre de laquelle dépendait le salut.

— Soyez parés! cria-t-il... pas encore, mes enfants, pas encore, attendez qu'une lame nous soulève... Virez! virez de corps et d'âme! virez tous ensemble!

Officiers et matelots obéirent en redoublant d'énergie, au moment où une longue lame déferlait sous la quille du *Feu Follet*. Pour la première fois, il fit un mouvement, et dans la bonne direction. Ce succès encouragea les travailleurs, et Raoul ne laissa pas à leur ardeur le temps de se refroidir.

— Encore! mes enfants, dit-il, attendez une autre lame!... Voici le moment! virez à découdre les bordages!

Les travailleurs concentrèrent toute leur vigueur dans un effort décisif. La lame déferla ; on sentit un ressac, et *le Feu Follet*, sortant de son lit de rochers, entra dans une eau profonde, où, faute de lest, il flottait jusqu'aux filets de bastingage.

C'était un magnifique résultat, obtenu à l'instant où les plus résolus commençaient à se désespérer. Les matelots s'embrassèrent les uns les autres avec mille démonstrations d'une joie extravagante. Les larmes vinrent aux yeux de Raoul, et il ne put les dérober aux regards des officiers, qui se pressaient autour de lui pour le féliciter. Au milieu de ces transports, Ithuel, toujours froid et calculateur, s'approcha du capitaine, et lui montra du doigt des embarcations qui doublaient le cap de Campanella. Le geste d'Ithuel était trop significatif pour échapper à l'attention : les yeux se portèrent vers la direction qu'il indiquait, et la joie fit place à la stupeur.

Le patron de la felouque capturée, dans l'unique but de recouvrer son bâtiment, avait pris à Sorrente une barque montée par quatre bateliers du pays, et l'Europe n'en a pas de plus forts ou de plus hardis. Ignorant quel était l'officier auquel obéissaient les trois vaisseaux, il était monté à bord de *la Terpsichore*, et il avait raconté son affaire à sir Frédéric Dashwood.

Le jeune baronnet, qui cherchait une occasion d'acquérir de l'expérience et de se distinguer, s'était empressé d'avertir le capitaine Cuffe, et avait sollicité le commandement d'une expédition contre les Français ; mais Winchester en avait réclamé l'honneur pour lui-même. Quoique Cuffe eût ordonné promptement qu'on armât six embarcations, deux de chaque vaisseau, on avait perdu un temps précieux à de vaines discussions, à la suite desquelles sir Frédéric

Dashwood l'avait emporté. C'était sous ses ordres que la division navale s'approchait.

Raoul n'avait guère plus d'une heure devant lui. Quel parti devait-il prendre? La felouque pouvait servir à opérer une diversion, mais elle était incapable de soutenir un assaut. La lougre n'avait plus de lest; les ruines seules offraient un retranchement solide. Le corsaire distribua les rôles en conséquence : Ithuel fut chargé de trouver une place convenable sur la felouque; le premier lieutenant reçut l'ordre de mettre autant que possible *le Feu Follet* en état de tenir la mer, et Raoul, avec trente hommes d'élite, s'établit sur le récif que couvraient les débris du temple antique.

Au bout d'une demi-heure, tous les canons qu'on y avait placés étaient tout prêts à servir, et les deux bâtiments, amarrés à droite et à gauche des rochers, devaient contribuer à la défense par un feu de flanc. Raoul les visita l'un après l'autre, afin d'engager ses camarades à bien faire. Il eut peu de mots à dire à Jules Pintard, marin exercé dans ce genre de guerre, et qui possédait toute sa confiance. Il fut plus communicatif avec Ithuel, dont il connaissait l'intelligence, et dont il croyait nécessaire de stimuler l'ardeur.

— Bien, Ithuel, dit-il après avoir terminé son inspection, tout dépend de l'usage que vous ferez de vos caronades.

— Je le sais aussi bien que vous, répondit l'Américain en arrangeant sa queue; je sais aussi que je vais combattre la corde au cou : ces gueux d'Anglais n'oublieraient pas ce qui s'est passé ; et quoique leur conduite soit illégale, ils se vengeront sur nous, si nous ne pouvons nous venger sur eux. A mon avis, ce dernier cas serait plus juste et plus agréable.

— Bon! tâchez de ne pas perdre vos boulets.

— Moi! je suis naturellement économe, et je regarde la prodigalité comme un péché. Je ne viserai qu'aux yeux des Anglais, et je voudrais que Nelson soit avec eux. Je ne lui souhaite pas de mal, mais je tiendrais à l'avoir sous ma coupe.

— J'aime mieux qu'il n'y soit pas, Ithuel; entre nous, l'affaire est assez compliquée, et il est avantageux pour nous que Nelson reste à bord de son *Foudroyant*. Voilà l'ennemi; il est en conseil, et nous aurons bientôt de ses nouvelles. Adieu, mon ami.

Raoul serra la main d'Ithuel, et s'embarqua sur sa yole, où il était seul. Pendant qu'il faisait le tour des rochers pour se rendre aux ruines, il aperçut une barque qui s'avançait : elle contenait Carlo Giuntotardi qui tenait les rames, et Ghita, assise à l'arrière, la tête baissée sur les genoux, et tout en larmes. Raoul alla au-devant de ces visiteurs inattendus, et dont la présence le contrariait dans un moment aussi critique.

— Qu'est-ce que cela signifie? s'écria le jeune homme; ne vois-tu pas les Anglais qui se préparent à nous attaquer? Dans quelques minutes tu vas te trouver au milieu de la mêlée.

— Je n'avais pas vu l'ennemi, Raoul, en quittant la plage; mais sa présence ne m'a pas empêchée de continuer ma route. Placée sur les hauteurs de Santa-Agata, j'ai été la première à découvrir ton malheur, et j'ai décidé mon oncle à me conduire ici.

— Pour quel motif, Ghita? reprit le jeune homme, dont les yeux étincelaient. Es-tu enfin décidée à m'accorder ta main?

— Non, mon cher Raoul; mais je ne puis me résoudre à t'abandonner dans cette extrémité. Le même obstacle nous sépare toujours, je le crains; mais ce n'est pas une raison pour refuser de te venir en aide. Nous avons de nombreux amis sur ces collines, et ils consentiront à te cacher. Je viens donc te chercher, ainsi que l'Américain, et nous vous garderons jusqu'à ce que vous trouviez l'occasion de retourner en France.

— Quoi! abandonner ces braves dans un moment pareil! l'offre de ta main, ma chère Ghita, ne me déterminerait pas à une infamie.

— Ta situation n'est pas la même que la leur. Tu es condamné à mort, et si les Anglais te reprennent, ils ne t'épargneront pas.

— Assez, ce n'est pas le moment de discuter. Les Anglais se mettent en mouvement, et tu as à peine le temps de t'éloigner avant qu'ils commencent le feu. Que le ciel te bénisse, Ghita! la sollicitude que tu me témoignes te rend plus chère à mon cœur, mais il faut nous séparer. Signor Giuntotardi, ramez de manière à vous rapprocher d'Amalfi, car je vois que les Anglais ont l'intention de nous attaquer du côté de la terre.

— Ta recommandation est inutile, répliqua-t-elle tranquillement mais avec fermeté; nous ne sommes pas venus ici sans but; et si tu refuses de nous suivre, nous resterons avec toi. Les prières, pour lesquelles tu as tant de mépris, peuvent n'être pas sans efficacité.

— Ghita, c'est impossible! nous sommes sans abri, presque sans défense; notre bâtiment n'est pas en état de te recevoir, et cette affaire est bien différente de celle dont tu fus témoin à la hauteur de l'île d'Elbe. Tu ne voudrais pas détourner mon esprit des soins que réclame la circonstance.

— Nous resterons, Raoul, tu peux avoir besoin de ferventes prières. Dieu nous a conduits ici pour t'emmener ou pour veiller à ton salut éternel, au milieu du tumulte de la guerre.

Le jeune corsaire, pressé par le temps, et ne voyant pas la possibilité de vaincre la résolution de la jeune fille avant l'heure du danger, se décida à la conduire derrière les débris du vieux temple, plutôt que d'essayer de la ramener à la côte. Quelques signes d'impatience commençaient à se manifester parmi les défenseurs de l'îlot; mais quand ils le virent revenir avec Ghita, l'esprit de chevalerie et d'hommage aux dames qui distingue les Français du Midi le front accueillir avec transport. Les actes de dévouement héroïque obtiennent toujours les applaudissements d'un peuple si avide de gloire.

Cependant il restait peu de temps pour faire les dernières dispositions. Heureusement le chirurgien avait établi son ambulance dans une cavité pratiquée dans une partie des ruines. Ce fut là que Raoul conduisit Ghita et son oncle, puis il se mit en devoir de combattre.

Six embarcations, dont trois portaient à l'avant des pièces de canon, s'avançaient avec vitesse. Elles comprenaient trois chaloupes, que commandaient Winchester, O'Leary Stothard, second lieutenant de *la Terpsichore*, et Archibald Mac Bean, premier lieutenant du *Ramier*; trois cutters, sous les ordres de Griffin, de Clinch et de Strand; enfin deux canots, que dirigeaient des aspirants.

Sir Frédéric Dashwood montait une septième embarcation, et s'en servait pour inspecter la ligne de bataille, sinon avec le coup d'œil sûr d'un bon général, du moins avec l'indifférence d'un homme de cœur.

Sur un dernier canot, hors de la portée du canon, se tenaient le vice-gouverneur et le podestat. Quand Yvard avait été fait prisonnier, ces deux honorables fonctionnaires avaient cru pouvoir retourner avec honneur à Porto-Ferrajo; mais son évasion les avait de nouveau exposés au ridicule, et pour y échapper ils avaient loué une barque de Caprée, et suivaient l'expédition en qualité d'amateurs.

CHAPITRE XXXV.

Le combat fut précédé, comme à l'ordinaire, d'un silence profond et solennel. Ithuel, commandant la felouque, qui se nommait *le Saint-Michel*, avait deux caronades de douze, quinze hommes d'équipage et des munitions suffisantes. Jules Pintard, auquel était confiée la garde du *Feu Follet*, avait sous ses ordres vingt-cinq hommes pour servir quatre caronades. Quatre autres pièces de canon étaient placées en *barbette* sur les ruines, et les anfractuosités des rochers permettaient aux pointeurs de se mettre en sûreté, à la seule condition de reculer un peu. Les chargeurs seuls étaient exposés.

Le chirurgien, Carlo Giuntotardi et Ghita, établis dans une espèce de grotte, étaient parfaitement à l'abri des projectiles, quoique tout au plus à cinquante pas de la batterie. Le premier déploya ses appareils, si cruels en apparence et si bienfaisants en réalité, tandis que l'oncle et la nièce priaient sans faire attention à lui.

Au moment où le combat allait s'engager, Ithuel, qui avait toujours l'œil au vent, appela Raoul et lui demanda s'il ne ferait pas bien de hisser aux mâts les vergues, qui seraient mieux à leur place que sur le pont. Cette proposition fut adoptée pour *le Feu-Follet* comme pour *le Saint-Michel*; tous deux enverguèrent leurs voiles et les mirent sur les cargues. Grâce à cette précaution, ils pouvaient fuir en cas d'urgence, et donner de l'embarras aux Anglais en les attirant de deux côtés à la fois.

Raoul observait à l'aide d'une longue-vue les moindres mouvements de l'ennemi, et il remarqua que sir Frédéric avait commis une faute capitale en éparpillant ses forces, de sorte qu'aucune des trois batteries françaises ne pouvait être désemparée par l'artillerie ennemie. Le corsaire résolut de profiter de cette dispersion, et donna le signal en mettant lui-même le feu à une caronade. Ce fut le commencement de la lutte. Les autres canons des ruines, et ceux du *Feu Follet* partirent presque en même temps. Les deux hommes qui tenaient la mèche à bord de la felouque l'approchèrent de la lumière; mais, à la surprise générale, il n'y eut pas d'explosion. Ithuel, devinant qu'il lui serait impossible de modérer l'impétuosité de ses gens, avait enlevé les amorces, et il refusa obstinément de livrer les cornes à poudre qu'il avait entre les mains. Si sa haine pour les Anglais n'avait pas été bien connue, il eût payé de sa vie cette apparence de trahison. Ses hommes murmurèrent; mais ils n'eurent pas le temps de réfléchir, et firent une décharge de mousqueterie, seule ressource qui leur restât pour inquiéter l'ennemi. Raoul lui-même s'étonna de ne pas entendre le canon de la felouque; mais voyant que les matelots se servaient de leurs fusils, il pensa que tout allait bien.

Dans une escarmouche de ce genre, la première décharge est ordinairement la plus meurtrière. Une quinzaine d'Anglais furent blessés, et l'un des canotiers de sir Frédéric eut le cœur traversé d'une balle.

L'ennemi riposta vivement, mais avec moins de succès. Un homme fut tué, et trois autres furent blessés à bord de la felouque, qu'avait attaquée Mac Bean, premier lieutenant du *Ramier.* Sur l'îlot aux ruines, un boulet rond fit voler une pierre en éclats, et renversa un excellent marin, qui s'avançait bravement pour écouvillonner un canon.

— Pauvre Joseph! dit Raoul : portez-le au chirurgien, mes braves.

— Mon capitaine, Joseph est mort.

L'affaire était réglée; on mit de côté le cadavre, et un autre matelot vint écouvillonner la pièce. En ce moment, Raoul put faire quelques pas en arrière et s'assurer que l'asile de Ghita était suffisant. Elle était à genoux, étrangère à tout ce qui se passait autour d'elle.

Une fois commencé, le feu se poursuivit sans relâche, et un nuage de fumée s'éleva sur les eaux. C'était l'instant qu'attendait l'Américain; il avait pointé avec soin ses deux pièces, chargées à mitraille jusqu'à la gueule; il les amorça, prit une mèche, et fit signe à un de ses compagnons d'en prendre une autre, et tous deux tirèrent à la fois.

L'effet de cette décharge inattendue fut terrible; un cutter de *la Terpsichore* s'avançait monté par seize hommes; deux seulement restèrent sans blessure, et les gémissements des uns, les cris de douleur des autres firent frissonner les plus braves marins. La stupeur fut telle des deux côtés, que le feu cessa tout à coup. Raoul profita de cette suspension d'hostilités pour réorganiser ses moyens de défense, faire relever ses blessés, et recueillir généreusement ceux du cutter anglais, qui était venu à la dérive échouer sur les rochers.

— Holà, capitaine Raoul, lui cria Ithuel, laissez donc là cette embarcation! elle nous servira d'ouvrage avancé, car les Anglais n'oseront pas tirer sur leurs camarades.

Raoul ne put s'empêcher de lancer à l'Américain un regard d'indignation; mais se rappelant ses services, il s'approcha pour lui parler de la pointe de l'îlot la plus voisine de la felouque.

— Bravo! lui dit-il, votre mitraille a été lancée à propos. Si vous en avez encore, rechargez!

— Que pensez-vous de ça, capitaine? demanda Ithuel en désignant du doigt une girouette qui commençait à tournoyer à la tête du grand mât. Voici le vent d'ouest, et l'occasion s'offre à nous de déguerpir.

Raoul tressaillit; il regarda les cieux, la girouette et la surface de la mer qui se ridait déjà légèrement; puis il jeta les yeux sur Ghita, et répondit :

— Il est trop tôt; nous sommes imprenables ici, et le vent est encore trop faible. Dans une heure nous partirons tous ensemble.

Ithuel grommela entre ses dents, mais son commandant ne s'en inquiéta guère. Il y avait d'ailleurs impossibilité de s'échapper, car les embarcations anglaises se ralliaient. Sir Frédéric Dashwood, qui avait complètement secoué son apathie, fit rassembler tous les blessés sur un canot, et l'attaque recommença avec une nouvelle vigueur.

Les Anglais, qui, malgré leurs pertes, étaient encore deux fois plus nombreux que leurs ennemis, concentrèrent toutes leurs forces sur la batterie établie dans les ruines. Ils s'avancèrent en masse, au milieu des cris, des hurrahs, du retentissement de la fusillade et de l'artillerie, et se rendirent en un clin d'œil maîtres des retranchements. Il serait impossible de dire comment ils y parvinrent; l'assaut fut donné avec tant d'impétuosité, qu'on put en constater les résultats avant d'en avoir suivi les détails. Les Français firent une résistance désespérée, mais la supériorité numérique l'emporta. Raoul, sautant par-dessus son rempart, s'était élancé au-devant des assaillants, et criait d'une voix retentissante :

— Courage, mes enfants, en avant!

Il rencontra Clinch, et croisait le fer avec son ancien prisonnier, quand Mac Bean, arrivant à la tête de son détachement, lui tira un coup de fusil. La balle traversa de part en part le corps de Raoul Yvard.

— *Lieutenain, au nom de Dieu, sauve mon Feu Follet!* s'écria-t-il et il tomba.

CHAPITRE XXXVI.

Quittons un moment l'îlot aux ruines pour nous occuper des deux bâtiments. Avant d'obéir à l'ordre de leur chef, Jules Pintard et ses compagnons le contemplèrent avec douleur. Ils le virent étendu sur les rochers, la main appuyée sur sa blessure, et le jugèrent perdu. Et les mots : Sauve mon *Feu Follet!* retentissaient à leurs oreilles.

Le lougre coupa ses amarres, largua ses vergues, et partit comme un trait. Le *Saint-Michel* en fit autant, mais la situation de ces deux navires était loin d'être la même. Les Anglais ne tenaient nullement à la felouque, et son patron, qui était encore à bord de la *Terpsichore*, supplia inutilement les officiers de reconquérir sa propriété. On ne songeait qu'à la capture du lougre. Cuffe fit au *Ramier* le signal de gagner le large, et la *Terpsichore*, celui de se porter du côté opposé, pendant que *la Proserpine* gouvernait de manière à barrer le passage aux Français.

Pintard établit ses voiles en ciseaux, et reconnut avec joie que *le Feu Follet* n'avait rien perdu de ses qualités. Vers le coucher du soleil, le vent sauta au nord, et fraîchit assez pour contraindre les vaisseaux anglais à rentrer leurs petites voiles; mais le lougre ne changea rien à sa voilure. Il filait sur l'eau avec une légèreté merveilleuse, et quand une lame ralentissait sa course en le soulevant à l'arrière, il redoublait de vitesse comme pour rattraper le temps perdu.

— Je ne voudrais pas y renoncer pour mille guinées, dit au troisième lieutenant Yelverton le capitaine Cuffe, qui était en observation sur le pont; mais je commence à croire qu'il pourrait bien nous échapper. Pourquoi Dashwood ne s'en est-il pas emparé après avoir pris possession des rochers? Je lui donnerai une fameuse semonce quand il reviendra.

Sir Frédéric Dashwood ne devait jamais revenir. On venait de le trouver parmi les morts, la tête traversée d'une balle, et l'on transportait son corps à Naples, à bord d'un vaisseau dont le capitaine était son cousin.

— Prenez cette lunette de nuit, Yelverton, poursuivit Cuffe, il me semble que les contours deviennent plus indécis... Il faut qu'il s'éloigne bien vite.

Yelverton regarda, mais il lui fut impossible de retrouver le lougre. Cuffe reprit la longue-vue sans plus de succès, et fatigué d'une attention trop prolongée, il alla s'étendre dans son hamac, où il rêva du *Feu Follet* pendant toute la nuit.

Une heure avant le jour, il y eut une saute de vent. Le sirocco ou vent du sud-est, que certains pronostics avaient annoncé la veille, soufflait avec violence, par rafales mêlées de pluie. Quand le soleil parut, les vigies de *la Proserpine* montèrent dans les hunes comme de coutume, mais seulement pour la forme, car l'état de l'atmosphère ne permettait pas de voir au loin.

Un sombre mécontentement s'empara de tout l'équipage. Les matelots disaient que le nom du lougre était bien choisi, et qu'il valait autant poursuivre un feu follet dans une prairie, qu'un pareil navire en mer. D'autres assuraient qu'on ne l'atteindrait jamais sans avoir des intelligences illicites avec le diable. Ils ajoutaient qu'on serait bien heureux si les hommes qui avaient fait partie de l'expédition reparaissaient jamais à bord.

— Une voile! cria le capitaine de la hune de misaine au milieu de ces plaintes et de ces pronostics.

— De quel côté?

— A une demi-lieue au vent.

Les officiers regardèrent l'inconnu, qu'on ne pouvait voir très-distinctement à cause du brouillard.

— C'est un chebec, grommela le master, qui était au nombre des mécontents; il a sa cale remplie de vin qui ferait bourgeonner le nez des plus beaux hommes de Londres.

— C'est *le Fiou Folly!* s'écria Cuffe, ou je ne reconnais pas une vieille connaissance. Quartier-maître, passez-moi cette lunette... Non, la plus courte est la meilleure.

— Longue ou courte, murmura le quartier-maître, elle ne vous servira pas. *Le Foily* aurait plus de folie que je lui en suppose, s'il reparaissait devant nous cet été.

— Le voyez-vous, capitaine Cuffe? demanda Yelverton avec empressement.

— C'est lui!

Yelverton examina à son tour, et aperçut dans la brume le lougre qui courait à trois milles au vent.

— Il ne peut nous voir sans doute, dit Cuffe d'un air rêveur. Il se croit sous notre vent; il faut virer de bord, Messieurs, le moment est favorable.

La frégate vira, et changea ses amures; on mit au bas ris la voile d'artimon, la grande voile de hune et le hunier de misaine, et l'on prit des ris à la grande voile, et plusieurs pièces de canon furent détachées dans la prévision d'une rencontre.

Le lougre approchait, sans apercevoir *la Proserpine*. On n'a jamais pu bien expliquer la négligence de ses vigies, mais l'on a supposé plus tard que l'équipage, composé de vingt-cinq hommes seulement avait succombé à la lassitude d'une nuit de travail précédée d'un combat. Ce ne fut qu'à un demi-mille que *le Feu Follet* vit le danger; aussitôt il changea ses voiles et vint au vent, mais le temps qui lui prit cette manœuvre l'amena à portée des deux canons de chasse du côté du vent.

Cuffe ordonna d'ouvrir le feu.

— Qu'a-t-il donc? demanda-t-il au master; lui qui est d'habitude aussi solidement assis qu'une église, il se dandine comme un mandarin chinois!

Le master ne sut que répondre; mais nous pouvons dire que le lougre avait trop peu de lest pour supporter tant de voilure dans un gros temps, et qu'il n'eut pas la possibilité de changer de voiles. Il embarda pesamment sous la lame qui déferlait, et un grain venant à le frapper, ses canons furent complètement sous l'eau. En ce moment, *la Proserpine* vomit la flamme et la fumée; on ne put suivre les boulets, et personne ne sut où ils avaient porté. Quatre coups avaient été tirés quand un grain força de suspendre la chasse et le feu. L'effort de la bourrasque fut si violent, que *la Proserpine* eut son écoute de perroquet de fougue enlevée, et cargua sa grande voile pour sauver le mât.

Quand le grain fut passé, un rayon de soleil se fit jour à travers la brume, mais le lougre avait disparu!

Le Feu Follet avait sombré sous voiles.

Cuffe et tous ceux qui l'environnaient furent frappés d'une calamité si cruelle et si inattendue; la perte d'un bâtiment dans de telles circonstances produit parmi les marins l'effet d'une mort subite, et ils songent avec mélancolie que le même sort peut les atteindre. Cependant les Anglais ne renoncèrent pas à l'espoir de sauver quelques malheureux qui, faute d'embarcations, auraient pu se cramponner à un espars, ou se soutenir sur l'eau par des efforts surnaturels; mais tout l'équipage avait été englouti.

À midi, la frégate poursuivit sa route. Quelques jours après, lorsque le capitaine Cuffe vint présenter son rapport à Nelson, l'amiral lui montra un pavillon de forme bizarre.

— Regardez cela, dit-il, dans un moment de fort tangage, ce lambeau d'étoffe a été jeté par une lame sur une ancre de veille du *Ramier*. Est-ce que cela aurait quelque rapport avec le lougre?

Cuffe reconnut le petit pavillon à deux ailes, dont le vice-gouverneur lui avait souvent parlé ; ce fut le seul débris que l'on retrouva jamais du *Wing-and-Wing*.

CHAPITRE XXXVII.

Nous allons maintenant retourner aux mines, et raconter ce qui se passa dans la soirée du jour du combat.

On devine aisément qu'Andréa Barrofaldi et le podestat se tinrent à distance respectueuse pendant l'action ; mais lorsque la victoire fut complète, ils se rapprochèrent des rochers des Sirènes.

— Vice-gouverneur, dit Vito-Viti toujours préoccupé de la discussion qu'il soutenait depuis près de vingt-quatre heures, ce triste spectacle n'est-il pas une réalité ?

— Hélas ! je le crains, répondit Andréa : j'aperçois le corps de sir Dashwood ; là-bas est étendu sir Smith, et Dieu sait combien d'autres sont partis aujourd'hui pour le monde des esprits !

— Laissant derrière eux un monde d'ombres, murmura le podestat ; mais le moment n'était pas favorable à la discussion, et les deux Elbains débarquèrent.

Winchester était sur l'îlot depuis la fin du combat ; il avait veillé au pansement des blessés et à leur transport à bord des chaloupes, et les Français que les balles ou la mitraille avaient épargnés avaient voulu concourir avec les Anglais à l'accomplissement de ce pieux devoir. De l'équipage du lougre, il ne restait dans l'île que Raoul, un maître d'hôtel et un chirurgien. Winchester demanda à ce dernier si le capitaine blessé pouvait supporter le transport.

— Monsieur le lieutenant, répondit le chirurgien, mon brave capitaine a peu de temps à vivre ; il désire mourir ici sur le champ de bataille et près de la femme qu'il a tant aimée.

Sur cette déclaration, Winchester résolut d'attendre que la mort terminât les souffrances du blessé, et de lui prodiguer tous les soulagements possibles. Il le fit porter sur la partie la plus élevée de l'îlot, d'où les yeux du corsaire pouvaient errer sur les eaux et ses oreilles écouter le murmure de son élément de prédilection. L'officier anglais voulait dresser une tente en ce lieu, mais Raoul s'y opposa.

— Laissez-moi, dit-il, respirer en liberté, je n'en ai pas pour longtemps.

Les marins anglais réunirent des espars que le lougre avait abandonnés, et allumèrent un feu qui, assez loin du mourant pour ne pas le gêner, projetait sur lui des lueurs pittoresques. Winchester et le chirurgien s'étendirent sur des matelas, après avoir recommandé qu'on les avertît s'il survenait quelque chose. Andréa Barrofaldi et le podestat se promenèrent pour éviter de se refroidir, et regrettant qu'un élan subit d'humanité les eût déterminés à rester. Carlo Giuntotardi se mit en prières, et sa nièce, dont nous n'essayerons pas de peindre la douleur, resta seule avec Raoul.

Il était dix heures du soir; le vent de la tramontane avait balayé les rivages, et l'azur du ciel étincelait de mille feux. Le moribond, étendu sur le dos, la tête soutenue par un traversin, avait le visage tourné vers la voûte des cieux. Il ne souffrait pas, sa vie s'en allait rapidement; mais sa pensée avait conservé toute son activité. Sa situation extraordinaire et le magnifique spectacle qu'il avait sous les yeux produisaient en lui des impressions aussi puissantes que nouvelles.

Ghita avait éprouvé un choc terrible; pourtant elle remerciait Dieu d'avoir permis qu'elle assistât à ce moment suprême, et de lui avoir laissé la force de prier. Sa tendresse pour Raoul ne s'était point démentie; mais le regardant comme perdu sans ressource, elle ne s'occupait plus que de la vie future.

— Ghita, lui dit le jeune homme, n'est-il pas remarquable que moi, Raoul Yvard, le corsaire, l'homme des guerres et des tempêtes, je sois mourant ici sur ce rocher, avec tous ces astres qui me regardent et qui semblent me sourire du haut de votre ciel?

— Pourquoi pas de votre ciel aussi bien que du mien? répondit Ghita d'une voix tremblante; il est vaste comme celui qui l'habite, et il peut contenir tous ceux qui mettent leur confiance en un Dieu miséricordieux.

— Tu crois donc, Ghita, qu'il admettrait en sa présence un homme comme moi?

— N'en doute pas; exempt lui-même d'erreur et de faiblesse, il soutient les pénitents et les affligés. Ah! cher Raoul, si tu voulais prier!

Une expression de triomphe brilla tout à coup sur les traits du blessé, et fit concevoir à Ghita de pieuses espérances.

— Mon *Feu Follet*! s'écria Raoul trahissant ainsi la riante pensée qui animait ses traits, toi, du moins, tu as échappé; les Anglais ne te compteront pas au nombre de leurs victimes.

Ghita sentit au cœur un froid glacial; elle demeura comme anéantie.

— Tout est pour le mieux, reprit Raoul en la contemplant avec admiration. Je ne pouvais vivre sans toi; le sort a mis un terme à mon malheur.

— Oh! Raoul, ce que tu nommes le sort est la sainte volonté de Dieu. Ne t'abuse pas à cette heure suprême, mais humilie ta fierté, et implore l'assistance divine.

Raoul avait de nouveau fixé les yeux sur le ciel. Il était habitué depuis son enfance à le contempler fréquemment, et sa profession avait exigé qu'il en étudiât les constellations. Jusqu'alors il était tombé dans l'erreur commune à ceux qui observent superficiellement, et ses études astronomiques avaient servi à la confirmation de son scepticisme. Mais il était si près du moment fatal, que l'avenir mystérieux auquel il touchait le faisait rêver inévitablement au Dieu qu'il avait méconnu.

— Sais-tu, Ghita, demanda-t-il, que les savants de France disent que ces brillantes étoiles sont des mondes, peuplés d'êtres probablement semblables à nous, et auxquels notre globe apparaît lui-même comme une étoile sans importance?

— Qu'est-ce que cela, Raoul, comparativement au créateur de l'univers, à celui qui a fait l'homme à son image?

— Ainsi, Ghita, tu crois que l'homme est Dieu?

— Raoul! Raoul! ne donne pas cette interprétation à mes paroles, si tu ne veux pas me voir mourir avec toi.

— Te semblerait-il si terrible de quitter la vie avec moi, Ghita? Pour moi, ce serait un bonheur suprême si nous partions ensemble.

— Pour aller où? y as-tu songé?

Raoul ne lui répondit rien; les souffrances causées par sa blessure se réveillèrent, les sentiments de la femme prévalurent chez sa jeune compagne, qui lui présenta des boissons calmantes, et lui prodigua les soins les plus tendres. Dès que Raoul se sentit mieux, il fixa les yeux sur une étoile éclatante, et des idées confuses assiégèrent son cerveau. Il y a dans la vie de chaque homme des moments où la vue intellectuelle est plus lucide, comme il y a des jours où la pureté de l'atmosphère permet aux organes physiques de mieux distinguer les objets. Un de ces rayons de vérité porta la lumière dans l'esprit du mourant.

— Ghita, reprit-il, cette étoile me poursuit! Si c'est réellement un monde, une main toute-puissante doit l'avoir créé. Le hasard ne produit pas plus un monde qu'un vaisseau. La pensée, l'esprit, l'intelligence doivent avoir présidé à la formation de l'un comme de l'autre.

Depuis bien des mois, Ghita n'avait éprouvé un pareil bonheur. Raoul abjurait donc enfin ses erreurs, et ses idées entraient dans la bonne voie.

— Mon ami, murmura-t-elle, Dieu est dans cette étoile de même qu'il est avec nous sur ce rocher, son esprit est partout; adore-le, mon bien-aimé, et tu seras éternellement heureux.

Raoul ne fit aucune réponse, et continua à regarder l'étoile dont l'éclat l'avait frappé. Ghita ne voulait pas le troubler dans sa méditation; elle lui prit la main, se mit à genoux, et pria silencieusement. Les minutes succédèrent aux minutes, et l'heure vint d'administrer au malade une potion prescrite par le chirurgien. La jeune fille la lui présenta; Raoul regardait toujours l'étoile, mais ses lèvres n'avaient pas leur sourire d'amour habituel, elles étaient serrées comme au moment d'une bataille : Raoul Yvard était mort.

La découverte de la vérité produisit sur Ghita une cruelle impression. Peu s'en fallut qu'elle n'expirât elle-même dans le paroxysme de sa douleur. Mais elle avait une piété trop fervente pour céder longtemps à l'influence du désespoir, et pour ne pas demander à son père céleste la force et la résignation.

La situation de Ghita avait quelque chose d'émouvant et de pittoresque ; l'agitation du combat avait été suivie d'une telle réaction, que tous ceux qui étaient autour d'elle dormaient d'un profond sommeil. Le feu brûlait encore, éclairant çà et là les ruines, les groupes de matelots, et le cadavre immobile. Par intervalles le vent de la tramontane descendait assez bas pour activer les flammes, et cette scène étrange brillait tout à coup d'un éclat fantastique. Toutefois, Ghita n'était sensible qu'à la perte qu'elle avait faite, et ne s'inquiétait point de son isolement.

Ghita passa la nuit à veiller près du corps de Raoul, tantôt se penchant vers lui avec tendresse, tantôt implorant le ciel avec ardeur. Personne ne se réveilla pour la blesser dans ses sentiments, ni pour lui enlever l'étrange bonheur qu'elle éprouvait à l'accomplissement de ces pieux devoirs. Avant le jour, elle ferma les yeux de Raoul, et couvrit le corps avec le drapeau tricolore qui était resté au pied de la batterie.

Winchester se leva le premier ; il s'approcha de Ghita, pour lui demander des nouvelles de Raoul ; mais frappé de l'expression de son angélique physionomie, il devina la vérité. Il éveilla sans bruit ses compagnons, et jusqu'au moment où ils quittèrent l'îlot, il y régna le calme et le pieux recueillement qu'on observe dans une église.

Carlo Giuntotardi réclama le corps, qu'on n'avait aucun motif pour lui refuser. La dépouille mortelle de Raoul fut placée dans un canot et remorquée jusqu'au rivage, accompagnée de tous ceux qui étaient restés. Le sirocco, qui s'éleva peu de temps après, lança de grosses lames sur l'îlot des Sirènes, effaça les taches de sang, et fit disparaître toute trace des événements qui venaient de s'accomplir. Au pied des hauteurs de Santa-Agata, les marins fabriquèrent grossièrement une civière et portèrent le corps jusqu'à la demeure de la sœur de Carlo ; le service fut célébré dans l'église du couvent voisin, et celui qui avait été l'incrédule Yvard fut inhumé en terre sainte.

C'est une étrange disposition du cœur humain que d'accorder volontiers aux morts les éloges qu'on refuse aux vivants. Il arriva à Raoul Yvard la même chose qu'à Napoléon : après sa captivité et sa mort, le corsaire détesté fut cité comme un modèle de courage, de talent et de générosité, et un grand nombre d'officiers anglais se firent un honneur d'assister à ses funérailles.

Ceux qui s'étaient distingués dans cette affaire obtinrent presque tous de l'avancement. Lyon fut nommé capitaine de *la Terpsichore*, et remplacé par Winchester dans le commandement du *Ramier*. Clinch, entièrement corrigé, obtint le grade de troisième lieutenant de *le Proserpine*, et six mois après il épousa la bonne Jeanne.

Le vice-gouverneur et le podestat rentrèrent triomphalement dans leur île natale, où la renommée avait déjà répandu le bruit de leurs exploits singulièrement exagérés. On disait qu'ils avaient pris part au combat, et l'on assurait même que Vito-Viti avait tué le corsaire de sa propre main. Le podestat n'essaya pas de démentir ceux qui le considéraient comme un héros, il passa toujours pour tel. Il n'est pas rare de voir ainsi des hommes acquérir une réputation dont ils sont eux-mêmes étonnés.

Ithuel mena sans encombre *le Saint-Michel* à Marseille, vendit la cargaison et disparut pendant quelques années. Il revint en Amérique avec une fortune assez considérable, dont il ne divulgua jamais l'origine. Il épousa un veuve et se rangea. A l'heure où nous écrivons, en novembre 1842, il est membre d'une société de tempérance, abolitionniste déclaré, et il fait trembler les malfaiteurs en qualité de juge de paix.

Quant à Ghita, elle ne tenait plus à la vie. Elle passa ses jours auprès de son oncle jusqu'au moment où il ferma les yeux, et se retira ensuite dans un couvent. Elle est morte récemment, et jusqu'à son heure dernière, cette femme pure et dévouée a prié pour le salut de l'homme qui avait été l'objet de ses affections virginales.

FIN DU FEU FOLLET.

DÉSASTRES DE LA BOUSSOLE ET DE L'ASTROLABE

COMMANDÉS PAR M. DE LA PÉROUSE.

En 1785, le gouvernement français ayant décidé qu'une escadre serait envoyée sur divers points du globe, pour résoudre les problèmes scientifiques qu'avaient soulevés les dernières navigations célèbres, tous les regards se portèrent naturellement sur M. de la Pérouse, considéré avec justice comme le marin français le plus capable de diriger cette grande entreprise. Il ne s'agissait de rien moins que de faire disparaître, avant la fin du XVIIIe siècle, toutes les lacunes et toutes les erreurs de la géographie maritime. Louis XVI écrivit lui-même les instructions qui devaient diriger la marche et les recherches de La Pérouse, et y joignit beaucoup de notes. Elles furent remises à M. de La Pérouse, le 26 juin 1785.

Deux flûtes du port de cinq cents tonneaux furent équipées à Brest, pour ce voyage, dont tout chacun s'entretenait avec intérêt. On les arma en frégates, et l'on substitua à leurs anciens noms ceux de la *Boussole* et de l'*Astrolabe*.

Le vicomte de Langle, capitaine de vaisseau et l'un des plus savants officiers de son corps, fut adjoint à M. de la Pérouse, comme second, et pendant que celui-ci commandait la *Boussole*, celui-là dirigeait l'*Astrolabe*.

Les états-majors furent composés d'officiers et de savants distingués par leur mérite. En un mot, depuis que les puissances de l'Europe, jalouses de contribuer à l'accroissement des connaissances, envoient des bâtiments à la découverte, ou pour l'exploration des contrées lointaines, jamais aucune expédition du même genre n'avait été entreprise avec autant de zèle, de soins et d'éléments de succès.

La *Boussole*, que monta M. de la Pérouse, et l'*Astrolabe*, dont M. de

Langle prit le commandement, furent prêtes à partir vers le milieu de l'été de 1785. Ces deux bâtiments appareillèrent de la rade de Brest le 1er août de la même année.

Le 13 ils mouillèrent à Madère, et le 19 à Ténériffe, où on fit relâche.

L'expédition reprit ensuite la mer le 30. Elle coupa l'Equateur le 29 septembre, et le 16 octobre elle fut en vue des îles Martin-Vaça. Deux jours après elle atteignit la Trinité, où l'on espérait pouvoir faire de l'eau; mais la chose s'étant trouvée impossible, de la Péiose se hâta de se rendre à l'île de Sainte-Catherine, sur la côte du Brésil. Dans cette traversée, ce fut en vain qu'il chercha l'île de l'Ascension. Aussi s'assura-t-il que cette terre n'était autre que la Trinité elle-même, placée d'après l'autorité de certaines cartes.

On mouilla à Sainte-Catherine le 6 novembre, et l'on s'y procura aisément les rafraîchissements nécessaires. Enfin, le 19, les navires s'en éloignèrent pour aller doubler le cap Horn.

Le 21 janvier 1786, on eut connaissance de la côte des Patagons; puis on entra dans le détroit de Lemarre, et enfin on doubla le cap Horn sans aucun accident. Le 22 février, l'expédition atteignit la Conception, sur la côte du Chili.

La Pérouse reprenait ensuite la mer le 17 mars, se dirigeant sur l'île de Pâques, dont il eut connaissance le 8 avril. Il y mouilla le lendemain, dans la baie de Cook. Mais la *Boussole* et l'*Astrolabe* s'y arrêtèrent à peine. Elles s'en éloignèrent en effet le lendemain pour marcher vers les îles de Hawaï et Sandwich.

Le 28 mai, elles étaient en vue d'Owyhée et y attérirent le lendemain, dans une baie de l'île Mowée. Elles s'y procurèrent une assez grande quantité de provisions fraîches, quoique leur séjour n'y eût été que de vingt-quatre heures.

Un des points sur lesquels insistaient le plus les instructions données à M. de la Pérouse, était la reconnaissance des parties de la côte nord-ouest de l'Amérique, d'où Cook avait toujours été repoussé par le gros temps, et où l'on supposait encore qu'il existait quelque entrée communiquant avec la baie d'Hudson. Il se hâta donc de se rendre sur cette côte.

Le 23 juin, il eut connaissance de la côte d'Amérique et du mont Saint-Élie. C'est de ce point qu'il devait commencer son exploration, en revenant vers le sud.

Il découvrit d'abord une baie qu'il nomma baie de Monti, du nom de l'un des officiers de l'expédition.

Il reconnut ensuite la rivière de Berhring.

Enfin il entra dans une baie vaste et profonde, inconnue jusqu'alors, et à laquelle il donna le nom de baie du *Port-aux-Français*.

L'expédition se mit à l'œuvre dans cette baie, et quand elle fut à sa fin, les navigateurs se regardèrent comme très-heureux, car, arrivés à une aussi grande distance de l'Europe, ils n'avaient pas jusque-là compté un seul malade.

Mais le plus grand des malheurs les attendait précisément à ce terme, et alors qu'ils se félicitaient, un terrible accident les menaçait et fondait sur eux.

A cette occasion, M. de la Pérouse, dans sa relation, s'exprime ainsi que nous allons le mettre sous les yeux du lecteur :

« Je cède au devoir rigoureux qui m'est imposé d'écrire cette relation, et je ne crains pas de laisser connaître que mes regrets ont été, depuis ce fatal événement, cent fois accompagnés de mes larmes...

» Des sondes devaient être placées, sur les plans de MM. de Monneron et Bernizet, par les officiers de la marine. En conséquence, la biscayenne de l'*Astrolabe*, aux ordres de M. de Marchainville, fut commandée pour le lendemain, et je fis disposer celle de ma frégate, ainsi que le petit canot, dont je donnai le commandement à M. Boutin. M. d'Escures, mon premier lieutenant, chevalier de Saint-Louis, commandait la biscayenne de la *Boussole*, et était le chef de cette petite expédition. Comme son zèle m'avait paru quelquefois ardent, je crus devoir lui donner des instructions par écrit. Les détails dans lesquels j'étais entré sur la prudence que j'exigeais, lui parurent si minutieux, qu'il me demanda si je le prenais pour un enfant. Je lui dis que M. de Langle et moi nous avions sondé la passe de la baie deux jours auparavant, et que j'avais reconnu que l'officier commandant le deuxième canot qui était avec nous, était passé trop près de la pointe, sur laquelle même il avait touché. J'ajoutai que de jeunes officiers croient qu'il est de bon ton, pendant les sièges, de monter sur le parapet des tranchées, et que ce même esprit les fait braver, dans les canots, les rochers et les brisants, mais que cette audace peu réfléchie pouvait avoir les suites les plus funestes dans une campagne comme la nôtre, où ces sortes de périls se renouvelaient à chaque instant.

» Après cette conversation, je lui remis les instructions que je lus à M. Boutin.

» Ces instructions ne devaient me laisser aucune crainte. Elles étaient données à un homme de trente-trois ans, qui avait commandé des bâtiments de guerre.

» Nos canots partirent, comme je l'avais ordonné, à six heures du matin ; c'était une partie de plaisir autant que d'instruction et d'utilité. On devait chasser et déjeuner sous les arbres. Je joignis à M. d'Escures M. de Pierrevert et M. de Montarnal, le seul parent que j'eusse dans la marine, et auquel j'étais aussi tendrement attaché que s'il eût été mon fils ; jamais jeune officier ne m'avait donné plus d'espérances, et M. de Pierrevert avait acquis déjà ce que j'attendais très-incessamment de l'autre.

» Les sept meilleurs soldats du détachement composaient l'armement de cette biscaïenne, dans laquelle le maître pilote de ma frégate s'était aussi embarqué pour sonder. M. Boutin avait pour second, dans son petit canot, M. Mouton, lieutenant de frégate. Je savais que le canot de l'*Astrolabe* était commandé par M. de Marchainville, mais j'ignorais s'il avait d'autres officiers.

» A dix heures du matin, je vis revenir notre petit canot. Un peu surpris, parce que je ne l'attendais pas sitôt, je demandai à M. Boutin, avant qu'il fût monté à bord, s'il y avait quelque chose de nouveau. Je craignais, dans ce premier instant, quelque attaque des sauvages. L'air de M. Boutin n'était pas propre à me rassurer, car la plus vive douleur était peinte sur sa physionomie. Il m'apprit alors le naufrage affreux dont il venait d'être témoin, et auquel il n'avait échappé que parce que la fermeté de son caractère lui avait permis de voir toutes les ressources qui restaient dans un si extrême péril. Entraîné, en suivant son commandant, au milieu des brisants qui portaient dans la passe, pendant que la marée sortait avec une vitesse de trois à quatre lieues par heure, il imagina de présenter à la lame l'arrière de son canot, qui de cette manière, poussé par cette lame et lui cédant, pouvait ne pas se remplir, mais devait cependant être entraîné au dehors, à reculons, par la marée. Bientôt il vit les brisants de l'avant de son canot, et il se trouva dans la grande mer.

» Alors, plus occupé du salut de ses camarades que du sien propre, il parcourut les bords des brisants dans l'espoir de sauver quelqu'un ; il s'y rengagea même, mais il fut repoussé par la marée. Enfin il monta sur les épaules de M. Mouton, afin de découvrir un plus grand espace : vain espoir ! tout avait été englouti... Aussi M. Boutin rentrait à la marée étale. La mer étant devenue belle, cet officier avait conservé quelque espérance pour la biscaïenne de l'*Astrolabe*; il n'avait vu périr que la nôtre.

» M. de Marchainville était dans ce moment à un grand quart de lieue du danger, c'est-à-dire dans une mer aussi parfaitement tranquille que celle du port le mieux fermé; mais ce jeune officier, poussé par une générosité sans doute imprudente, puisque tout secours était impossible dans ces circonstances, ayant l'âme trop élevée, le courage trop grand, pour faire cette réflexion lorsque ses amis étaient dans un si extrême danger, vola à leur secours, se jeta dans les mêmes brisants, et, victime de sa générosité et de la désobéissance formelle de son chef, périt comme lui.

» Bientôt M. de Langle arriva à mon bord, aussi accablé de douleur que moi-même, et m'apprit, en versant des larmes, que le malheur était encore infiniment plus grand que je ne croyais. Depuis notre départ de France, il s'était fait une loi inviolable de ne jamais détacher les deux frères, MM. la Borde-Marchainville et la Borde-Boutervilliers, pour une même corvée, et il avait cédé, dans cette seule occasion, au désir qu'ils avaient témoigné d'aller se promener et de chasser ensemble. Car c'était presque sous ce point de vue que nous avions envisagé, l'un et l'autre, la course de nos canots, que nous croyions aussi peu exposés que dans la rade de Brest, lorsque le temps est beau.

Les pirogues des sauvages vinrent dans ce même moment nous annoncer ce funeste événement. Les signes de ces hommes grossiers exprimaient qu'ils avaient vu périr ces deux canots et que tout secours avait été impossible. Nous les comblâmes de présents, et nous tâchâmes de leur faire comprendre que toutes nos richesses appartiendraient à celui qui aurait sauvé un seul homme. Rien n'était plus propre à émouvoir leur humanité. Ils coururent sur les bords de la mer et se répandirent sur les deux côtés de la baie. J'avais envoyé ma chaloupe, commandée par M. de Clonard, vers l'est, où si quelqu'un, contre toute apparence, avait eu le bonheur de se sauver, il était probable qu'il aborderait. M. de Langle se porta du côté de l'ouest, afin de ne rien laisser à visiter, et je restai à bord, chargé de la garde des deux vaisseaux, avec les équipages nécessaires pour n'avoir rien à craindre des sauvages, contre lesquels la prudence voulait que nous fussions toujours vigilants.

» Presque tous les officiers et plusieurs autres personnes avaient suivi MM. de Langle et Clonard. Ils firent trois lieues sur les bords de la mer, où le plus petit débris ne fut pas même jeté. J'avais cependant conservé un peu d'espoir. L'esprit s'accoutume avec peine au passage si subit d'une situation douce à une douleur si profonde. Mais le retour de nos canots et chaloupes détruisit cette illusion, et acheva de me jeter dans une consternation que les expressions les plus fortes ne rendront jamais que très-imparfaitement.

» Il ne nous restait plus qu'à quitter promptement un pays qui nous avait été si funeste; mais nous devions encore quelques jours aux familles de nos malheureux amis. Un départ trop précipité aurait laissé des inquiétudes, des doutes en Europe. On n'aurait pas réfléchi que le courant ne s'étend au plus qu'à une lieue en-dehors de la passe, que ni les canots ni les naufragés n'avaient pu être entraînés qu'à cette distance, et que la fureur de la mer en cet endroit ne laissait aucun espoir de retour. Si, contre toute vraisemblance, quelqu'un d'eux avait pu y revenir, comme ce ne pouvait être que dans les environs de la baie, je formai la résolution d'attendre encore plusieurs jours; mais je quittai le mouillage de l'île, et je pris celui du platin de sable qui est à l'entrée, sur la côte de l'ouest. Je mis cinq jours à faire ce trajet, qui n'est que d'une lieue, pendant lequel nous essuyâmes un coup de vent de l'est qui nous aurait mis dans un très-grand danger, si nous n'eussions été mouillés sur un très-bon fond de vase.

» Les vents contraires nous retinrent plus longtemps que je n'avais projeté d'y rester, et nous ne mîmes à la voile que le 30 juillet, dix-huit jours après l'événement qu'il m'a été si pénible de décrire, et dont le souvenir me rendra éternellement malheureux. Avant notre départ, nous érigeâmes sur l'île du milieu de la baie, à laquelle je donnai le nom de l'*Ile du Cénotaphe*, un monument à la mémoire de nos malheureux compagnons. M. de Lamanon, naturaliste du bord, composa une inscription qu'il enterra dans une bouteille, au pied du cénotaphe.

» Le 23 juillet, les sauvages nous apportèrent des débris de nos canots naufragés, que la lame avait poussés sur la côte de l'est, fort près de la baie, et ils nous firent entendre par des signes qu'ils avaient enterré un de nos malheureux compagnons sur le rivage, où il avait été jeté par la mer. Sur ces indices, MM. de Clonard, de Monneron et de Monti partirent aussitôt et dirigèrent leur course vers l'est, accompagnés des mêmes sauvages qui nous avaient apporté ces débris, et que nous avions largement récompensés. Ces officiers firent trois lieues sur des pierres, dans un chemin épouvantable. A chaque demi-heure, ces guides exigeaient un nouveau paiement, ou refusaient d'avancer. Enfin ils s'enfoncèrent dans les bois et disparurent. Nos officiers s'aperçurent alors, mais trop tard, que leur rapport n'était qu'une ruse inventée pour obtenir de nouveaux présents. Ils virent, dans cette course, des forêts immenses de sapins de la plus belle dimension : ils en mesurèrent de cinq pieds de diamètre et qui paraissaient avoir plus de cent quarante pieds de hauteur.

» Nos voyageurs rencontrèrent aussi un moraï ou cimetière, qui leur démontra que ces Indiens étaient dans l'usage de brûler leurs morts et d'en conserver la tête. Ils en trouvèrent une enveloppée de plusieurs peaux. Leurs monuments consistent en quatre piquets assez forts, qui portent une petite chambre en planches, dans laquelle reposent les cendres contenues dans des coffres. Ces Messieurs ouvrirent ces coffres, défirent le paquet de peaux qui enveloppait la tête, et après avoir satisfait leur curiosité, ils remirent scrupuleusement chaque chose à sa place. Ils y ajoutèrent beaucoup de présents en rassades et en instruments de fer. Les sauvages qui avaient été témoins de cette visite montrèrent un peu d'inquiétude, mais ils ne manquèrent pas d'aller enlever très-promptement les présents que nos voyageurs y avaient laissés.

» Nous voyions chaque jour entrer dans la baie de nouvelles pirogues, et chaque jour des villages entiers en sortaient et cédaient leur place à d'autres. Ces Indiens paraissaient redouter beaucoup la passe, et ne s'y hasardaient jamais qu'à la mer étale du flot ou du jusant. Nous apercevions distinctement, à l'aide de nos lunettes, que, lorsqu'ils étaient entre les deux pointes, le chef, ou du moins l'Indien le plus considérable, se levait, tendait les bras vers le soleil, et paraissait lui adresser des prières, pendant que les autres pagayaient avec la plus grande force. Ce fut en demandant quelques éclaircissements sur cette coutume que nous apprîmes que, depuis peu de temps, sept très-grandes pirogues avaient fait naufrage dans la même passe. La huitième s'était sauvée. Alors les Indiens qui échappèrent à ce malheur la consacrèrent ou à leur dieu ou à la mémoire de leurs compagnons. Nous la vîmes à côté d'un moraï qui contenait sans doute les cendres de quelques naufragés. Cette pirogue ne ressemblait point à celles du pays, qui ne sont formées que d'un arbre creusé, relevé de chaque côté par une planche cousue au fond de la pirogue. Celle-ci avait des couples, des lisses, comme nos canots, et cette charpente, très-bien faite, avait un étui de peau de loup marin qui lui servait de bordage. Il était si bien cousu que les meilleurs ouvriers de l'Europe auraient de la peine à imiter ce travail. L'étui dont je parle, que nous avons mesuré avec la plus grande attention, était déposé dans le moraï, à côté des coffres cinéraires, et la charpente de la pirogue, élevée sur des chantiers, restait nue auprès de ce monument. J'aurais désiré emporter cette enveloppe en Europe; nous en étions absolument les maîtres, cette partie de la baie n'étant pas habitée; aucun Indien ne pouvait y mettre obstacle : d'ailleurs je suis persuadé que les naufragés étaient étrangers. Mais il est une religion universelle pour les asiles des morts, et j'ai voulu que ceux-ci fussent respectés.

» Enfin, le 30 juillet, à quatre heures du soir, nous appareillâmes avec une brise très-faible de l'ouest, qui ne cessa que lorsque nous fûmes à trois lieues au large. L'horizon était si clair que nous apercevions et relevions le mont Saint-Élie, au nord-ouest corrigé, distant d'au moins quarante lieues. A huit heures du soir, l'entrée de la barre me restait à trois lieues dans le nord. Ce Port des Français est situé sous le 58° 37' de latitude et 139° 50' de longitude ouest. » Cook et Vancouver avaient passé devant ce port, qui a la forme d'un T, sans l'apercevoir, car le pied du T est en regard de la mer et quelque peu voilé.

L'expédition française, après avoir seulement pris les positions de quelques lieux isolés, atteignait les rivages de la Californie, et y atterrit dans le port de Monterey, le 14 septembre.

M. de la Pérouse reprit la mer le 24 du même mois, et fit route au sud-ouest.

Enfin, le 3 janvier 1787, il entra dans la rade de Macao, sur les côtes de la Chine.

Déjà le pavillon français flottait sur un des navires du port, le *Maréchal de Castries*, commandé par M. de Richery, enseigne de vaisseau. Cette vue fit bien plaisir à nos infortunés navigateurs, si cruellement éprouvés. Les équipages, épuisés de fatigue, réparèrent leurs forces, et remplirent les vides faits dans leurs rangs par le désastre du Port-aux-Français. Toutefois l'expédition ne put trouver dans ce port les moyens de faire à ses bâtiments les réparations dont ils avaient besoin, ni de reconstruire deux canots pour remplacer les biscaïennes naufragées.

La Pérouse quitta donc Macao et se rendit à Manille, aux Philippines, où il devait trouver des ressources de tout genre.

Il découvrit Luçon le 15 février, et mouilla à Carite le 28. Accueilli de la manière la plus favorable par le gouvernement espagnol, tout ce que renfermait l'arsenal fut mis à sa disposition pour les besoins de ses bâtiments. Ils y furent parfaitement radoubés, et une relâche de quarante jours permit aux équipages de jouir d'un repos indispensable pour se préparer à de nouvelles fatigues.

En partant de la baie de Manille, le chef de l'expédition française alla exécuter le magnifique travail qui révéla au monde la Manche de Tartarie, que personne avant lui n'avait explorée. Il parcourut et dessina, pour la sûreté des navigateurs, le canal qui sépare la Tartarie orientale de la grande île de Ségalien. Les détails de son voyage sur cette côte et sur celle du Kamschatka ont procuré à l'endroit de la géographie, des mœurs et des habitants de ces contrées, des données complètement neuves.

Du port de Saint-Pierre et Saint-Paul, au Kamschatka, où lui parvinrent des nouvelles de la cour de France, contenant sa nomination au grade de chef d'escadre, de la Pérouse expédia par terre, pour Paris, M. de Lesseps, embarqué sur l'*Astrolabe*, et qu'il chargea de présenter au roi Louis XVI les journaux, cartes, dessins et tous les résultats des travaux de l'expédition depuis son départ de Brest jusqu'à son arrivée sur ces côtes.

Les frégates françaises reprirent la mer le 29 septembre. L'hiver arrivant, elles quittèrent ces rigoureux climats pour entrer dans la zone torride; lorsqu'elles coupèrent l'équateur, elles n'avaient rencontré aucune terre.

Le 6 novembre suivant, elles atteignirent les îles des Navigateurs, et mouillèrent le 9 à celle de Maouna. L'ancrage y était mauvais; mais le besoin de faire de l'eau ne permettait pas de quitter cette île avant d'en avoir approvisionné les navires. La Pérouse expédia donc des embarcations à terre, et y descendit lui-même avec M. de Langle, qu'un trépas prématuré, cruel et fatal, attendait sur ces bords malheureux. Nous ne raconterons pas ce drame, qui appartient à l'histoire des voyages et pas à celle des naufrages. Nous dirons seulement, que, par suite de cette nouvelle et horrible tragédie, la route de notre infortuné la Pérouse se trouva jalonnée, en quelque sorte, par de lugubres événements, présages bien tristes de l'effrayante catastrophe qui devait prochainement causer la perte entière de l'expédition.

M. de la Pérouse, après le désastre de la Maouna, qui lui enleva douze de ses officiers et matelots, et notamment M. de Langle, se dirigeant vers le sud-ouest, reconnut bientôt l'île des Traîtres et celle des Cocos, découvertes par Schouten. De là, le nouveau chef d'escadre alla ranger la partie nord de l'Archipel des Amis, et communiqua même avec les naturels de l'archipel des Tongas, ceux surtout de l'île Tonga-Tabou. Il eût bien désiré relâcher dans cette dernière île, mais l'événement dont Maouna avait été le théâtre l'avait rendu défiant vis-à-vis des naturels de l'Océanie. Malgré les couleurs favorables sous lesquelles les navigateurs précédents avaient dépeint les sauvages des îles des Amis, la Pérouse n'osa s'y fier. Il se rendit donc à Botany-Bay, sur les côtes de la Nouvelle-Hollande, où il espérait trouver les moyens de réparer une partie de ses pertes, notamment ses chaloupes perdues à Maouna. Il y mouilla le 26 janvier 1788.

A sa grande surprise, la Pérouse trouva à Botany-Bay toute une flotte anglaise. C'était celle du commodore Philipp, qui venait jeter les fondements des colonies de la Nouvelle-Galles du sud.

Ce fut de Botany-Bay que furent adressées au gouvernement français les dernières nouvelles de l'expédition commandée par la Pérouse.

Plusieurs années s'écoulèrent alors sans qu'on entendît parler des marins de l'*Astrolabe* et de la *Boussole*.

D'abord l'agitation révolutionnaire qui, en 1789, faisait fermenter toutes les têtes en France, empêcha de songer au sort de l'expédition scientifique envoyée par Louis XVI autour du monde. Cependant quelques savants de Paris, que leur amour exclusif pour les sciences tenait étrangers aux troubles politiques, furent les premiers frappés de ce lugubre silence. La société d'Histoire naturelle essaya bientôt de soulever le voile funèbre qui cachait le sort de la Pérouse à ses compatriotes.

On ne pouvait douter en effet que l'expédition qu'il commandait n'eût éprouvé quelque grand malheur.

Une demande fut alors adressée à l'Assemblée nationale de France. On lui exposait de justes alarmes, et on exprimait le désir que d'autres bâtiments fussent expédiés pour aller à la recherche de la *Boussole* et de l'*Astrolabe*, afin de recueillir ceux des hommes de leurs équipages qui, échappés à un naufrage plus que probable, végétaient peut-être sur quelque île de l'Océan Pacifique, en invoquant les secours de leur patrie. Ce vœu des savants fut accueilli avec empressement, et Louis XVI fut prié par l'Assemblée d'ordonner l'armement de deux navires pour aller à la recherche de la Pérouse.

Le commandement de cette seconde expédition fut donné à M. d'Entrecasteaux, capitaine de vaisseau, déjà connu par ses belles campagnes sur les mers orientales. Malheureusement on donna à l'illustre marin deux navires qui, comme ceux de la Pérouse, étaient en fort mauvais état. La *Recherche* fut montée par M. d'Entrecasteaux, et l'*Espérance* eut pour commandant le major de vaisseau M. Huon de Kermadec.

Ces deux bâtiments appareillèrent dans la rade de Brest, le 28 septembre 1791.

Nous n'en raconterons pas les aventures. Le voyage de M. d'Entrecasteaux ne fut pas heureux. Nulle part il ne vit de traces du passage de M. de la Pérouse; nulle part il ne recueillit de nouvelles de son expédition. En outre, les chefs de cette recherche perdirent la vie en l'accomplissant, et, en dernier lieu, les navires la *Recherche* et l'*Espérance*, ayant mouillé dans un port hollandais, furent séquestrés par le gouvernement, parce que la Hollande, ainsi que l'Europe entière, était en guerre avec la France, depuis que la révolution avait fait tomber sur l'échafaud les nobles têtes de Louis XVI et de Marie-Antoinette.

Alors il s'écoula quarante années sans que l'on reparlât de la Pérouse et des équipages des frégates la *Boussole* et l'*Astrolabe*.

Donc la Pérouse fut oublié, ou s'il ne fut pas oublié, on ne s'occupa plus de connaître son sort.

Il était réservé au capitaine anglais Peters Dillon, commandant le vaisseau de la compagnie des Indes la *Research*, de jeter le premier, sur ce douloureux sujet, une triste lumière qui fit connaître toutes les péripéties du drame et mit fin aux incertitudes.

C'était en 1826.

Le capitaine Dillon se trouvait à Tucopia, île voisine de l'archipel Fidji ou Viti, lorsqu'un de ses gens acheta d'un Indien de cette île une garde d'épée en argent, armoriée et de fabrique évidemment française. Dillon interrogea les insulaires, et grâce à la facilité avec laquelle il s'entretenait avec eux, il sut bientôt que cette poignée d'épée, des chevilles en fer et en cuivre, des haches, des couteaux et autres objets qui se trouvaient entre les mains des naturels, leur avaient été donnés ou échangés par des sauvages d'une île assez éloignée, qui avait nom Vanikoro, et près de laquelle deux grands vaisseaux avaient fait naufrage. Les vieillards qui s'entretenaient avec Dillon, pour préciser l'époque de ce naufrage, lui dirent qu'ils étaient jeunes garçons lorsque, chaque jour encore, on voyait des débris et des dépouilles de ces navires naufragés entre les mains des insulaires de Vanikoro.

Ces renseignements et les objets qu'il venait de racheter des naturels de Tucopia persuadèrent au capitaine Dillon que les deux bâtiments victimes d'un naufrage devaient être ceux de l'infortuné la Pérouse, puisque, à l'époque indiquée, on n'avait pas entendu parler de la perte de deux bâtiments autres que la *Boussole* et l'*Astrolabe*.

Il poursuivit dès lors ses informations avec plus d'activité, et apprit enfin d'un Tucopien, qui revenait de Vanikoro, comment les naturels de cette île racontaient que, bien des années auparavant, deux gros vaisseaux étaient venus devant leur île, et que, tout à coup, une tempête s'éleva, de manière que l'un des navires échoua sur les récifs. Les naturels lancèrent quelques flèches, et on riposta par des coups de canon. Le vaisseau battu par les vagues, et continuant à heurter contre les rochers, fut bientôt en pièces. Quelques hommes se jetèrent dans des embarcations et furent poussés à la côte, où les sauvages les tuèrent tous jusqu'au dernier.

Le second vaisseau, plus heureux, avait échoué sur une plage de sable, et au lieu de répondre hostilement aux agressions des sauvages, les gens de l'équipage offrirent quelques haches et de la verroterie en signe d'amitié. La confiance s'établit, et les naufragés, obligés d'abandonner leur vaisseau, purent entrer dans l'île. Ils y restèrent quelque temps et bâtirent un petit vaisseau avec les débris du grand. Aussitôt qu'il fut prêt, il partit avec autant d'hommes qu'il pouvait porter. Le commandant promit à ceux qui restaient dans l'île de revenir les chercher; mais on n'en entendit plus parler. Ces hommes, restés dans l'île, se partagèrent entre les différents chefs, auxquels leurs fusils rendirent de grands services, dans leurs guerres avec les peuplades voisines.

Par suite de ces indications, le capitaine Dillon, de retour au Bengale, entra en correspondance avec le gouvernement de la Compagnie, et, s'appuyant sur le décret de l'Assemblée nationale de France, qui prescrivait à tous les ambassadeurs, consuls et agents français dans les pays étrangers, d'inviter, au nom de l'humanité, des arts et des sciences, les souverains de ces pays à ordonner à tous les navigateurs et agents quelconques de s'enquérir de toutes les manières possibles du sort de la *Boussole* et de l'*Astrolabe* que commandait de la Pérouse, il s'offrit à aller chercher ceux des Français qui pourraient encore exister, et, en tout cas, à vérifier si l'île de Vanikoro avait réellement vu périr les deux vaisseaux, et si l'on pouvait encore retrouver des traces certaines du séjour des naufragés dans l'île.

Tous ces renseignements concernant un homme qui avait servi les sciences avec tant de zèle et qui était devenu victime de ses efforts pour en étendre le progrès, ne pouvaient qu'être favorablement accueillis. Aussi la garde d'épée que M. Dillon avait rapportée fut-elle soumise à l'examen d'officiers au service de France, et tous reconnurent qu'elle était exactement de la forme et de l'espèce de celles que portaient les officiers de la marine française, à l'époque où l'on supposait que la Pérouse avait fait naufrage; et même, d'après le chiffre gravé sur cette poignée, mais bien effacé par les mains des sauvages, ils conclurent qu'elle avait dû appartenir au commandant de la Pérouse lui-même.

Un vaisseau de la compagnie des Indes, la *Research* ou *Recherche*, fut confié au capitaine Dillon, avec la mission d'aller à Vanixoro et de faire toutes les recherches nécessaires pour arriver à la certitude du naufrage de la Pérouse sur ces côtes. M. Chaigneau, agent français, lui fut adjoint pour présider aux recherches.

Le 23 juin 1827, le capitaine Dillon partit du Bengale, et le 8 septembre il arriva en vue de Vanikoro. Il reconnut que cette île était de tous côtés entourée de récifs à une distance d'environ deux milles des rivages. Il communiqua avec les naturels, qui lui racontèrent de nouveau ce qu'il avait appris déjà à Turcopia.

Poursuivant ses investigations avec une infatigable persévérance, le capitaine Peters Dillon se fit conduire sur le lieu du naufrage, où il recueillit quelques morceaux de fer. Il chercha vainement sur les rochers et sur les arbres des inscriptions qu'auraient pu y laisser les naufragés. Il remonta aussi une petite rivière jusqu'à un bois où les Français avaient abattu des arbres à coups de hache : les troncs en faisaient foi, ainsi que de l'époque à laquelle cet abattis devait avoir eu lieu, et qui concordait avec l'époque de la disparition de la Pérouse. Ce qui cependant, plus que toute autre chose, lui donna la certitude que l'*Astrolabe* et la *Boussole* avaient fait naufrage dans cette île, fut la découverte, sur les récifs mêmes, témoins du drame, de plusieurs reliques, aujourd'hui déposées sur la pyramide de la Pérouse, dans une des salles du musée de la marine, au Louvre. En outre, quatre petits canons, un fragment de cuiller en argent, plusieurs pierriers, quantité de porcelaines, et surtout une petite et une grosse cloche, cette dernière portant en exergue cette légende française : *Bazin m'a faite*, et ornée de fleurs de lis, tous ces objets décorant la pyramide en question et précieux témoignages que Dillon reçut des Vanikoriens, comme preuves irréfutables du désastre, le démontrèrent jusqu'à l'évidence.

Si les découvertes de Peters Dillon à l'endroit de la Pérouse ne suffisent pas à satisfaire certains esprits, nous pouvons maintenant relater ici celles que notre illustre navigateur Dumont-d'Urville a pu faire à son tour.

Lorsque Dumont-d'Urville faisait son premier voyage autour du monde, en 1827, il relâcha, au mois de décembre, à Hobart-Town, ville principale de la Terre de Van-Diemen, et possession anglaise.

« Le pilote Mansfield, de la rivière Derwent, écrit Dumont-d'Urville, ayant appris que notre mission avait pour objet de faire des découvertes et des explorations dans la mer du Sud, vint me trouver, lorsque j'étais à Hobart-Town, et me demanda si j'avais eu des nouvelles de l'expédition de la Pérouse. Sur ma réponse négative, il m'apprit d'une manière confuse que le capitaine d'un navire anglais avait dernièrement trouvé les restes du vaisseau de la Pérouse, dans une des îles de l'Océan Pacifique, qu'il avait rapporté des débris, et même qu'il avait ramené l'un des compagnons de l'infortuné voyageur, à savoir un matelot prussien. Il ajoutait que ce capitaine, un nommé Peters Dillon, renvoyé par le gouverneur du Bengale pour aller chercher les autres naufragés, avait touché à Hobart-Town, six mois avant mon arrivée, et que le Prussien en question se trouvait encore à bord.

» Ce récit, fait d'une manière peu correcte, ne me parut d'abord qu'un conte fait à plaisir et devant être relégué au rang de ceux qui depuis une quarantaine d'années se succédaient sur le compte de la Pérouse. Toutefois le ton d'assurance du pilote m'engagea à questionner M. Franckland, aide-de-camp du gouverneur. Le jeune officier, qui parlait fort bien le français, vint précisément à bord pour me présenter les compliments du lieutenant-colonel Arthur.

» Je m'empressai d'interroger M. Franckland sur la mission de M. Dillon. Il me répondit en riant que Dillon était un fou, un aventurier; que sa prétendue découverte n'était qu'une fable, et qu'il avait eu, à son passage dans la colonie, une affaire très-peu honorable pour laquelle il avait été juridiquement condamné à un emprisonnement...... »

Le jour s'est fait sur l'affaire en question du capitaine Dillon avec un certain docteur Tytler, homme faux et insociable. Le vrai coupable, dont Dillon fut en effet la victime, car il fut mis en prison à Hobart-Town, fut ce Tytler, qui voulait supplanter Dillon et s'attribuer à l'avance la gloire et les fruits de la découverte du naufrage de la Pérouse. Mieux informé, M. Franckland n'eût pas tenu sur Dillon le discours qu'entendit Dumont-d'Urville.

Mais revenons au récit de ce dernier.

« Ces paroles de M. Franckland refroidirent singulièrement mes espérances.

» Mais voici que, pendant que je délibérais sur ma conduite, M. Kelly, commandant du port, m'apporta le journal où se trouvait consigné tout au long le rapport de M. Dillon, touchant sa découverte à Tucopia.

» Après avoir lu attentivement cette relation et avoir bien pesé son contenu, elle me parut offrir dans ses détails un caractère de sincérité qui me conduisit à penser qu'elle pouvait ne pas être dénuée de fondement. En conséquence, de ce moment mon parti fut définitivement pris. Je me décidai à conduire immédiatement l'*Astrolabe* à Vanikoro. J'étais convaincu qu'il importait essentiellement à la gloire de notre mission, à l'honneur de la marine et même de la nation française, de constater ce qu'il pouvait y avoir de réel dans ces rapports de Peters Dillon, ou même d'en établir la fausseté..... »

Nous devons interrompre, un moment encore, la relation de M. Dumont-d'Urville, pour dire au lecteur que Peters Dillon n'avait nullement trouvé un des matelots de l'expédition de la Pérouse, ce Prussien dont avait entretenu Dumont-d'Urville le pilote Mansfield, comme nous l'avons vu plus haut. Dillon avait simplement retrouvé à Tucopia, où ils habitaient alors, un matelot prussien du nom de Brushart, et un lascar appelé Joë, qu'il avait connu aux îles Fidji ou Viti, et avec lesquels il avait couru de grands dangers. Ces deux hommes habitant Tucopia et ayant su des sauvages maintes particularités relatives au naufrage de la Pérouse, les révélèrent à Dillon : Bushart accompagna même Dillon à Vanikoro. Mais Bushart n'avait jamais été matelot de l'expédition française de l'*Astrolabe* et de la *Boussole*, et quand Dillon s'éloigna de Vanikoro, il reconduisit le matelot prussien à Tucopia, et ne l'emmena pas avec lui, comme l'avait dit le pilote Mansfield.

Dumont-d'Urville continue de la sorte :

« Après plusieurs incidents de pure navigation, l'*Astrolabe* arriva devant Tucopia, le 18 février 1828.

» Vers deux heures, la vigie annonça trois pirogues qui se dirigeaient vers nous. Chacun se précipite sur les bastingages et hâte de ses vœux l'instant qui va mettre un terme à nos doutes. Dans la pirogue qui marche en tête, on remarque un Européen portant un bonnet de laine, une chemise rouge et un pantalon de flanelle blanche. Il monte sur-le-champ à bord et répond à mes questions qu'il est le Prussien Martin Bushart, et que c'est lui qui a accompagné le capitaine Dillon dans son voyage aux îles Vanikoro.

» J'invite Bushart à descendre dans ma chambre, et voici, en substance, le résultat de l'entretien que j'eus avec lui :

» Après une grande querelle avec ses officiers, M. Dillon s'était enfin décidé à se rendre aux îles Vanikoro, en passant par Tucopia... »

Cette querelle n'était autre que l'affaire Tytler, dont j'ai parlé plus haut.

« Dillon avait pris à bord plusieurs habitants de Tucopia pour lui servir de guides et d'interprètes dans les îles voisines : mais il n'avait pu mouiller ni à Païou ni à Vanou. »

Vanou et Païou sont deux villages de Vanikoro.

« Ce n'avait donc été qu'avec beaucoup de difficultés, et en courant de grands dangers, qu'il était parvenu à conduire son vaisseau dans un endroit nommé Ouli, situé à dix ou douze milles du lieu du naufrage. M. Dillon avait séjourné près d'un mois sur le théâtre du désastre et s'y était effectivement procuré les divers objets mentionnés dans sa relation. Mais il ne restait aucun Français dans l'île de Vanikoro. Le dernier était mort un an auparavant : les naturels avaient montré son tombeau au capitaine anglais. Les insulaires, du reste, avaient été fort paisibles et bien intentionnés vis-à-vis de leurs hôtes.

» Par exemple, l'air de Vanikoro était fort malsain, et l'équipage de Dillon avait été attaqué d'une fièvre dont il avait cruellement souffert.

» Bushart, du consentement de Dillon, était revenu ensuite à Tucopia, dont il avait fait sa nouvelle patrie, ramené par le capitaine anglais.

» Le 11 février, des quatre *arikis* ou premiers chefs des îles voisines de Tucopia, trois vinrent me faire visite, et chacun d'eux m'offrit un présent consistant en trois ou quatre noix de cocos, autant de bananes vertes de mauvaise qualité, et un ou deux poissons volants. C'était une preuve de leur extrême pauvreté. J'eus soin de répondre à leur politesse comme si leurs présents eussent été du plus grand prix.

» Un de ces hommes, que je pris d'abord pour un insulaire, s'approcha de moi avec timidité, et me présenta un pli soigneusement enveloppé de papier. En retour, je lui donnai un collier et un couteau qui le comblèrent de joie.

» Ce pli contenait une lettre de M. Dillon, qui me faisait simplement part de l'objet de son voyage et m'annonçait qu'il allait se diriger sur l'île Pitt, et ensuite sur Santa-Cruz. Comme il évitait de me donner aucun renseignement particulier sur Vanikoro, quelques-uns de mes officiers en prirent occasion de me dire que M. Dillon ne m'avait laissé cette lettre que pour me donner moyen de lui porter secours au cas où il lui serait arrivé quelque malheur dans ses recherches.

» L'Anglais Hamilton, que je questionnai au sujet de l'homme à qui M. Dillon avait confié sa lettre, m'apprit qu'il n'était pas natif de Tucopia, et des questions subséquentes me firent connaître que c'était le lascar Joë, qui avait vendu à M. Dillon la garde d'épée, et qui le premier lui avait donné des renseignements positifs sur le lieu du naufrage et les traces qui en restaient dans le pays...

» Je fis appeler le lascar Joë, continue M. Dumont-d'Urville, et le questionnai alors. Il avait tellement peur que je ne voulusse l'emmener, qu'il nia d'abord qu'il fût le lascar du nom de Joë, et se refusa à me donner toute espèce de renseignement. Cependant, quand je lui eus fait comprendre que mon intention était de le laisser complètement maître de ses actions, il s'enhardit peu à peu, et finit par avouer qu'il était allé lui-même, plusieurs années auparavant, aux îles Vanikoro, où il avait vu plusieurs objets provenant des vaisseaux, et qu'on lui dit alors que deux blancs très-âgés vivaient encore, mais qu'il ne les avait jamais vus. Du reste, d'accord en cela avec les naturels de Tucopia, Joë assurait que l'air est très-malsain à Vanikoro, à cause du froid et des fièvres qui y règnent habituellement. Dans un voyage qu'ils firent sur cette île, les Tucopiens eurent dix de leurs hommes enlevés par la fièvre. Aussi disaient-ils :

» — *Male moe fenona !*... La terre tue là-bas !...

» Ce lascar Joë, natif de Calcutta, avait vécu quatre ans aux îles Viti ou Fidji, dont il amena une femme à Tucopia. Il avait visité successivement les îles Laguemba, Koro, Takou-Robe, Imbao, Mouala.

Kamlabon, Vatou-Lele, et résidé trois ou quatre mois dans chacune, excepté à Vouhin, où il avait passé vingt-et-un mois. Que de choses curieuses cet homme a vues, et que de rapports pleins d'intérêt il pourrait faire, s'il avait reçu la moindre éducation! Mais Joë ne sait ni lire ni écrire, et il a tellement contracté les habitudes des Polynésiens, qu'au premier coup d'œil il est presque impossible de le distinguer d'avec eux, d'autant plus que son corps est couvert d'un tatouage semblable au leur. Mais, en y regardant de plus près, sa figure offre un type différent : la coupe en est plus ovale et moins arrondie ; ses traits annoncent aussi une race plus intelligente.

» Ni Bushart ni Joë ne voulant me suivre à Vanikoro, je résolus de m'en tenir à deux Anglais, dont était l'Hamilton cité plus haut, laissés par un vaisseau de leur nation à Tucopia, et qui me demandaient passage sur ma corvette. De ce moment j'aurais voulu poursuivre sur-le-champ ma route sur Vanikoro, mais il restait à bord près de vingt-cinq naturels que je ne me souciais nullement d'emmener avec moi. Or, les pirogues de l'île ne venaient pas les chercher! Tout en restant, il fallut attendre jusqu'à deux heures et demie. Encore n'arriva-t-il que cinq pirogues, et chacune d'elles ne pouvait recevoir que trois ou quatre sauvages en sus de ceux qui les montaient. Aussi, quand elles furent toutes parties, il resta encore cinq naturels appartenant sans doute à la classe la plus obscure de l'île de Tucopia, car, malgré leurs prières et leurs supplications, aucune des pirogues ne voulut s'en charger. Aucune autre pirogue n'était en vue et le courant nous avait entraînés déjà de huit milles sous le vent de l'île. Bon gré mal gré il fallut me décider à faire voile, emmenant avec moi ces cinq Tucopiens.

» On les fit coucher dans le grand canot. Toute la nuit ils ne cessèrent d'indiquer exactement le gisement de Vanikoro, lorsqu'on leur demandait de quel côté de l'horizon il était situé. Certaines étoiles leur servaient à reconnaître leur position.

» Enfin, le lendemain au coucher du soleil, dans la partie de l'horizon éclaircie par le disque de cet astre, des barres de perroquet nous pûmes distinguer les sommités de Vanikoro, sous la forme de trois mamelons aplatis et isolés, comme autant d'îles distinctes. Nous en étions cependant encore à soixante milles de distance.

» A cet aspect, nos cœurs furent agités par un mouvement indéfinissable d'espérance et de regrets, de douleur et de satisfaction. Nous avions donc sous les yeux le point mystérieux qui avait caché si longtemps à la France, à l'Europe entière, les débris d'une noble et généreuse entreprise. Nous allions fouler aux pieds ce sol funeste, interroger ses plages et questionner ses habitants!

» Mais quel allait être le résultat de nos efforts?

» Parmi les cinq Tucopiens, l'Anglais Hamilton m'en fit remarquer un qui se disait natif de Houria, île située à deux journées de Tongu-

Tahou. Il se trouvait avec trois de ses compatriotes, dans une petite pirogue, quand la brise l'entraîna sous le vent de son île. Ces malheureux furent obligés de rester trente jours à la mer, n'ayant que six cocos pour toute nourriture. Ils étaient à toute extrémité quand ils abordèrent à Tucopia, où ils furent accueillis avec hospitalité, et où ils s'établirent. Celui qui se trouvait à bord de l'*Astrolabe* avait reçu de ses nouveaux compatriotes le nom de Brint-Warou.

» Il nous fallut errer longtemps autour de Vanikoro avant de trouver un passage à travers le récif. Le 20 seulement l'*Astrolabe* fut mouillée. Le 22, le matelot Hamilton me présenta un naturel qui s'était offert pour piloter notre canot sur le lieu du naufrage de la Pérouse.

» Sous la conduite de ce sauvage, M. Gression put faire le tour de l'île en-dedans de la ceinture de brisants qui l'environne, et même en suivant la côte de fort près.

» A Païou, le premier village où il s'arrêta, tous les insulaires prirent la fuite. Hamilton, le seul homme du canot qui descendit à terre, ne trouva qu'un vieillard et une vieille femme. Ces deux individus, dominés par la frayeur, ne purent lui donner aucun renseignement.

» Plus loin, dans un endroit nommé Nama, où se trouve un village plus considérable qu'à Païou, on put communiquer avec les naturels, qui vendirent plusieurs morceaux de vieux fer et de cuivre, provenant des vaisseaux naufragés, l'un à Païou, l'autre à Vanou. Mais personne ne put ou ne voulut donner des détails touchant les circonstances du naufrage, ni sur le sort des Français qui purent échapper. Un seul, plus âgé, raconta toutefois qu'un certain nombre d'Européens s'étaient sauvés sur des planches, et que deux d'entre eux s'étaient établis à Païou, mais qu'ils étaient morts depuis longtemps. Les autres, comme s'ils se fussent donné le mot pour garder le silence sur cet événement, protestèrent qu'ils n'en avaient aucune connaissance, et que ces objets leur venaient de leurs parents, qui les avaient enfoncés en terre depuis longtemps. Lorsqu'on leur objecta les débris recueillis par Dillon sur les récifs, tous assuraient que ce capitaine, qu'ils nommaient *Pila*, par corruption de son nom de baptême *Peters*, *n'avait point emporté de canons, qu'ils n'avaient rien recueilli sur les brisants*, et que durant son séjour dans l'île, la mer avait été trop grosse pour qu'on pût rien pêcher sur les récifs. Il était évident que ces insulaires, craignant que nous ne fussions venus chez eux pour tirer vengeance de la mort de nos compatriotes, avaient adopté de concert un système de dénégation absolu touchant le naufrage des frégates et les événements qui s'en étaient suivis. Ni promesses, ni caresses, ni prières, ne réussirent à M. Gressien pour vaincre leur obstination. Il fut obligé de les quitter sans en rien obtenir de plus satisfaisant.

» Le grand canot passa la nuit près du village de Vanou, dont les habitants apportèrent aussi quelques débris insignifiants du naufrage. Puis, le lendemain, il se dirigea vers la passe du nord, par laquelle il rentra dans le bassin intérieur; et enfin il revint à bord par la passe de l'est, en face de laquelle mouillait l'*Astrolabe*.

» A Vanou, les deux guides, qui étaient des naturels d'une autre île appelée Tavaï, parurent fort alarmés de se trouver en présence des habitants de ce point de l'île. Ils se couchèrent à plat ventre dans le canot, et ne se firent voir qu'après avoir reconnu que les naturels de Vanou ne se montraient pas hostiles envers leurs hôtes. Un de ces guides raconta à l'Anglais Hamilton que, outre les deux navires qui avaient fait naufrage à Païou et à Vanou, un autre avait péri près des îles de sable nommées Mahakoumon, au sud de l'île, mais qu'on n'avait rien pu sauver, attendu qu'il avait été brisé sur-le-champ et s'était englouti le long du brisant... »

« Ce premier voyage, dit la relation de Dumont-d'Urville, nous fit connaître le contour de l'île de Vanikoro et nous a confirmé le fait du naufrage. Mais il ne nous procura encore aucun document précis sur le lieu où il arriva, et sur les circonstances qui l'accompagnèrent..... »

« Déjà M. Guilbert, continue Dumont-d'Urville, en chassant sur les bords de la passe de l'est, avait découvert, sur la petite île du bassin intérieur, un petit village, — celui d'Ousélie, — dont les habitants l'accueillirent bien. Deux des naturels de ce village, Tangaloa et Darbaka, lui montrèrent un certificat que M. Dillon leur avait laissé, et que M. Guilbert put obtenir, moyennant quelques présents. Par chacune de ces pièces écrites sur un morceau de parchemin, et datées du 6 octobre 1827, M. Dillon certifie qu'il a été content de la conduite du porteur durant son séjour dans l'île; qu'il y est arrivé le 13 septembre et qu'il doit en repartir le 7 octobre, pour se rendre aux îles sou le vent, à la recherche des Français de l'équipage de la Pérouse. Il fait aussi mention de cinq canons de bronze, d'un mortier de cuivre, et de vaisselle, trouvés à Vanikoro.

» Je m'abouchai moi-même avec un chef de sauvages, Nelo. Il lui arrivait de ne me répondre que dans un état de mauvaise humeur. Il convint que les Français avaient abordé à Vanou et qu'on les y avait massacrés. Mais, suivant lui, les Français abordant à Vanou avaient tiré les premiers, et avaient tué une vingtaine de naturels, puis ils s'en étaient allés. Jamais, à sa connaissance, aucun *papa langui* — homme blanc — n'avait existé dans Vanikoro ni dans les îles voisines. Un navire s'était effectivement perdu sur les récifs du sud-est; mais on n'avait rien pu en sauver, et les blancs qui le montaient n'étaient point descendus à terre. Enfin *Pita* n'avait point eu de canons et n'avait pas même pu pêcher sur les récifs...

» Malgré les protestations de Nelo, je voyais facilement que ce chef n'était pas sincère, et qu'il y avait beaucoup de réticence dans ses déclarations. »

Dumont-d'Urville visita lui-même alors l'île de Tavaï, puis celle de Manevaï, dans le bassin intérieur.

« Du plus loin que les naturels nous aperçurent, dit-il, les habitants accoururent au-devant de nous, sans armes, et en témoignant une joie extrême de nous voir. Le vieil ariski appelé Tamanongui me prit amicalement par la main et me conduisit dans une sorte de case publique où l'on préparait des vivres. Nous nous assîmes au milieu de tout ce peuple et à côté des chefs des villages. Je donnai à chacun d'eux un collier, et M. Guilbert leur offrit un morceau d'étoffe de Tonga. Ces présents les comblèrent de joie. Aussitôt je commençai à les questionner. Ils m'écoutaient attentivement et semblaient disposés à m'être agréables ; néanmoins, comme ceux de Tavaï, ils nièrent longtemps avoir eu connaissance de l'événement. Personne ne se souvenait avoir vu les vaisseaux naufragés, ni les étrangers qui les montaient. Enfin, un vieillard qui n'avait pas moins de soixante-dix ans confessa qu'il avait vu deux blancs, qui étaient restés à Païou. Mais il ajouta qu'ils étaient morts depuis longtemps sans avoir laissé d'enfants.

» Ceux qui avaient abordé à Vanou, d'après lui, avaient été reçus à coups de flèche par les indigènes. Alors les blancs avaient tiré sur ceux-ci avec leurs fusils ; — en disant ceci, le vieillard faisait le geste d'un homme qui souffle la mort ; — ils en avaient tué plusieurs ; ensuite ils ont tous péri eux-mêmes, et leurs crânes étaient enterrés à Vanou. Les os de nos Français avaient servi à garnir les flèches des sauvages.

» A Manevaï, comme à Tavaï, je montrai aux insulaires une croix de Saint-Louis et une pièce d'argent, en leur demandant s'ils avaient déjà vu des objets semblables. A Tavaï, personne ne se souvenait d'en avoir jamais vu ; mais à Manevaï, Tangaloa affirma qu'il s'en trouvait de semblables à Vanou.

» Le lendemain, M. Jacquinot, accompagné de MM. Hottin, Samson, Dudemaine et Lesson, partit dans le grand canot pour faire une seconde excursion autour de l'île et chercher de nouveau le lieu du naufrage. Ils arrivèrent, par le nord de l'île, à huit heures, devant Vanou. A l'approche de l'embarcation, les femmes s'enfuirent dans les bois, emmenant leurs enfants avec elles, et emportant sur leur dos leurs effets les plus précieux. Les hommes, au contraire, allèrent au-devant de M. Jacquinot, mais d'un air où se montraient l'inquiétude et l'effroi. A toutes les questions qu'on leur adressa, ils ne firent que des réponses évasives et évidemment mensongères. Tout en persistant dans leur système de dénégation absolue touchant le naufrage des navires et ses conséquences, ils avouèrent cependant qu'ils avaient eu en leur pouvoir les crânes des *muras* —

blancs, — mais ils ajoutèrent qu'on les avait depuis longtemps jetés à la mer.

» Alors le canot descendit de Vanou à Nama, du nord-ouest à l'ouest de l'île, car Nama est situé à deux milles plus bas que Vanou, et plus haut que Païou, qui est au sud-ouest. Les Français y furent accueillis d'un œil plus ouvert qu'à Vanou. Cependant leurs questions, leurs promesses et leurs efforts y furent longtemps aussi infructueux.

» M. Jacquinot se proposait même de continuer à descendre vers Païou, lorsqu'il s'avisa de déployer un morceau de drap rouge. La vue de cet objet produisit un tel effet sur l'esprit d'un sauvage, qu'il sauta sur-le-champ dans le canot et s'offrit à le conduire sur le lieu du naufrage, pourvu qu'on lui donnât le précieux morceau de drap rouge. Le marché fut aussitôt conclu.

» La chaîne de récifs qui forme comme une immense ceinture autour de Vanikoro, à la distance de deux ou trois milles au large, en face de Païou, se rapproche beaucoup de la côte, dont elle n'est guère éloignée de plus d'un mille. Ce fut là, dans une espèce de coupée au travers des brisants, que le noir sauvage arrêta le canot, et... fit signe aux Français de... regarder au fond de l'eau...

» En effet, à la profondeur de douze ou quinze pieds, ils distinguèrent bientôt, disséminés ça et là, et empâtés de coraux, des ancres, des canons, des boulets et divers autres objets, surtout de nombreuses plaques de plomb..... A ce spectacle, tous les doutes furent dissipés...... On demeurait convaincu désormais que ces tristes débris, qui frappaient les yeux, étaient les derniers témoins du désastre des navires de la Pérouse, l'*Astrolabe* et la *Boussole*. Il ne restait plus que des objets en fer, cuivre et plomb, car tout le bois avait disparu, détruit par le temps et le frottement des vagues. La disposition des ancres faisait présumer que quatre d'entre elles avaient coulé avec le navire, tandis que les deux autres avaient pu être mouillées.

» L'aspect des lieux permettait de supposer que ce navire avait tenté de s'introduire au-dedans des récifs par une espèce de passe, qu'il avait échoué et n'avait pu se dégager de la position qui lui était devenue fatale. Suivant le récit de quelques sauvages, ce navire aurait été celui dont l'équipage avait pu se réfugier à Païou, et y construire un petit bâtiment, tandis que l'autre aurait échoué en-dehors du récif, où il se serait tout-à-fait englouti.

» Je fis part à mes compagnons du projet que j'avais depuis longtemps conçu, d'élever à la mémoire de nos infortunés compagnons un mausolée modeste, mais qui suffît cependant pour attester notre passage à Vanikoro, en attendant que la France pût un jour y consacrer un monument plus durable et plus digne de sa puissance. Cette proposition fut reçue avec enthousiasme et chacun voulut concourir à l'érection d'un cénotaphe. Nous arrêtâmes qu'il serait placé au milieu d'une touffe de mangliers situés sur le récif qui cernait notre mouillage du côté du nord. Sur-le-champ, accompagné de plusieurs officiers, je descendis sur cet îlot de corail et je désignai le local, que l'on commença à déblayer. La forme du mausolée devait être celle d'un prisme quadrangulaire de six pieds sur chaque arête, surmonté par une pyramide quadrangulaire de même dimension. Des plateaux de madrépores, contenus entre quatre pieds solides fichés en terre, devaient former la masse de l'édifice, et la cime devait être recouverte par un chapiteau en bois peint. Je destinai à cet emploi des planches du Kondi, achetées l'année précédente à Korova-Reka. Je donnai l'ordre de n'employer ni clous ni ferrures pour assembler les pièces, afin de n'offrir aux naturels aucun objet qui pût les porter à détruire notre ouvrage, afin de satisfaire leur cupidité.

» Alors, le 14 mars, vers trois heures du matin, M. Hottin descendit sur le récif, avec les charpentiers, pour mettre en place les dernières pièces du mausolée. Le chapiteau pyramidal, en planches du Kondi, surmonté d'un gros bouton de bois taillé en facettes, fut placé comme couronnement de l'œuvre. Enfin, dans une des traverses fut incrustée une plaque en plomb, sur laquelle on avait gravé cette légende, en gros caractères, fortement creusés.

A LA MÉMOIRE

DE LA PÉROUSE ET DE SES COMPAGNONS.

L'ASTROLABE, 14 MARS 1828.

» A dix heures et demie, tout était terminé.

» Comme la fièvre me retenait à bord, M. Jacquinot fut chargé de procéder à l'inauguration du monument. Il descendit à la tête de l'équipage sur le récif. Un détachement de dix hommes armés défila, par trois fois, dans un silence solennel et respectueux autour du mausolée, et fit trois décharges de mousqueterie, tandis que, du bord, une salve de vingt-et-un coups de canon faisait retentir les montagnes de Vanikoro.

» Quarante ans auparavant, les échos de ces mêmes montagnes avaient peut-être répété les cris de nos compatriotes expirant sous les coups des sauvages, ou succombant sous les atteintes de la fièvre.

» Et nous-mêmes, n'avions-nous pas à craindre une destinée pareille !

» Le cénotaphe que, de nos mains défaillantes, nous venions d'élever en l'honneur de la Pérouse et de ses compagnons, ne pouvait-il pas aussi devenir le dernier témoin des longues épreuves et du désastre de la nouvelle *Astrolabe* ? »

Elle a été lugubre à peindre cette lugubre tragédie du naufrage de la Pérouse. Mais qui de nous ne désirait connaître tous les détails qui se rattachent à un événement mystérieux, qui, pendant un demi-siècle, a tenu tous les esprits en suspens dans le monde entier?

FIN.

Limoges. — Imp. E. ARDANT et Cⁱᵉ.

www.ingramcontent.com/pod-product-compliance
Lightning Source LLC
Chambersburg PA
CBHW071929160426
43198CB00011B/1327